Hartmut Engel

Chalkidiki · Thassos

Die 50 schönsten Küsten- und Bergwanderungen

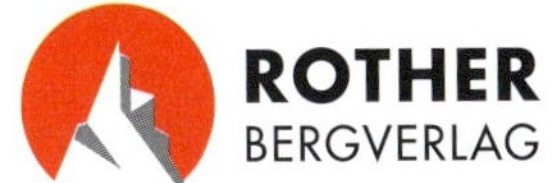

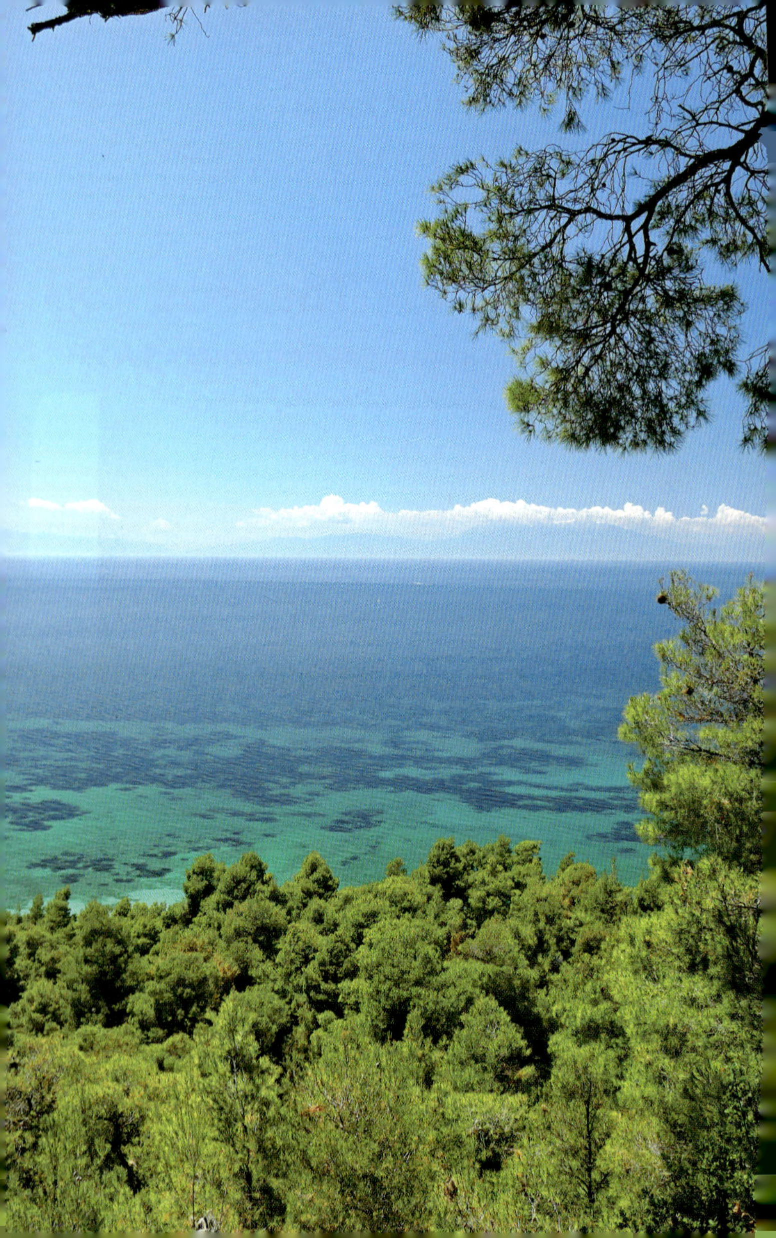

Vorwort

Die Halbinseln der Chalkidiki und die Insel Thassos werden mit Recht als Perlen der nordöstlichen Ägäis bezeichnet. Beide Regionen gehören zu den touristisch am besten erschlossenen Gebieten der griechischen Präfektur Makedonien. Dennoch findet der Wanderer abseits vom Touristenrummel Ruhe und Erholung. Die Chalkidiki, Heimat des Philosophen Aristoteles, ist mit knapp 3000 Quadratkilometer nach der Peloponnes die zweitgrößte Halbinsel Griechenlands. Ihre drei in die Ägäis ragenden Finger bieten Landschaften, die Griechenland sonst auf so engem Raum nicht hat: flache Küstenebenen, sanfte Hügel und felsige Bergregionen.
Kassandra, der westlichste der Finger, hat neben geschwungenen Formen endlose Sandstrände, Felder und Kiefernwälder. Während seine »Berge« gerade 350 Meter Höhe erreichen, stoßen sie auf Sithonia, dem mittleren Finger bis auf gut 800 Meter vor. Ihn prägen schroffe, zum Teil karstige Landschaft und felsenumrahmte Buchten. Über 2000 Meter steigt der östlichste Finger, der Athos, bis heute selbstverwaltete »Mönchsrepublik«. Leider schließt dieser schönste Teil der Chalkidiki die Hälfte der Menschheit aus: Frauen ist das Betreten des Gebietes verboten. Männer kommen nur nach einer umständlichen Prozedur herein.
Thassos, nördlichste der Ägäischen Inseln und beliebtes Urlaubsziel, zeigt auf nur 400 Quadratkilometer Fläche verschiedene Gesichter. Das gebirgige Inselinnere mit über 1000 Meter hohen Gipfeln lädt ebenso zu Wanderungen ein, wie die ebenen Küsten mit zahlreichen Buchten.
Wer nicht nur am Strand in der Sonne braten will, ist auf Chalkidiki oder Thassos genau richtig. Natürlich erschließt sich einem die Region besser auf zwei Beinen als auf vier Rädern, auch wenn nur wenige Griechen selbst davon überzeugt sind und jeden noch so kleinen Weg mit dem Auto erledigen und manchmal mitleidig auf die Wanderer schauen. Die Einheimischen gehen nur ungern zu Fuß und zum Spaß schon gar nicht. Daher nicht von Griechen entmutigen lassen, wer Kloster, Gipfel oder Strand »me ta podia« (zu Fuß) erreichen will.
Die Touren bieten ein breites Spektrum unterschiedlicher Wanderungen durch die Regionen der Chalkidiki und der Insel Thassos mit ihren landschaftlichen Schönheiten oder historischen Zeugen. Ihr Bogen spannt sich vom Spaziergang für Familien bis hin zu anspruchsvolleren Touren. Einige Routen lassen sich zu längeren Tagestouren oder einer mehrtägigen Wanderung kombinieren.
Allen, die sich auf die Wanderschaft in einem der schönsten Teile Griechenlands machen, wünsche ich καλό ταξίδι (gute Reise).

Hamburg, im Frühjahr 2022 Hartmut Engel

In der Nähe von Siviri zeigt sich bei guter Sicht auf dem Festland der Olymp (Tour 3).

Inhaltsverzeichnis

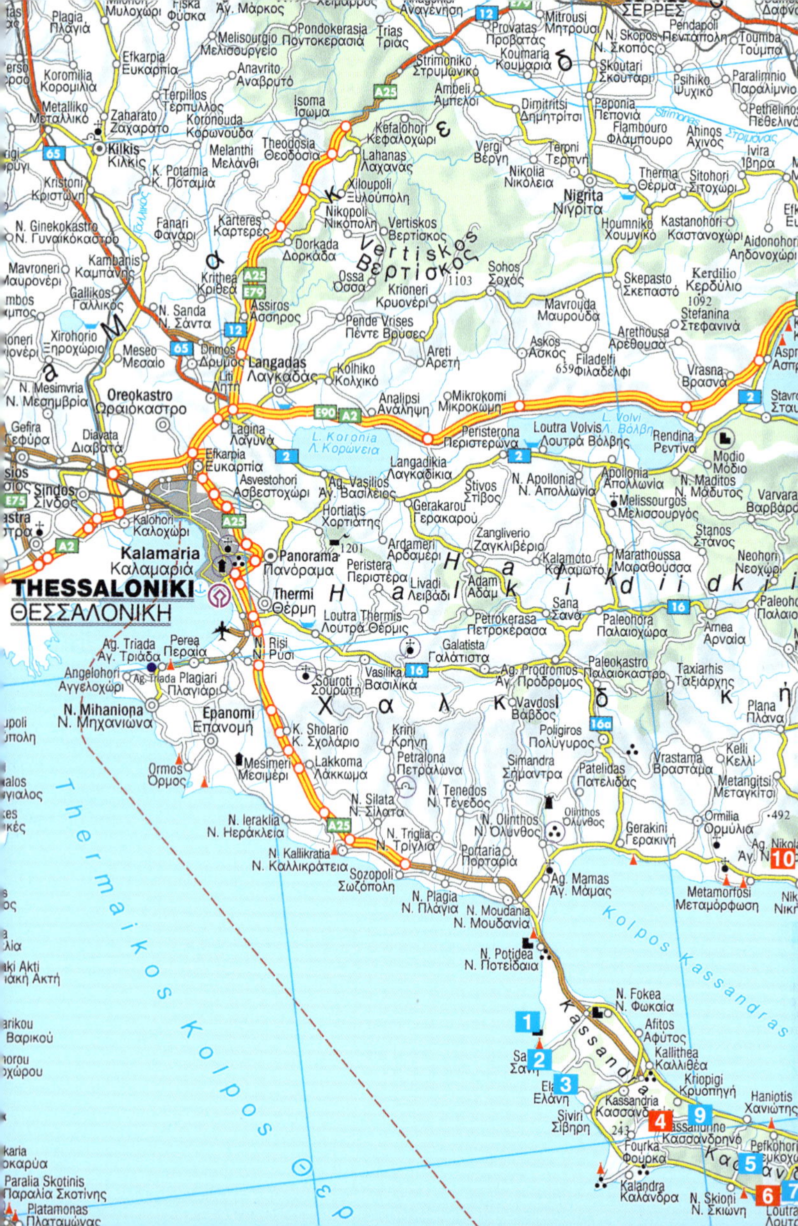

THESSALONIKI
ΘΕΣΣΑΛΟΝΙΚΗ
Kalamaria
Καλαμαριά
Panorama
Πανόραμα
Thermi
Θέρμη
Kilkis
Κιλκίς
Langadas
Λαγκαδάς
Oreokastro
Ωραιόκαστρο
Sindos
Σίνδος
Nigrita
Νιγριτα
Epanomi
Επανομή
N. Mihaniona
Ν. Μηχανιώνα
ΣΕΡΡΕΣ
Vertiskos
Βερτίσκος
L. Koronia
Λ. Κορώνεια
L. Volvi
Λ. Βόλβη
Thermaikos Kolpos
Kolpos Kassandras
Kassandra
Plagia
Πλαγιά
Efkarpia
Ευκαρπία
Koromilia
Κορομηλιά
Metalliko
Μεταλλικό
Zaharato
Ζαχαράτο
Terpillos
Τέρπυλλος
Koronouda
Κορωνούδα
Melisourgio
Μελισσουργείο
Anavrito
Αναβρυτό
Pondokerasia
Ποντοκερασιά
Trias
Τριάς
Provatas
Προβατάς
Mitrousi
Μητρούσι
Koumaria
Κουμαριά
Strimoniko
Στρυμωνικό
Ambeli
Αμπελοι
Dimitritsi
Δημητρίτσι
Skoutari
Σκουτάρι
N. Skopos
Ν. Σκοπός
Pendapoli
Πεντάπολη
Toumba
Τούμπα
Psihiko
Ψυχικό
Paralimnio
Παραλίμνιο
Pethelinos
Πεθελινός
Peponia
Πεπονιά
Flambouro
Φλάμπουρο
Ahinos
Αχινός
Ivira
Ίβηρα
Isoma
Ισωμα
Kefalohori
Κεφαλοχώρι
Theodosia
Θεοδοσία
Lahanas
Λαχανάς
Vergi
Βέργη
Terpni
Τερπνή
Nikolia
Νικόλεια
Therma
Θέρμα
Sitohori
Σιτοχώρι
Kristoni
Κριστώνη
K. Potamia
Κ. Ποταμιά
Melanthi
Μελάνθι
Xiloupoli
Ξυλούπολη
Nikopoli
Νικόπολη
Vertiskos
Βερτίσκος
Houmniko
Χουμνικό
Kastanohori
Καστανοχώρι
Aidonohori
Αηδονοχώρι
N. Ginekokastro
Ν. Γυναικόκαστρο
Fanari
Φανάρι
Karteres
Καρτερές
Dorkada
Δορκάδα
Sohos
Σοχός
Skepasto
Σκεπαστό
Kerdilio
Κερδύλιο
Mavroneri
Μαυρονέρι
Kambanis
Καμπάνης
Krithea
Κριθέα
Ossa
Όσσα
Krioneri
Κρυονέρι
1103
Mavrouda
Μαυρούδα
1092
Stefanina
Στεφανινά
Gallikos
Γαλλικός
N. Sanda
Ν. Σάντα
Assiros
Ασσηρος
Pende Vrises
Πέντε Βρύσες
Arethousa
Αρέθουσα
Xirohorio
Ξηροχώρι
Meseo
Μεσαίο
Drimos
Δρυμός
Areti
Αρετή
Askos
Ασκός
Filadelfi
Φιλαδέλφι
659
Vrasna
Βρασνα
Liti
Λητή
Kolhiko
Κολχικό
N. Mesimvria
Ν. Μεσημβρία
Analipsi
Ανάληψη
Mikrokomi
Μικροκώμη
Gefira
Γέφυρα
Diavata
Διαβατά
Lagina
Λαγυνά
Peristerona
Περιστερώνα
Loutra Volvis
Λουτρά Βόλβης
Rendina
Ρεντίνα
Modio
Μόδιο
Efkarpia
Ευκαρπία
Langadikia
Λαγκαδίκια
Asvestohori
Ασβεστοχώρι
Ag. Vasilios
Άγ. Βασίλειος
Stivos
Στίβος
N. Apollonia
Ν. Απολλωνία
Apollonia
Απολλωνία
N. Maditos
Ν. Μάδυτος
Varvara
Βαρβάρα
Melissourgos
Μελισσουργός
Gerakarou
Γερακαρού
Hortiatis
Χορτιάτης
Kalohori
Καλοχώρι
Stanos
Στάνος
1201
Ardameri
Αρδαμέρι
Zangliverio
Ζαγκλιβέριο
Kalamoto
Καλαμωτό
Marathoussa
Μαραθούσσα
Neohori
Νεοχώρι
Peristera
Περιστέρα
Livadi
Λειβάδι
Adam
Αδάμ
Halkidiki
Sana
Σανά
Paleohora
Παλαιοχώρα
Loutra Thermis
Λουτρά Θέρμης
Petrokerasa
Πετροκέρασα
Arnea
Αρναία
N. Risi
Ν. Ρυσι
Galatista
Γαλάτιστα
Perea
Περαία
Ag. Triada
Αγ. Τριάδα
Angelohori
Αγγελοχώρι
Plagiari
Πλαγιάρι
Vasilika
Βασιλικά
Souroti
Σουρωτή
Ag. Prodromos
Άγ. Πρόδρομος
Paleokastro
Παλαιόκαστρο
Taxiarhis
Ταξιάρχης
Χαλκιδική
Vavdos
Βάβδος
Plana
Πλάνα
K. Sholario
Κ. Σχολάριο
Krini
Κρήνη
Poligiros
Πολύγυρος
Vrastama
Βραστάμα
Kelli
Κελλί
Ormos
Όρμος
Mesimeri
Μεσιμέρι
Lakkoma
Λάκκωμα
Petralona
Πετράλωνα
Simandra
Σήμαντρα
Patelidas
Πατελίδας
Metangitsi
Μεταγκίτσι
N. Silata
Ν. Σίλατα
N. Tenedos
Ν. Τένεδος
Olinthos
Όλυνθος
N. Olinthos
Ν. Όλυνθος
Ormilia
Ορμύλια
492
N. Ieraklia
Ν. Ηράκλεια
Gerakini
Γερακινή
N. Triglia
Ν. Τρίγλια
N. Kallikratia
Ν. Καλλικράτεια
Portaria
Πορταριά
Sozopoli
Σωζόπολη
Ag. Mamas
Άγ. Μάμας
Metamorfosi
Μεταμόρφωση
N. Plagia
Ν. Πλάγια
N. Moudania
Ν. Μουδανιά
N. Potidea
Ν. Ποτείδαια
N. Fokea
Ν. Φωκαία
Afitos
Αφυτος
Kallithea
Καλλιθέα
Kriopigi
Κρυοπηγή
Haniotis
Χανιώτης
Kassandria
Κασσάνδρεια
243
Siviri
Σίβηρη
Fourka
Φούρκα
Kalandra
Καλάνδρα
N. Skioni
Ν. Σκιώνη
Paralia Skotinis
Παραλία Σκοτίνης
Platamonas
Πλαταμώνας
A25
A2
E90
E79
E75
12
65
2
16
16a
1
2
3
4
5
6
7
9
10

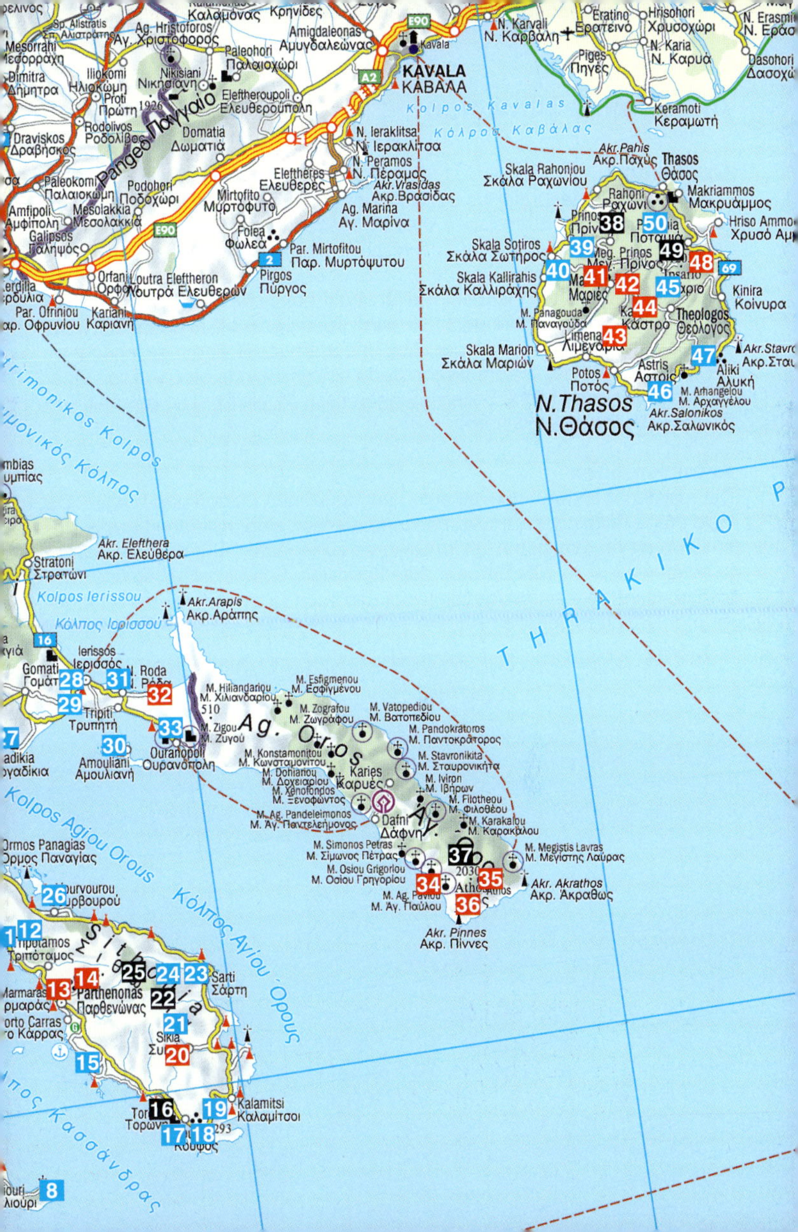

Καλαμώνας
Κρηνίδες
Sp. Alistratis
Ag. Hristoforos
Αγ. Χριστόφορος
Amigdaleonas
Αμυγδαλεώνας
E90
Kavala
KAVALA
ΚΑΒΑΛΑ
A2
N. Karvali
Ν. Καρβάλη
Eratino
Ερατεινό
Hrisohori
Χρυσοχώρι
N. Erasmio
N. Karia
Ν. Καρυά
Dasohori
Pigės
Πηγές
Keramoti
Κεραμωτή
Mesorrahi
Paleohori
Παλαιοχώρι
Dimitra
Δήμητρα
Iliokomi
Ηλιόκωμη
Nikisiani
Νικησιανή
Proti
Πρώτη
1926
Pangeo
Παγγαίο
Eleftheroupoli
Ελευθερούπολη
Kolpos Kavalas
Κόλπος Καβάλας
Draviskos
Δραβήσκος
Rodolivos
Ροδολίβος
Domatia
Δωματιά
N. Ieraklitsa
Ν. Ιερακλίτσα
N. Peramos
Ν. Πέραμος
Akr. Vrasidas
Ακρ. Βρασίδας
Eleftheres
Ελευθερές
Paleokomi
Παλαιοκώμη
Podohori
Ποδοχώρι
Mirtofito
Μυρτόφυτο
Ag. Marina
Αγ. Μαρίνα
Amfipoli
Αμφίπολη
Mesolakkia
Μεσολακκιά
Folea
Φωλεά
Galipsos
Γαληψός
Par. Mirtofitou
Παρ. Μυρτόφυτου
Orfani
Ορφανή
Loutra Eleftheron
Λουτρά Ελευθερών
Pirgos
Πύργος
Par. Ofriniou
Παρ. Οφρυνίου
Kariani
Καριανή
Akr. Pahis
Ακρ. Παχύς
Thasos
Θάσος
Skala Rahoniou
Σκάλα Ραχωνίου
Rahoni
Ραχώνι
Makriammos
Μακρύαμμος
Prinos
Πρίνος
Potamia
Ποταμιά
Hriso Ammos
Χρυσό Αμ
Skala Sotiros
Σκάλα Σωτήρος
Meg. Prinos
Μεγ. Πρίνος
Skala Kallirahis
Σκάλα Καλλιράχης
Kinira
Κοίνυρα
M. Panagouda
Μ. Παναγούδα
Theologos
Θεολόγος
Limenaria
Λιμεναριά
Skala Marion
Σκάλα Μαριών
Akr. Stavros
Ακρ. Σταυ
Potos
Ποτός
Astris
Αστρίς
Aliki
Αλυκή
M. Arhangelou
Μ. Αρχαγγέλου
N. Thasos
Ν. Θάσος
Akr. Salonikos
Ακρ. Σαλωνικός
Strimonikos Kolpos
Στρυμονικός Κόλπος
Akr. Elefthera
Ακρ. Ελεύθερα
Stratoni
Στρατώνι
Kolpos Ierissou
Κόλπος Ιερισσού
Akr. Arapis
Ακρ. Αράπης
THRAKIKO P
Ierissos
Ιερισσός
Gomati
Γομάτι
N. Roda
M. Esfigmenou
Μ. Εσφιγμένου
M. Hiliandariou
Μ. Χιλιανδαρίου
510
M. Zografou
Μ. Ζωγράφου
M. Vatopediou
Μ. Βατοπεδίου
Tripiti
Τρυπητή
M. Zigou
Μ. Ζυγού
Ag. Oros
M. Pandokratoros
Μ. Παντοκράτορος
Ouranopoli
Ουρανόπολη
M. Stavronikita
Μ. Σταυρονικήτα
Amouliani
Αμουλιανή
M. Konstamonitou
Μ. Κωνσταμονίτου
Karies
Καρυές
M. Iviron
Μ. Ιβήρων
M. Dohiariou
Μ. Δοχειαρίου
M. Xenofondos
Μ. Ξενοφώντος
M. Filotheou
Μ. Φιλοθέου
M. Ag. Pandeleimonos
Μ. Αγ. Παντελεήμονος
Dafni
Δάφνη
M. Karakalou
Μ. Καρακάλου
Kolpos Agiou Orous
Κόλπος Αγίου Όρους
Ormos Panagias
Όρμος Παναγίας
M. Simonos Petras
Μ. Σίμωνος Πέτρας
M. Megistis Lavras
Μ. Μεγίστης Λαύρας
M. Osiou Grigoriou
Μ. Οσίου Γρηγορίου
2030
Athos
Akr. Akrathos
Ακρ. Άκραθως
M. Ag. Pavlou
Μ. Άγ. Παύλου
Akr. Pinnes
Ακρ. Πίννες
Tripotamos
Τριπόταμος
Sithonia
Sarti
Σάρτη
Parthenonas
Παρθενώνας
Porto Carras
Sikia
Kalamitsi
Καλαμίτσοι
Torони
Τορώνη
293
Κουφός
Kolpos Kassandras
Κασσάνδρας
1 2 7 8 12 13 14 15 16 17 18 19 20 21 22 23 24 25 26 27 28 29 30 31 32 33 34 35 36 37 38 39 40 41 42 43 44 45 46 47 48 49 50 69

Allgemeine Hinweise

Ortsnamen

Ortsnamen und geografische Bezeichnungen werden in diesem Wanderführer mit lateinischen Buchstaben wiedergegeben. Dies führt zwangsläufig zu Ungenauigkeiten, weil es im Griechischen einige Laute gibt, die im Deutschen nicht vorkommen. Darüber hinaus ist selbst die griechische Schreibweise bei vielen Orten nicht einheitlich und für manche gibt es mehrere unterschiedliche Bezeichnungen. So wird auch in Publikationen die Insel Thassos mal mit zwei »ss« in der Mitte und mal nur mit einem geschrieben. Da es keine offizielle topografische Karte Griechenlands gibt, wurden Ortsnamen und geografische Bezeichnungen nach Möglichkeit so gewählt, wie sie vor Ort verwendet werden.

Anforderungen

Die meisten Wanderungen verlaufen auf deutlichen Pfaden und Wegen. Da viele Wege nicht oder nur unzureichend markiert sind, hilft Ihnen etwas Orientierungssinn, um sich nicht im Gelände zu verlaufen. Für manche Touren benötigen Sie eine gute bis sehr gute Kondition, Schwindelfreiheit und Trittsicherheit. Andere sind dagegen leicht und auch für den ungeübten Wanderer problemlos zu schaffen.

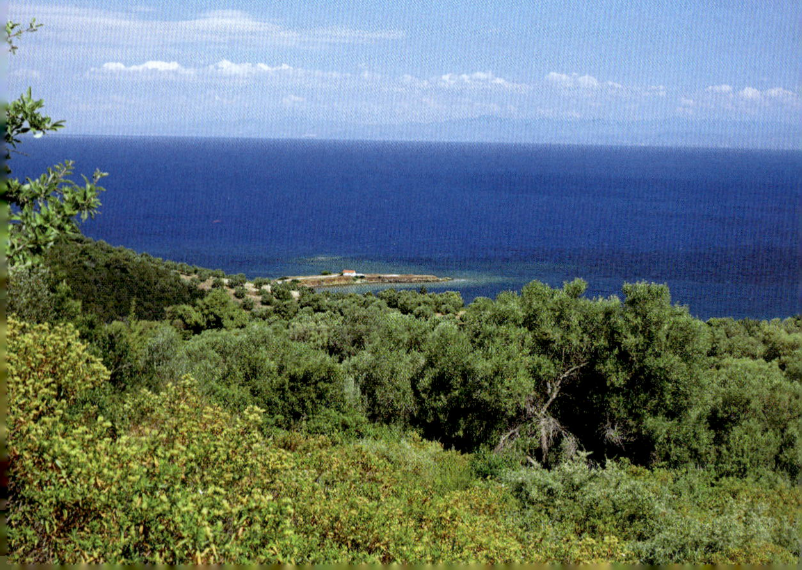

Symbole

	mit Bus erreichbar		Aussichtsplatz
	Einkehrmöglichkeit unterwegs		Rast-, Picknickplatz
	für Kinder geeignet		Kirche, Kapelle, Kloster
	Ort mit Einkehrmöglichkeit		archäologische Stätte, Tempel
	Einkehrmöglichkeit		Windmühle
	Schutzhaus, Unterstand		Wassermühle
	Stall, Scheune	†	Bildstock
P	eingerichteter Parkplatz	)(	Brücke, Steg
	Schiffsanlegestelle		markanter Baum
	Strand mit Bademöglichkeit		Wasserfall
†	Gipfel		Quelle, Brunnen, Zisterne
)(	Pass, Sattel		Wegverzweigung, -kreuzung

Zu bedenken ist, dass die jahreszeitlichen Temperaturunterschiede (siehe Klimatabelle S. 13) die Schwierigkeit einer Tour erheblich verändern können. So kann eine Wanderung, die im April bei mäßigen Temperaturen als einfacher Spaziergang empfunden wird, im Hochsommer bei brütender Hitze sehr anstrengend sein. Andersherum sollte eine im Sommer einfache Wanderung in den höheren Bergregionen im Winter bei Schnee und Eis nur von erfahrenen Alpinisten mit entsprechender Ausrüstung in Angriff genommen werden. Zur besseren Einschätzung der jeweiligen Anforderungen sind die Tourennummern mit verschiedenen Farben markiert. Die drei Kategorien erklären sich wie folgt:

Leicht Diese Touren stellen keine besonderen Anforderungen an Kondition, Orientierung, Trittsicherheit und Schwindelfreiheit. Die Wege sind meist ausreichend breit und nur mäßig steil. Sie sind in der Regel auch bei schlechtem Wetter gefahrlos zu begehen und eignen sich auch für Kinder und ältere Menschen.

Mittel Diese Touren verlaufen teilweise auf schmalen, steinigen Pfaden mit einigen steilen Auf- und Abstiegen. Stellenweise können sie etwas ausgesetzt sein und Trittsicherheit verlangen. Für gesunde Menschen mit entsprechender Ausrüstung und normaler Kondition sind sie problemlos zu schaffen.

Leichte Tour mit herrlicher Aussicht: Weit reicht der Blick an Kassandras Ostspitze über die Kapelle Agios Nikolaos bis nach Sithonia (Tour 8).

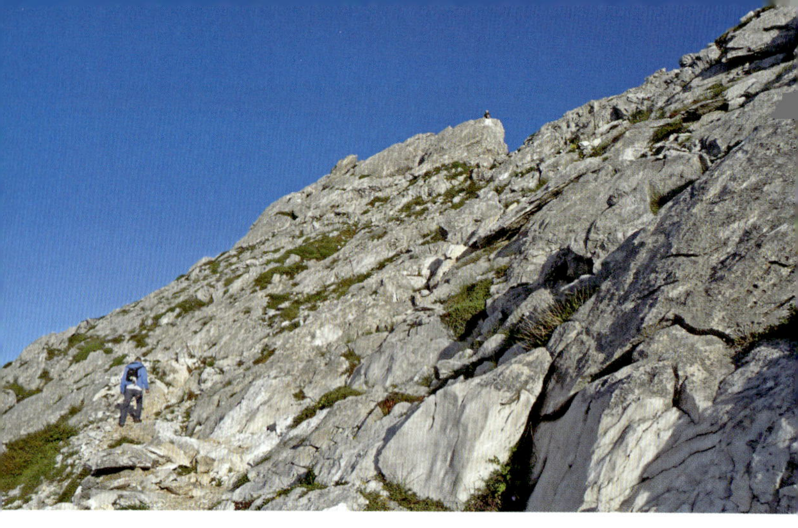

Schwieriger Schlussanstieg: im felsigen Steilhang zum Gipfel des Berges Athos (Tour 37).

■ **Schwierig** Diese Touren verlaufen oft auf steilen, schmalen Pfaden, verlangen Trittsicherheit, Schwindelfreiheit und stellenweise auch Orientierungssinn. Bei einigen Hangquerungen besteht die Gefahr abzurutschen und in einigen Fällen ist auch die Zuhilfenahme der Hände notwendig. Diese Wanderungen sollten nur von erfahrenen Bergwanderern mit entsprechend guter Kondition angegangen werden.

Höhenangaben und -unterschiede

Die Höhenangaben einzelner geografischer Objekte weichen von Karte zu Karte und bei Angaben im Gelände teilweise erheblich voneinander ab. Im vorliegenden Wanderführer wurden, wenn vorhanden, die Höhenangaben den Anavasi-Karten entnommen. Andere Werte bei Wegpunkten basieren auf GPS-Höhenberechnungen.
Bei den angegebenen Höhenunterschieden handelt es sich um die Summe aller Höhendifferenzen, inklusive Gegensteigungen.

Gehzeiten

Die Zeitangaben beziehen sich auf die reinen Gehzeiten und berücksichtigen weder Rast- noch Fotopausen. Zugrunde gelegt wurde eine Gehgeschwindigkeit von 4 Kilometern pro Stunde in der Horizontalen. Für jeweils 100 Höhenmeter im Aufstieg wurden zusätzlich 15 Minuten addiert. Ebenso wurden Zeitaufschläge gemacht, wenn besonders schwierige Abschnitte vorhanden waren.

Top-Touren auf Chalkidiki und Thassos

Von Siviri zum Simantro Beach

Eine der schönsten Küstenwanderungen durch traumhaften Pinienwald mit sehr guten Bademöglichkeiten (Tour 3, 4.15 Std.).

Kap Paliouri

Die Wanderung auf abgelegenen Wegen und Pfaden an der Südspitze Kassandras gehört zum Besten, was man auf der Halbinsel unternehmen kann (Tour 8, 2.45 Std.).

Parthenonas

Das einst verlassene Bergdorf ist jetzt wieder »in«. Die Wanderung führt auf alten Pfaden zum neu belebten Dorf (Tour 13, 4.15 Std.).

Akropolis von Toroni

Die kurze, aber nicht ganz einfache Tour auf die Akropolis von Toroni bietet überragende Ausblicke auf die Westküste Sithonias (Tour 16, 2.00 Std.).

Am oberen Wasserfall bei Kastro (Tour 42).

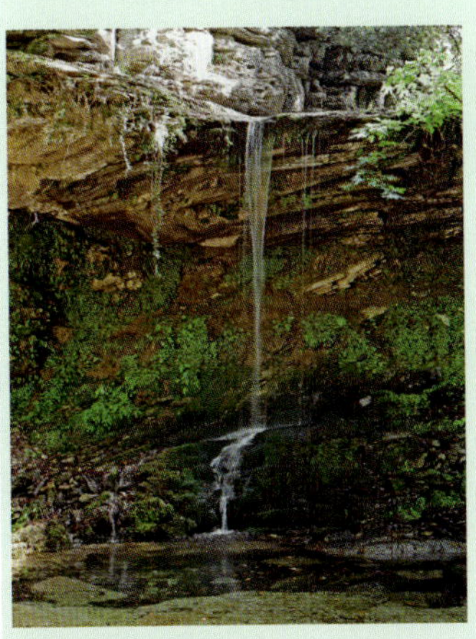

Sithonias Südspitze

Eine einfache Wanderung zu einer versteckt und abgeschieden liegenden Aussichtskanzel mit dramatischen Ausblicken auf die schroffen, steilen Klippen an der Südspitze Sithonias (Tour 18, 2.15 Std.).

Von Ouranoupoli zum Strand von Koumitsa

Von der »Himmelsstadt« entlang der Grenze zur Mönchsrepublik Athos durch eine hügelige, waldreiche Landschaft zu einem außergewöhnlichen, kilometerlangen Sandstrand (Tour 32, 6.00 Std.).

Auf den Berg Athos

Die spektakulärste Tour, die man auf der Chalkidiki machen kann. Vom Gipfel in 2033 m Höhe hat man eine unvergleichliche, einmalige Aussicht. Leider ist die Tour auf den Heiligen Berg nur für männliche, volljährige Wanderer möglich (Tour 37, 9.00 Std.).

Kallirachi

Eine Wanderung auf schattigen Waldwegen und -pfaden hinauf zu einer Gipfelkapelle mit hervorragender Aussicht (Tour 40, 3.00 Std.).

Wasserfälle bei Kastro

Die Wanderung besticht nicht nur durch die für griechische Verhältnisse spektakulären Wasserfälle, sondern auch durch das Piratenschutzdorf Kastro, das weit abgelegen in den Bergen von Thassos liegt (Tour 42, 3.15 Std.).

Auf den Ipsarion

Die Tour auf den mit 1204 m höchsten Berg von Thassos ist für viele Wanderer ein absolutes Highlight. Einsame Bergpfade und grandiose Aussichten kennzeichnen den Weg auf den Gipfel (Tour 49, 6.00 Std.).

Wandern auf Chalkidiki und Thassos

Wandern hat in Griechenland keine Tradition und wer sich von A nach B auf eigenen Füßen auf den Weg macht, wird von vielen Griechen, die jeden noch so kleinen Weg nach Möglichkeit mit dem Auto zurücklegen, oftmals noch belächelt. Dennoch setzt sich auch in Griechenland allmählich der Gedanke durch, dass etwas für Wanderer getan werden muss, die man mit entsprechenden Angeboten das ganze Jahr über ins Land locken kann, während die Badeurlauber nur für eine kurze Zeit im Sommer für Einnahmen sorgen.

An manchen Orten findet man bereits markierte Wanderwege, die von privaten, kommerziellen oder staatlichen Initiativen ausgehen. Leider sind diese Projekte nicht immer nachhaltig. Oft werden die Wege nicht gepflegt: Markierungen gehen verloren und werden nicht ersetzt, Pfade wachsen zu und können nicht mehr passiert werden, Rastmöglichkeiten sind marode.

Wer sich dennoch auf den Weg macht und die Halbinsel auf eigenen Füßen erkunden will, findet eine großartige Landschaft vor und stößt auf viele Menschen, die den Fremden auch heute noch mit »typisch griechischer Gastfreundschaft« begegnen.

Beste Wanderzeit

Chalkidiki und Thassos sind Ziele, die sich das ganze Jahr über zum Wandern eignen. Am angenehmsten ist es aber von Mitte März bis Mitte Juni, dann wieder im September und Oktober. Besonders das Frühjahr, wenn das

Honig ist eine wichtige Einnahmequelle auf der Chalkidiki und auf Thassos.

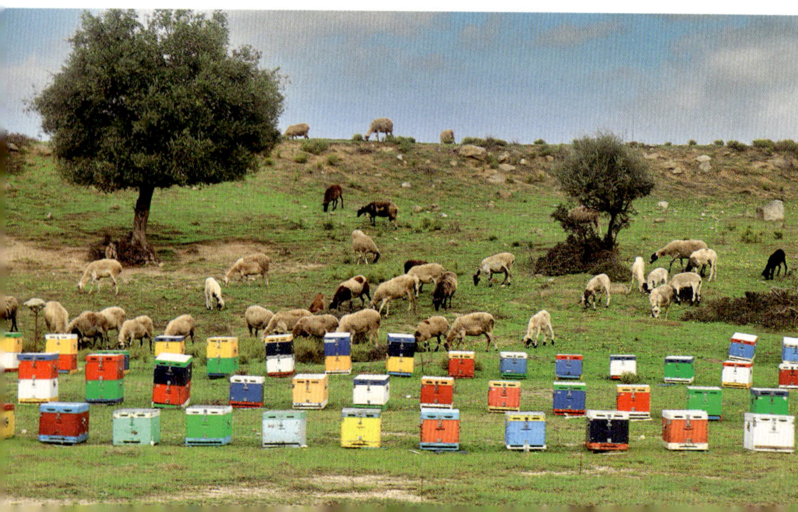

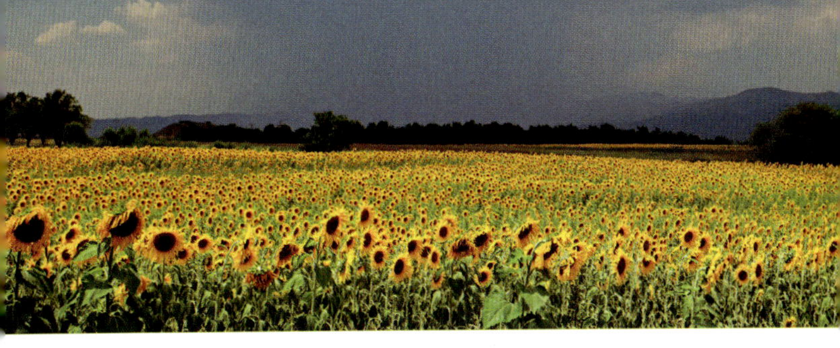

Ausgedehnte Sonnenblumenfelder sorgen im Sommer für Farbtupfer auf Kassandra.

Land im frischen Grün erstrahlt und überall Wildblumen blühen, bietet sich für einen Wanderaufenthalt an. Im Hochsommer muss man die Wanderungen oft auf die kühleren Morgen- und Abendstunden beschränken. Der Herbst zeigt sich meist sonnig mit angenehmen Temperaturen. Von November bis Mitte März muss man mit viel Regen und manchmal sogar Schnee rechnen. Nach längeren Regenfällen sind viele Wege matschig. Der Lehmboden, der vielerorts vorherrscht, ist dann sehr rutschig und klebt in großen, schweren Klumpen an den Schuhen. Auch ausgedehnte Pfützen können das Wandern erschweren.

Leider haben viele touristische Einrichtungen, u. a. auch Unterkünfte, ihre Pforten nur während der Hochsaison von Mai bis Anfang Oktober geöffnet. In der übrigen Zeit ist es nicht unwahrscheinlich, dass wir vor verschlossenen Türen stehen. Manche Orte wirken dann wie ausgestorben.

In der unten angeführten Tabelle sind wichtige Klimadaten für Kassandra/ Chalkidiki im Jahresgang dargestellt (die Werte für Thassos weichen nicht wesentlich davon ab):

Klimatabelle Chalkidiki

	Monat	1	2	3	4	5	6	7	8	9	10	11	12
Tag*	°C	9	12	14	20	25	30	32	32	28	22	16	11
Nacht*	°C	2	3	5	10	14	18	21	21	17	14	10	5
Wasser	°C	12	12	12	14	18	22	24	25	22	20	16	14
Sonnenstunden/Tag		4	5	5	8	7	9	12	11	8	6	4	4
Regentage/Monat		6	6	7	7	6	6	4	3	4	6	7	8

***Tag: Mittelwert der Tageshöchsttemperaturen. Nacht: Mittelwert der Tagestiefsttemperaturen.**

Ausrüstung

Von einigen wenigen Wanderungen abgesehen sind für alle Touren feste Wanderschuhe mit Profilsohlen notwendig. Empfehlenswert sind auch lange Hosen (evtl. mit abnehmbaren Hosenbeinen), da manche Pfade durch dorniges Gestrüpp führen, das die Beine zerkratzen kann. Sonnenschutz (Kopfbedeckung und Sonnencreme mit hohem Lichtschutzfaktor) ist nicht nur während der heißen Jahreszeit unbedingt zu empfehlen. Auch Trinkwasser (mindestens 1,5 Liter, in der heißen Jahreszeit und je nach Länge der Tour eher mehr) gehört zur Mindestausrüstung. Außerhalb des Sommers ist ein Regenschutz mitzuführen und zusätzlich warme Kleidung. Ein Rucksack mit Netzrücken reduziert das Schwitzen gegenüber einem am Rücken anliegenden. Zur Entlastung der Gelenke haben sich (Teleskop-)Wanderstöcke bewährt. Ein Kompass, Kartenmaterial (wenn verfügbar, siehe S. 16) und ein Sprachführer sowie eine kleine Reiseapotheke sollten ebenfalls nicht fehlen. Bei Wanderungen, bei denen unterwegs gute Gelegenheiten zum Schwimmen bestehen, sollten Badesachen nicht vergessen werden.

Bei der Besichtigung von Kirchen und Klöstern wird meist »züchtige« Kleidung verlangt, d.h. lange Hosen für Männer bzw. Röcke für Frauen, die mindestens die Knie bedecken. Zu manchen Klöstern haben Frauen auch in langen Hosen keinen Zutritt. Die Schultern müssen sowohl bei Männern als auch bei Frauen bedeckt sein.

Im Hof vom Kloster Megisti Lavra. Für eine Mehrtagestour in der Mönchsrepublik Athos mit Klosterübernachtung ist mehr Ausrüstung und Planung erforderlich (Touren 34–37).

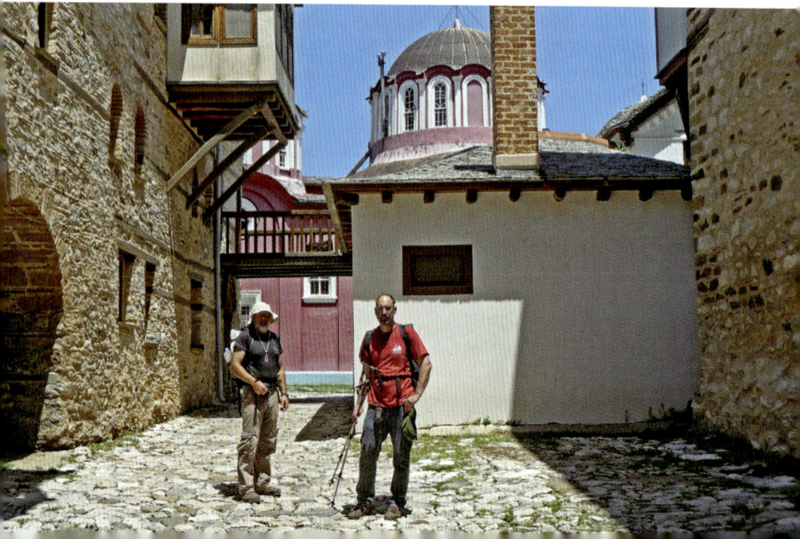

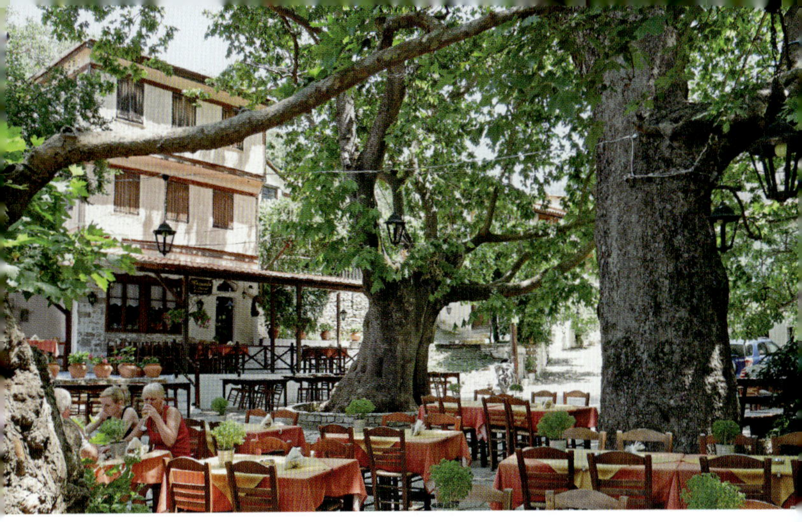

Die Tavernen auf der Platia in Megalos Prinos sind ein beliebtes Ausflugsziel (Tour 38).

Unterkunft

Obwohl es insbesondere in den Küstenorten zahlreiche preiswerte Privatzimmer, Apartments und Hotelzimmer gibt, empfiehlt sich vor allem in den Sommermonaten eine rechtzeitige Buchung. Auch außerhalb der Saison kann es in kleineren Orten schwierig werden, eine Unterkunft zu finden, weil viele geschlossen sind. Auf Nachfrage werden die meisten privaten Gastgeber aber gern ihre Häuser zum Übernachten öffnen.

Campingplätze findet man zahlreich an den Stränden der Chalkidiki, auf Thassos beschränkt sich das Angebot auf etwa ein halbes Dutzend. Wildcampen ist in Griechenland zwar verboten, wird aber oft toleriert.

Einkehr und Verpflegung unterwegs

In den meisten Orten gibt es Kafenia (griechische Cafés) und Tavernen (einfache Restaurants), wo man typisch griechische Speisen erhält. In den Küstenregionen verbreitet sind die Fischtavernen, die frische, schmackhafte einheimische Fisch- und Meeresfrüchte-Gerichte servieren. Essen und Getränke sind in den Orten, die etwas abseits vom Tourismustrubel liegen, noch relativ preiswert.

Denken Sie aber unbedingt daran, ausreichend Essen und vor allem Trinken mit auf die Wanderung zu nehmen und verlassen Sie sich nicht darauf, dass eine Taverne oder ein Kafenion auf dem Weg oder am Zielort auch wirklich in Betrieb ist. Viele Einrichtungen sind nur in der Saison zwischen Mitte Juni und Anfang September geöffnet.

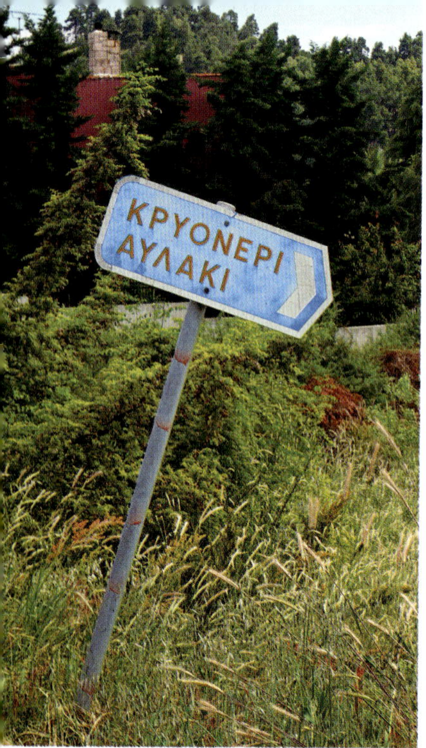

Hier geht's zum Avlaki-Strand (Tour 7).

Kartenmaterial und GPS

Bestandteil einer jeden Tour in diesem Wanderführer ist ein Kartenausschnitt mit eingetragener Route und Wegpunkten im Maßstab 1:50.000 (ein paar in 1:75.000 bzw. 1:25.000). Zusätzliches gutes Kartenmaterial ist in Griechenland Mangelware. Topografische Karten in einem für Wanderer brauchbaren Maßstab gibt es nur für wenige Regionen. Die vielfach angebotenen Touristenkarten sind sehr ungenau und taugen allenfalls zum Erkunden mit dem Auto. Für die Chalkidiki gibt es überwiegend Karten im Maßstab 1:150.000 und kleiner, wie die Auto- + Freizeitkarte »Chalkidiki – Thasos – Olympos« von Freytag & Berndt. Großmaßstäbiger deckt Nakas Road Cartography das Gebiet ab mit »Kassandra« (Blatt 23, 1:50.000), »Sithonia« (Blatt 24, 1:50.000) und »Athos« (Blatt 21, 1:30.000). Für Thassos kann man zwi-

GPS-Tracks und Koordinaten der Ausgangspunkte

Zu diesem Wanderführer stehen auf www.rother.de GPS-Tracks und Koordinaten der Ausgangspunkte zum kostenlosen Download bereit.
3. Auflage, Passwort: **453303ksx**
Sämtliche GPS-Daten wurden vom Autor im Gelände erfasst. Verlag und Autor haben die Tracks und Wegpunkte nach bestem Wissen und Gewissen überprüft. Dennoch können wir Fehler oder Abweichungen nicht ausschließen, außerdem können sich die Gegebenheiten vor Ort zwischenzeitlich verändert haben. GPS-Daten sind zwar eine gute Planungs- und Navigationshilfe, erfordern aber nach wie vor sorgfältige Vorbereitung, eigene Orientierungsfähigkeit sowie Sachverstand in der Beurteilung der jeweiligen (Gelände-)Situation. Man sollte sich für die Orientierung niemals ausschließlich auf GPS-Gerät und -Daten verlassen.

schen ein paar einigermaßen brauchbaren Karten wählen, die auch die wichtigsten Wanderwege zeigen: »Thassos«, ebenfalls von Nakas Road Cartography (Blatt 214, 1:40.000), »Thasos Island« von Anavasi (Blatt 7.1, 1:36.000) oder »Thasos« von Terrain Editions (Blatt 323, 1:35.000).
Am besten besorgt man sich die Karten schon vor der Reise in einer Buchhandlung oder im Internet, da sie vor Ort nur selten angeboten werden. Wanderer, die mit einem GPS-Gerät unterwegs sind, erhalten die Anavasi-Karte auch in digitaler Form (www.anavasi.gr). Sehr brauchbar für Chalkidiki und Thassos ist die auf OpenStreetMap basierende digitale Griechenlandkarte für Mountainbiker und Wanderer (openmtbmap.org/de).

Unterwegs auf Chalkidikis östlichem »Finger« Athos mit schönem Blick auf Ouranoupoli, dem letzten frei zugänglichen Ort vor der Mönchsrepublik (Tour 33).

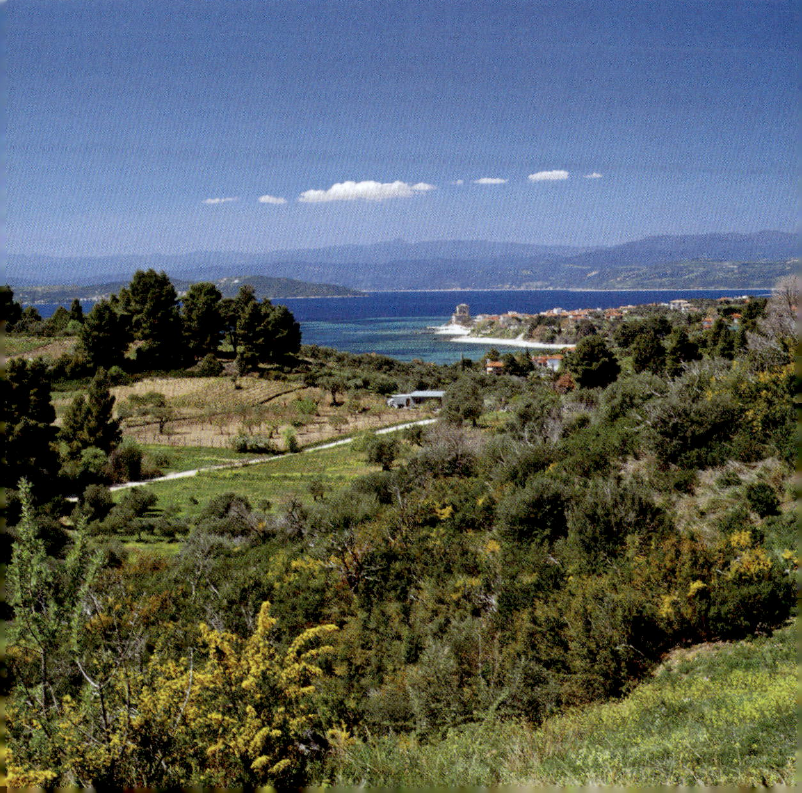

Gebietsspezifische Gefahren

■ Schlangen

Die meisten Schlangenarten, die in Griechenland vorkommen, sind mehr oder weniger harmlos. Wirklich gefährlich ist nur die Hornotter (Vipera ammodytes), die auch Sandviper genannt wird. Die an ihrem dreieckigen Kopf und dem charakteristischen Nasenhorn eindeutig identifizierbare Schlange beißt aber nur, wenn man auf sie tritt oder ihr keine Fluchtmöglichkeit mehr bleibt. Normalerweise flieht sie rechtzeitig vor der Annäherung von Menschen. Obwohl aus medizinischer Sicht Schlangenbisse heute nicht mehr problematisch sind, sollte man bei einem Unfall mit einer Schlange möglichst schnell einen Arzt aufsuchen.

■ Skorpione

Skorpione sind in Griechenland recht häufig. Ihr Stich ist zwar schmerzhaft aber harmlos. Wie bei Insektenstichen auch kann es aber zu einer allergischen Reaktion kommen, die gefährlich werden kann. Tagsüber verstecken sie sich unter Steinen oder in Mauerspalten, nachts streifen sie jagend umher. Beim Umdrehen von Steinen oder Klettern über Steinmauern ist also Vorsicht angeraten.

■ Bienen

Auf der Chalkidiki und Thassos wird viel Honig produziert. Überall finden sich Bienenkörbe oder -kästen. Die Völker reagieren nicht immer gelassen, wenn Menschen dicht an einem Bienenstock vorbeigehen. Wenn man einen passieren muss, sollte man nach Möglichkeit nackte Körperteile und das Haar bedecken und ruhig, bei mehreren Personen im Gänsemarsch, an den Stöcken vorbeigehen.

Bienenkästen am Wegrand südlich von Porto Koufo auf Sithonia (Tour 18).

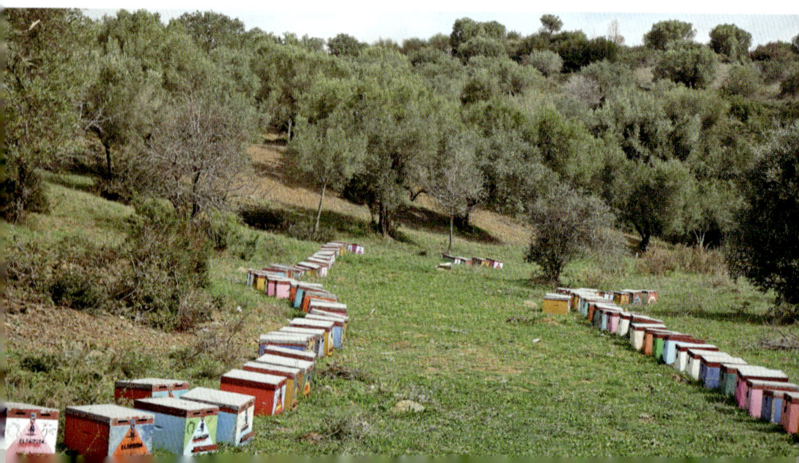

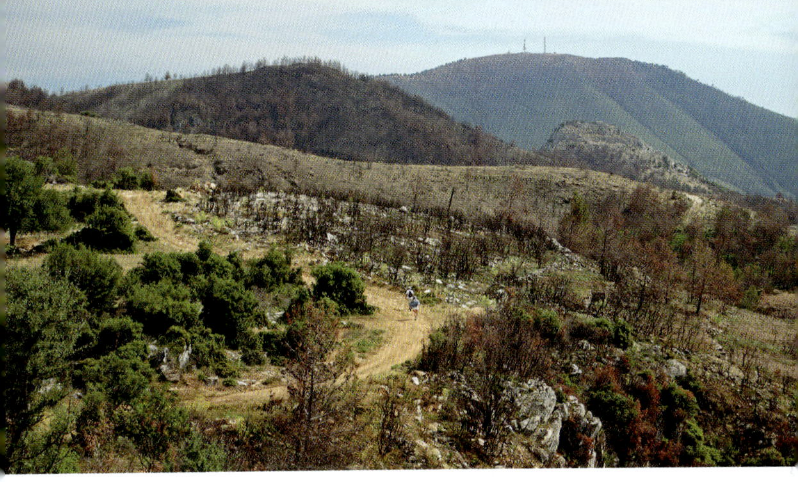

Die Umgebung von Sotiros auf Thassos wurde in jüngerer Zeit öfters von Waldbränden heimgesucht (Tour 39).

Hunde

Vielfach trifft man auf streunende Hunde, die meist aggressiv bellen aber oft sehr feige sind. Häufig reicht es schon, wenn man sich bückt und nach einem Stein greift, um den Hund zu vertreiben. Besonders hartnäckige Exemplare lassen sich von einem vor die Füße geworfenen Stein fast immer vertreiben. Man sollte nie vor einem Hund weglaufen und sich nicht umdrehen.

Waldbrände

Besonders in den Sommermonaten kommt es landesweit immer wieder zu Busch- und Waldbränden. Man sollte auf entsprechende Hinweise in den Medien, lokaler Behörden und Einheimischer achten und Brandgebiete unbedingt meiden. Selbstverständlich darf kein Feuer entzündet werden und Raucher dürfen keine Kippen in die Landschaft werfen.

Erdbeben

Griechenland liegt in einer seismisch sehr aktiven Zone. In Europa ist es das am stärksten von Erdbeben betroffene Land. Kleinere Beben werden praktisch jede Woche registriert, aber auch stärkere Beben treten immer wieder auf. Seit Jahren werden Gebäude daher in einer Stahlbetonbauweise möglichst erdbebensicher gebaut, die Einsturzgefahr dieser Häuser ist sehr gering. Man sollte auch nicht versuchen, während eines Bebens das Gebäude zu verlassen, wenn man nicht in Eingangsnähe ist, da die Verletzungsgefahr durch herumfliegende Gegenstände und Splitter sehr groß ist. Am besten sucht man Schutz unter stabilen Möbeln oder Türrahmen. Im Freien meidet man die Nähe von Bauwerken, Steilhängen, Bäumen etc.

Informationen und Adressen

Anreise

Wer mit dem eigenen Auto reisen will, hat die Wahl zwischen mehreren Fährgesellschaften, die Verbindungen über die Adria von Triest, Venedig, Ancona, Brindisi oder Bari nach Igoumenitsa anbieten. Je nach Abfahrtshafen benötigen die Fähren 16 bis 36 Stunden für die Überfahrt.

- www.anek.gr
- www.minoan.gr
- www.superfast.com
- www.grimaldi-lines.com

Von Igoumenitsa führt eine Autobahn bis Thessaloniki (320 km).

Wer lange Autofahrten nicht scheut, kann die Landrouten über Österreich, Slowenien, Kroatien, Serbien und Mazedonien bzw. Tschechien, Slowenien, Ungarn, Serbien und Mazedonien nutzen; je nach Startpunkt eine Strecke von bis zu 2500 Kilometern.

Am schnellsten und oft auch am preiswertesten ist die Anreise mit dem Flugzeug nach Thessaloniki (www.thessalonikiairport.com) oder Kavala (www.kva-airport.gr). Beide Flughäfen werden von deutschen, österreichischen und Schweizer Flughäfen aus angeflogen.

Vom Fährhafen von Kavala aus kann man nach Thassos übersetzen.

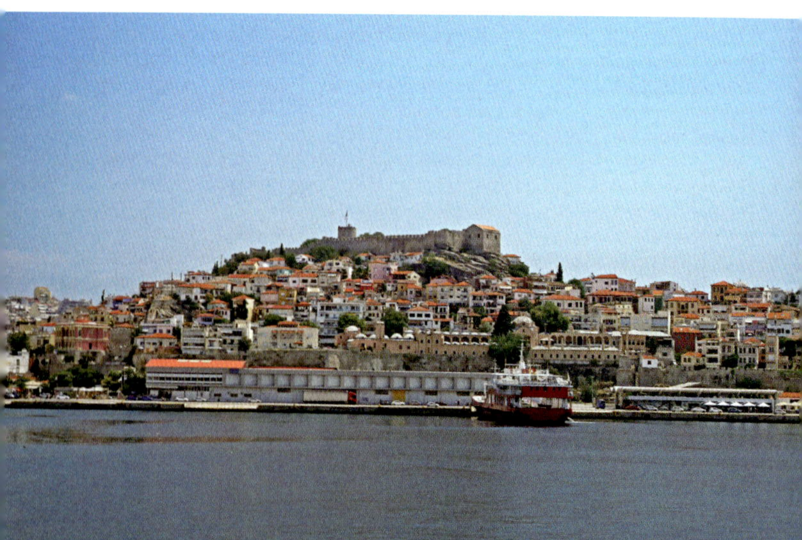

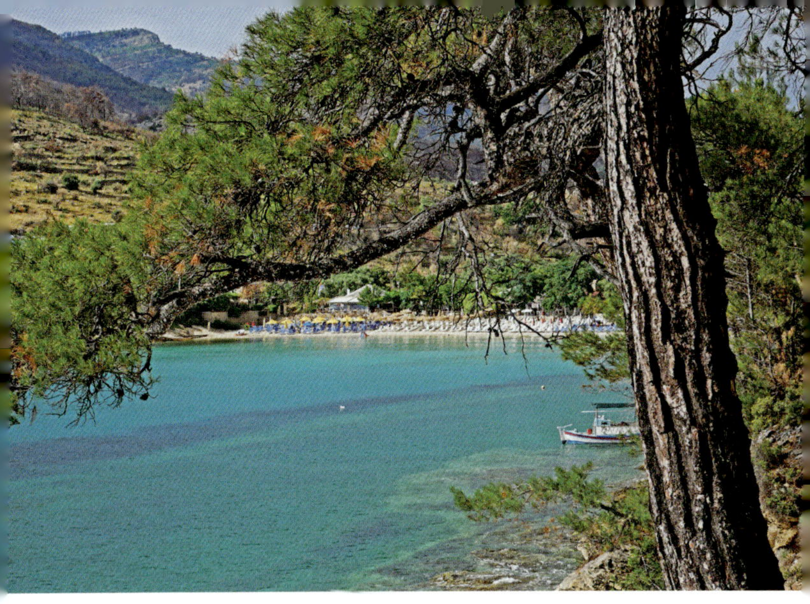

In der Saison wird es voll am Strand der Halbinsel Aliki auf Thassos (Tour 47).

Manche Wanderer reisen mit dem Flugzeug an und buchen einen Mietwagen, um von öffentlichen Verkehrsmitteln unabhängig zu sein. Mietautos erhält man direkt am Flughafen und in den größeren Orten, in der Nebensaison schon für wenig mehr als 10 € pro Tag.
Empfehlenswert ist auch, sich vor der Reise über günstige Fly&Drive-Angebote im Reisebüro oder Internet zu informieren.

Auskunft

Umfassende touristische Informationen über Griechenland erhält man im Internet von der offiziellen Greek National Tourism Organisation (GNTO) unter www.visitgreece.gr. Dort lassen sich auch Broschüren und Karten herunterladen. Der früher übliche Versand von gedruckten Broschüren ist derzeit wegen der Sparmaßnahmen eingestellt. Ebenso sind zahlreiche Touristenbüros weltweit geschlossen worden. Im deutschsprachigen Raum gibt es nur noch zwei Büros:

- Deutschland: Griechische Zentrale für Fremdenverkehr, Holzgraben 31, D-60313 Frankfurt a. M., Tel. +49 69 257827-0, www.visitgreece.com.de, info@visitgreece.com.de
- Österreich: Griechische Zentrale für Fremdenverkehr, A-1010 Wien, Opernring 8, Tel. +43 1 5125317, info@visitgreece.at

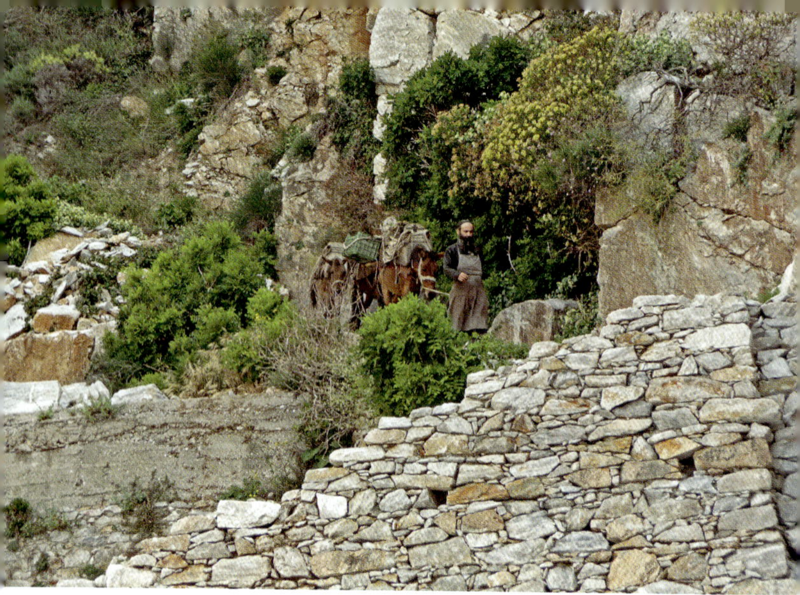

Im äußersten Süden der Mönchsrepublik sind Mulis noch die einzigen Transportmittel.

Busse

Die Personenbeförderung erfolgt auf Chalkidiki und Thassos durch die KTEL-Busgesellschaften. Die Busse bedienen regelmäßig und mehrmals am Tag die größeren Orte und fahren auch manche der kleinen Dörfer an. Da sich die Fahrpläne ständig ändern, ist es ratsam, sich vorher nach den Abfahrtzeiten im Internet oder bei Einheimischen zu erkundigen. An einigen Haltestellen hängen auch Fahrpläne aus, die aber nicht immer aktuell sind. Für die Chalkidiki und Thassos sind folgende Gesellschaften zuständig:

- KTEL Chalkidiki, www.ktel-chalkidikis.gr (neben Griechisch auch in Englisch)
- KTEL Kavalas, www.ktelkavalas.gr (Englisch und Deutsch geplant)

Fotografieren

Das Fotografieren militärischer und wichtiger ziviler Anlagen (z. B. Flughäfen und Häfen) ist verboten und kann streng bestraft werden. In der Regel wird auf dieses Verbot durch eindeutige Hinweisschilder aufmerksam gemacht.

Gesetzliche Feiertage

Neujahr (1. Januar), Dreikönigstag (6. Januar), Rosenmontag (41 Tage vor Ostern, Beginn der Fastenzeit), Unabhängigkeitstag (25. März, Nationalfeiertag, erinnert an die Befreiung Griechenlands von der osmanischen Herr-

schaft), Ostern von Karfreitag bis Ostermontag (höchstes christlich-orthodoxes Fest, der Termin unterscheidet sich vom katholischen und evangelischen Osterfest und kann jedes Jahr bis zu 5 Wochen auseinanderliegen), Tag der Arbeit (1. Mai), Pfingsten (50 Tage nach Ostern), Mariä Himmelfahrt (15. August), Ochi-Tag (28. Oktober, Nationalfeiertag, erinnert an die Ablehnung eines von Mussolini gestellten Ultimatums im Zweiten Weltkrieg, die zum Griechisch-Italienischen Krieg führte und schließlich zur Besetzung durch deutsche Truppen), Weihnachten (25. und 26. Dezember).
Darüber hinaus werden in vielen Regionen, Städten und Ortschaften noch weitere regionale Feste gefeiert.

Notrufnummern

- Euronotruf (zentrale Leitstelle mit Weiterleitung): 112
- Polizei: 100
- Touristenpolizei: 1571
- Rettungsdienst/Ambulanz: 166
- SOS Doktor (Bereitschaftsarzt, Hausbesuch): 1016
- Giftnotrufzentrale: 210 7793777
- Feuerwehr: 199

Der Strand am Kap Trepano an Sithonias Südspitze ist meist menschenleer (Tour 17).

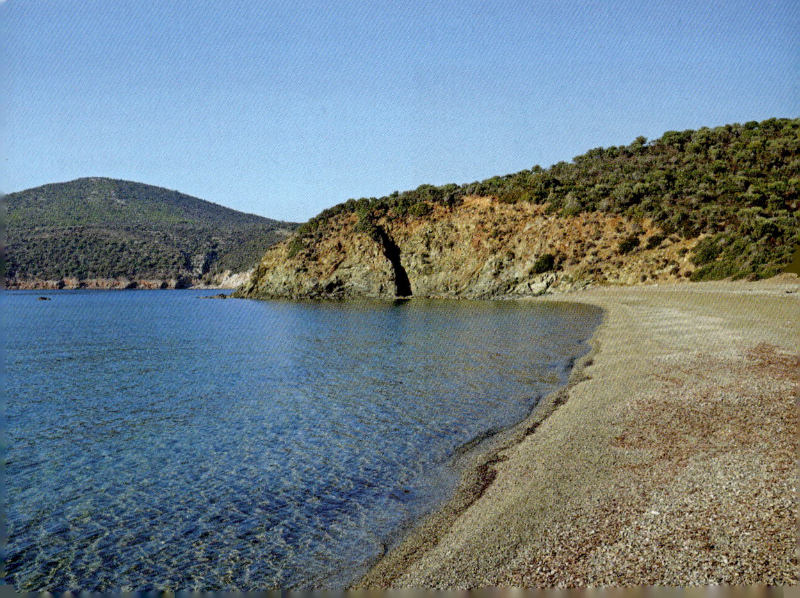

Sicherheit

Griechenland gilt als sicheres Reiseland. Gewaltdelikte gegen Touristen sind noch nahezu unbekannt. Die üblichen Vorsichtsmaßnahmen gegen Kleinkriminalität sollte man natürlich beachten, wie v.a. bei Menschenansammlungen besonders gut auf Wertgegenstände, Reisedokumente und Bargeld achten, nicht im Auto zurücklassen oder – wenn nicht unbedingt benötigt – im Hotelsafe o.Ä. deponieren.

Sprache

Amtssprache ist Griechisch. Viele, vor allem jüngere Griechen, sprechen aber auch Englisch, teilweise auch Deutsch.

Das griechische Alphabet unterscheidet sich grundlegend von unserem gewohnten lateinischen. Um Touristen die Orientierung beim Autofahren zu erleichtern, tragen Hinweisschilder neben der griechischen Schreibweise der Orte oft auch eine entsprechende lateinische oder es gibt ein zweites Schild mit dieser Schreibweise.

Steuergesetzgebung

Die Steuermoral ist in Griechenland traditionell sehr niedrig. Viele Griechen versuchen – gerade im Zuge der andauernden Krise und der massiven staatlichen Sparprogramme – Geschäfte an der Steuer vorbei zu machen, was die Einnahmen des Staates dementsprechend schmälert. Um dem zu begegnen, sind landesweit Steuerfahnder unterwegs, die z. B. Käufer nach dem Verlassen eines Geschäftes kontrollieren, ob die Ware ordnungsgemäß bezahlt wurde und eine Quittung vorhanden ist. Dies gilt insbesondere auch beim Tanken. Wer für gekaufte Waren keinen Kassenzettel vorweisen kann, macht sich in Griechenland der Steuerhinterziehung mitschuldig. Dies wird mit einer Geldstrafe zwischen 15 und 300 Euro geahndet. Um Ärger zu vermeiden, sollte man bei jedem Einkauf eine Quittung verlangen.

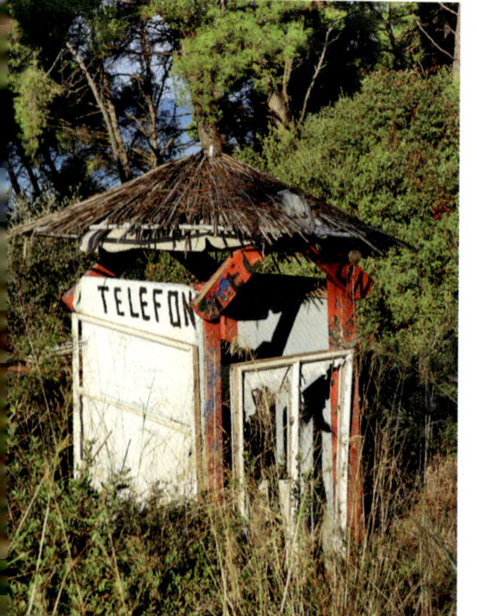

Taxi

Die Taxipreise unterliegen der staatlichen Preiskontrolle und sind landesweit einheitlich. Sie sind etwas günstiger als in Mitteleuropa.

Kein Anschluss unter dieser Nummer.

Einige Wörter Griechisch für unterwegs

guten Morgen/ guten Tag	kaliméra
guten Abend	kalispéra
gute Nacht	kaliníchta
Gruß beim Kommen und Gehen	já sás
danke	efcharistó
bitte	parakaló
ich will …	thélo …
… Wasser	… neró
… ein Taxi	… éna taxí
… essen	… fajitó
… trinken	… na pjó
wo ist …?	pu ínä …
… der Weg nach …	… o drómos ja …
… ein Café	… éna kafenío
… die Bushaltestelle	… i stási
… der Hafen	… to limáni
hier	edó
dort	ekí
geradeaus	efthía
rechts	dexiá
links	aristerá
unten	káto
oben	páno
nah	kondá
weit	makriá
Aussichtspunkt	théa
Auto	aftokínito
Bäckerei	fúrnos
Berg	vunó
Brücke	jéfira
Brunnen	pigádi
Burg	kástro
Bus	leoforío
Dorf	chorió
Fischrestaurant	psarotavérna
Fleischerladen	kreopolío
Haus	spíti
Insel	nisí
Kap	akrotírio
Kirche	eklissía
Kloster	monastíri
Konditorei	sacharoplastío
Meer	thálassa
Obst- und Gemüseladen	manáviko
Pfad	monopáti
Platz	platía
Polizei	astinomía
Quelle	vrísi
Restaurant	estiatório
Schiff	karáwi
Speiselokal	tavérna
Strand	paralía
Straße, Weg	drómos
Trinkwasser	pósimo neró
1, 2, 3, 4	éna, dío, tría, téssera
5, 6, 7	pénde, éxi, eftá,
8, 9, 10	ochtó, ennéa, déka
100, 1000	ekató, chília

Das griechische Alphabet

Α, α	A
Β, β	W
Γ, γ	J vor i- und e-Lauten, sonst ein Mittelding zwischen g und ch
Δ, δ	stimmhaftes »th« wie engl. »this«
Ε, ε	Ä
Ζ, ζ	stimmhaftes »s« wie Ouzo
Η, η	I
Θ, θ	stimmloses »th« wie in »thanks«
Ι, ι	I
Κ, κ	K (unbehaucht)
Λ, λ	L
Μ, μ	M
Ν, ν	N
Ξ, ξ	X
Ο, ο	O
Π, π	P (unbehaucht)
Ρ, ρ	R (gerollt)
Σ, σ, ς	stimmloses »s« wie »Tasse«
Τ, τ	T
Υ, υ	I
Φ, φ	F
Χ, χ	CH, vor e- und i-Lauten wie »ich«, sonst wie »ach«
Ψ, ψ	PS
Ω, ω	O

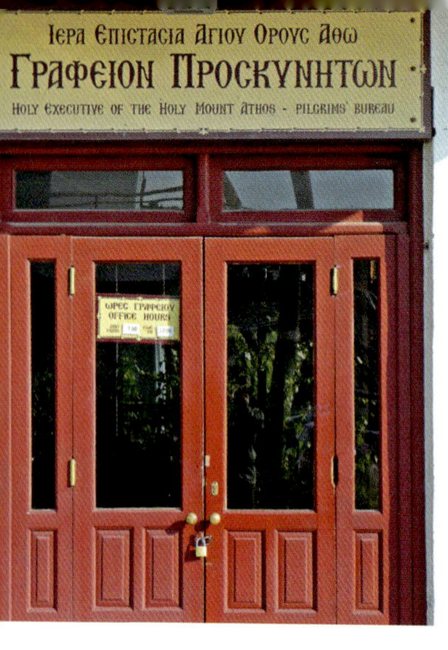

Telefon

Die Landesvorwahl für Griechenland ist 0030. Für Anrufe innerhalb Griechenlands wird keine Null vor die Ortsvorwahl oder die Vorwahl des Handybetreibers gesetzt. Die Landesvorwahl für Deutschland ist 0049, für Österreich 0043 und für die Schweiz 0041. Auch bei diesen die Null vor der Ortsvorwahl nicht mitwählen.

Zeit

In Griechenland gilt die Osteuropäische Zeit, die unserer Zeit um 1 Std. voraus ist. Wenn es in Mitteleuropa 12 Uhr ist, dann zeigen die Uhren in Griechenland bereits 13 Uhr an.

Oben: Das Pilgerbüro der Mönchsrepublik Athos in Ouranoupoli.
Unten: Die antike Festung Likythos liegt auf einer Halbinsel bei Toroni (Tour 16).

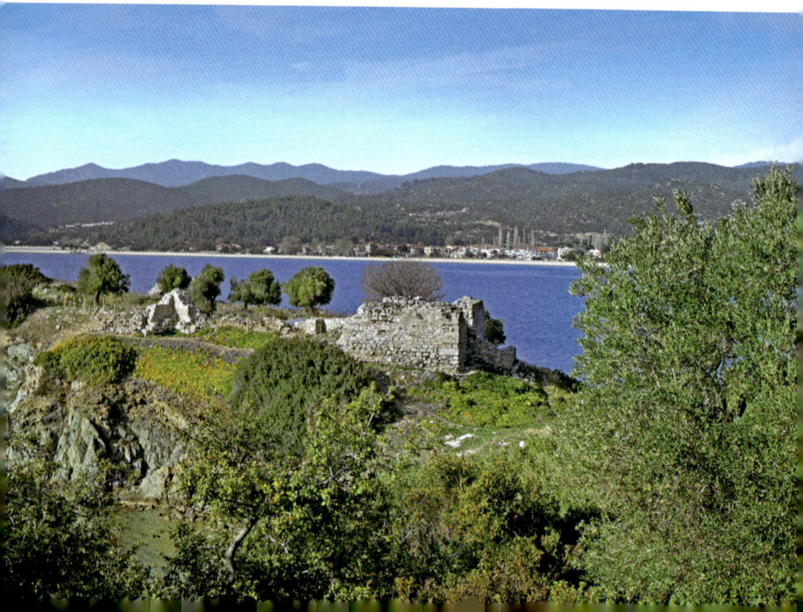

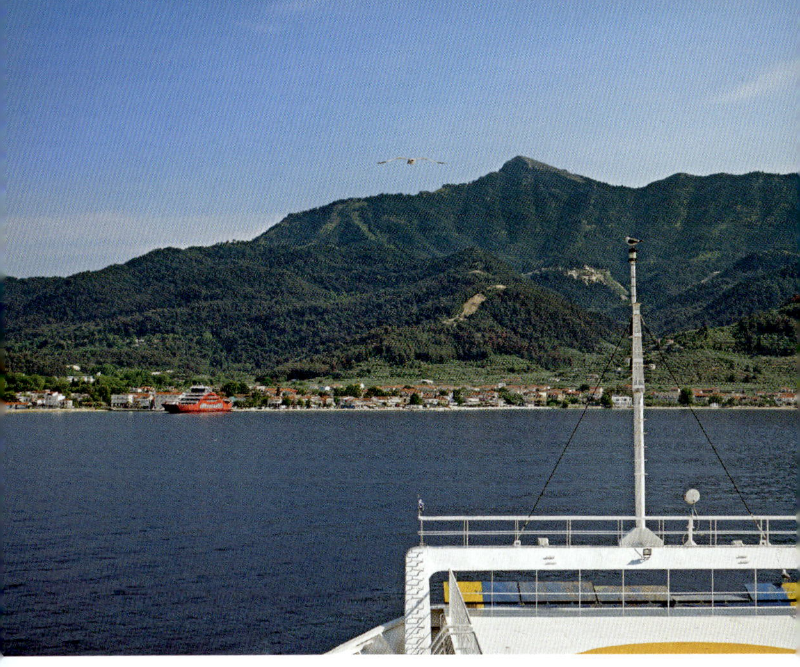

Ankunft auf Thassos, das nur mit Fähren von Kavala oder Keramoti zu erreichen ist.

Zollvorschriften

Neben den normalen Zollvorschriften innerhalb der EU und EFTA gilt es für Reisen nach Griechenland noch Folgendes zu beachten: Der Erwerb, Besitz und die Verteilung sowie die Ein- und Ausfuhr von Rauschgiften, auch kleiner Mengen für den persönlichen Bedarf, wird hart bestraft. Auch Verteidigungssprays (auch solche, die z. B. in Deutschland frei verkäuflich sind) sind verboten. Ihr Besitz und Gebrauch ist verboten und wird strafrechtlich verfolgt. Gleiches gilt für Waffen jeder Art, insbesondere auch für große Messer, Schwerter, Säbel usw.

Auch auf den unerlaubten Besitz archäologischer Gegenstände und den Versuch ihrer Ausfuhr drohen hohe Strafen. Erwerb und Ausfuhr von Antiquitäten sind nur mit einer Genehmigung des Kulturministeriums zulässig. Auf keinen Fall Steine oder andere Gegenstände von archäologischen Stätten mitnehmen. Bei Diebstahl, vorsätzlicher oder fahrlässiger Beschädigung, illegaler Ausgrabung und Entfernung vom Fundort von archäologischen Fundstücken können auch gegen Ausländer je nach Schwere der Tat bis zu mehrjährige Haftstrafen verhängt werden.

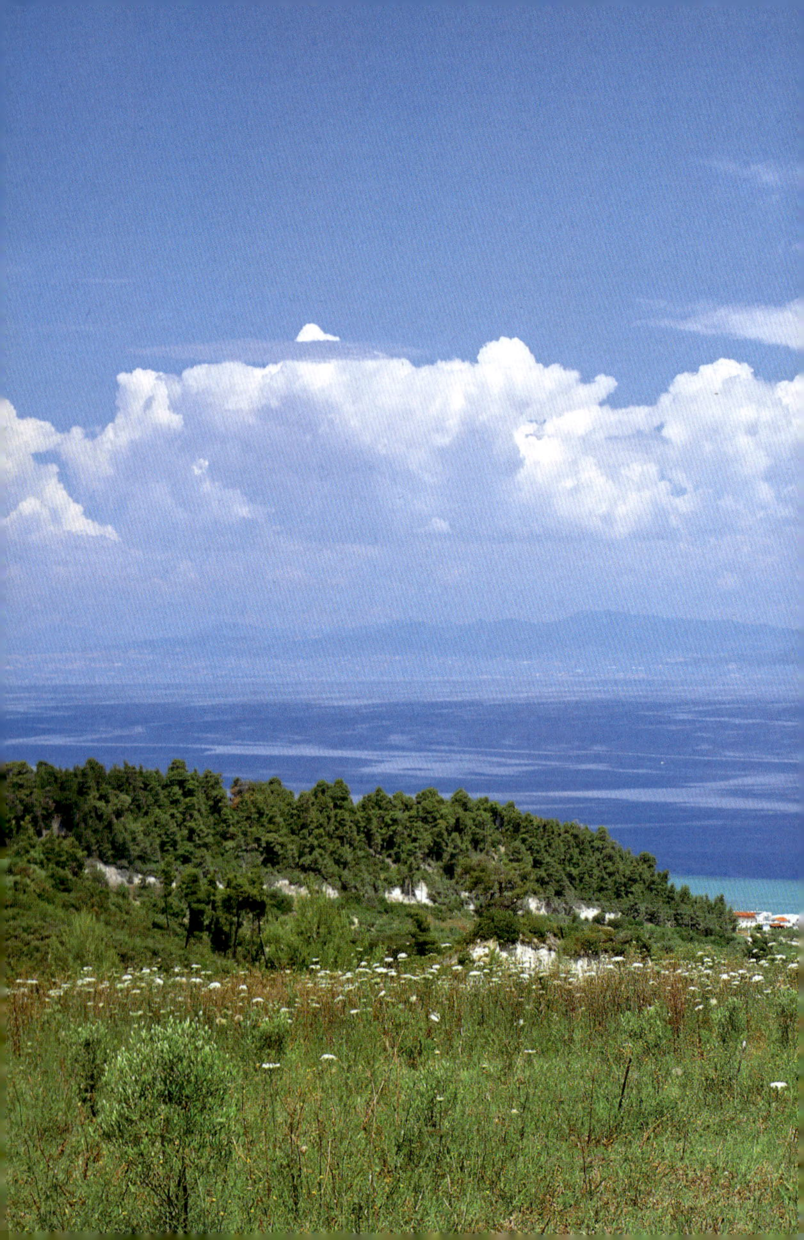

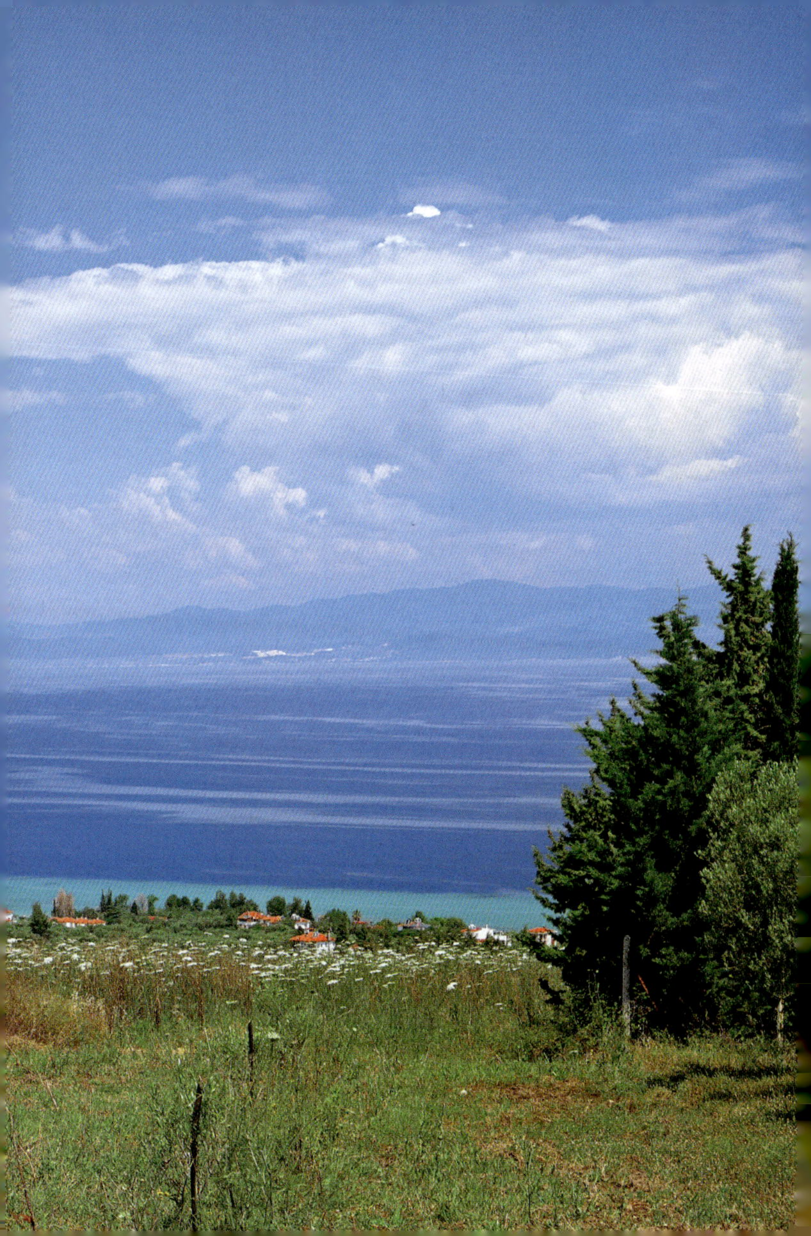

Kassandra

Die Halbinsel Kassandra ist der westlichste der drei Finger der Chalkidiki. Sie ist mit dem Festland bei Potidea durch einen engen Isthmus (Landenge) verbunden. Um 300 v. Chr. ließ hier König Kassandros, der Gründer Thessalonikis, einen Kanal graben, der noch heute in Gebrauch ist. Nach Kassandros, der die von Phillip II. zerstörte Stadt wiederaufbauen ließ, wurde die Halbinsel benannt und nicht, wie viele meinen, nach der antiken Seherin Kassandra.

Über viele Jahrhunderte hinweg war Kassandra nur dünn besiedelt. Anfang des 20. Jahrhunderts siedelten sich viele Flüchtlinge aus der Türkei hier an, einige Ortsnamen, wie Nea Potidea, Nea Skioni oder Nea Fokea zeugen noch davon. Heute ist die Halbinsel die am dichtesten besiedelte und touristisch am besten erschlossene Gegend der Chalkidiki. Besonders an der Ostküste zwischen Kallithea und Pefkohori reiht sich eine Hotelanlage an die andere. Hier sind viele der Küstendörfer zu reinen Touristenorten geworden, die quasi ineinander übergehen und im Winter Geisterstädten gleichen. Wer auf Kassandra noch mehr oder weniger ursprüngliche Orte besuchen will, muss sich schon zu den kleinen Bergdörfern wie Kassandrino oder Paraskevi aufmachen. Dennoch hat die Halbinsel noch viel von ihrem ursprünglichen Reiz erhalten. Dies gilt insbesondere für das hügelige Landesinnere. Hier kommen Touristen kaum hin. Auch der Süden der Halbinsel ist touristisch wenig erschlossen und zum Wandern ideal.

Agia Paraskevi liegt eingebettet in einer grünen, sanfthügeligen Landschaft (Tour 5).

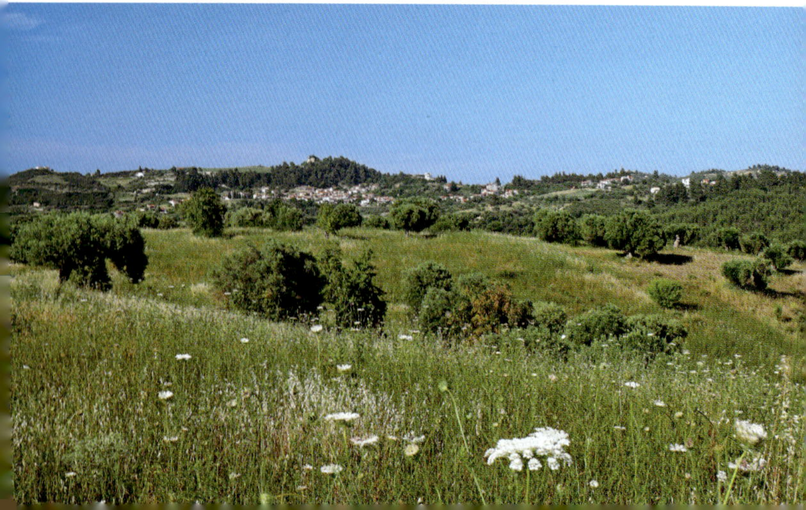

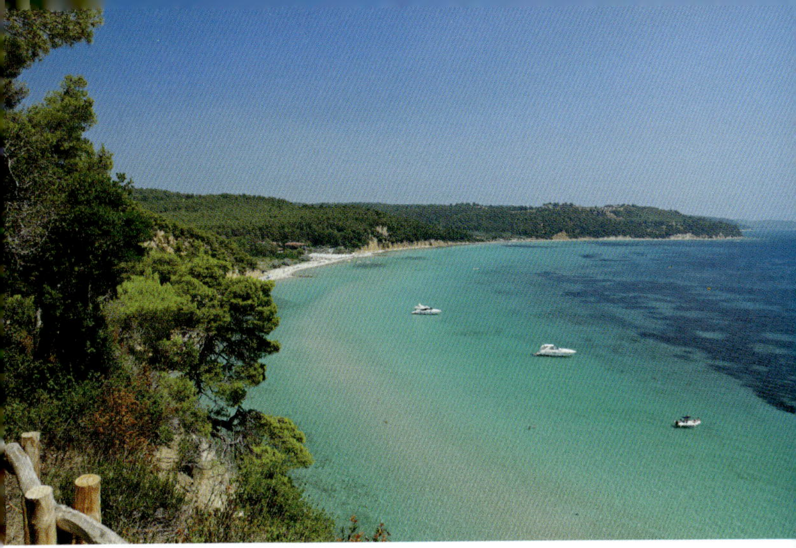

Blick auf Simantro Beach an Kassandras Westküste (Tour 2).

Der Norden der Halbinsel präsentiert sich eher flach. Erst zum Süden hin ragen Hügel bis zu einer Höhe von knapp 350 Metern auf. Die Küsten sind flach und bieten zahllose, feine Sandstrände. Weite Teile Kassandras sind dicht bewaldet. Pinien- und Kiefernwälder wechseln mit Olivenhainen und Getreidefeldern. Der Boden ist fruchtbar, neben Getreide, Oliven und Gemüse werden auch Sonnenblumen angebaut. Die im Sommer gelben Felder geben ein schönes Bild ab. Auch die Produktion von Honig und von Pinienharz, das für den Retsina verwandt wird, spielt eine gewisse Rolle. Haupteinnahmequelle der Bewohner ist inzwischen aber der Tourismus.

Wegen der frühen Besiedelung bietet die Halbinsel auch dem an Altertümern interessierten Touristen einiges Sehenswertes. Da sind z. B. der mehr als 2000 Jahre alte Kanal von Potidea und die Ruinen eines Kastells im gleichen Ort. Oder der 1407 erbaute Turm von Nea Fokea, der einst den Mönchen vom Athos gehörte. Auch Sani hat einen historischen Turm von 1543 zu bieten, der heute das Wahrzeichen der Stadt ist.

Erschlossen ist die Halbinsel durch eine asphaltierte Küstenstraße, die lediglich die Südspitze und den Westteil der Nordküste auslässt. Ins Landesinnere auf den zentralen Höhenkamm führen Schotterpisten, die oft nur mit geländegängigen Kraftfahrzeugen befahrbar sind. Dennoch müssen Wanderer hier mit Begegnungen motorisierter Art rechenen, die wegen der mächtigen Staubfahne, die die Autos hinter sich herziehen, für Fußgänger nicht immer angenehm sind.

1 Im Norden von Sani

2.00 Std.

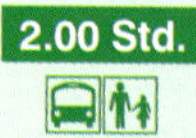

Feuchtland, Pinienwald und Strand – Rundwanderung durch einzigartige Biotope

Wer über die Autostraße nach Sani kommt, ist erstmal überrascht: Riesige Hotelkomplexe prägen das Bild. Überall Sperren und Schranken, die einem den ungehinderten Zugang zum Strand verwehren. Doch nördlich dieses Gebietes sind noch ausgedehnte Feuchtgebiete und ein größerer Pinienwald erhalten, die zahlreichen Tieren, darunter vielen bedrohten Arten, eine Heimat bieten. Besonders Vogelliebhaber kommen auf ihre Kosten. Fast 200 Arten sind hier schon beobachtet worden, darunter die scheuen und seltenen Zwergdommeln, die versteckt im Schilf leben. Aber auch Sumpfschildkröten fühlen sich in den Gewässern wohl, und in den trockenen Regionen ist die Chance groß, auf Landschildkröten zu stoßen. Darüber hinaus finden wir mit dem Bousoulas Beach einen der schönsten Sandstrände Kassandras, der sich über sieben Kilometer von Nord nach Süd erstreckt.
Unsere Tour führt zunächst entlang der Feuchtgebiete und dann durch alten Pinienwald, wo wir mehrere Möglichkeiten finden, kurze Abstecher an den herrlichen Sandstrand zu machen.

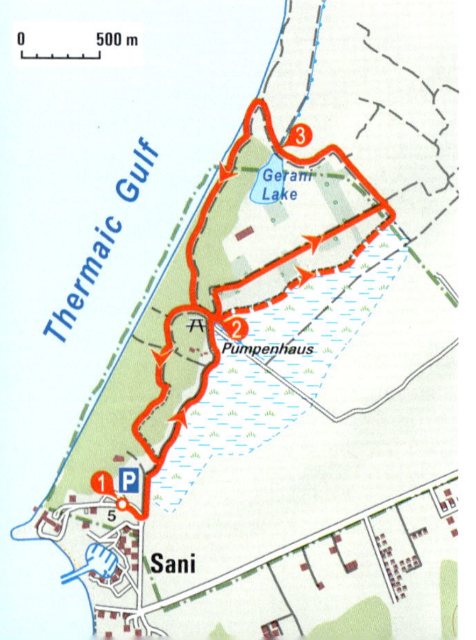

Ausgangspunkt: Parkplatz nördlich der Hotelanlagen Sani Resort.
Höhenunterschied: 50 m.
Anforderungen: Die leichte Wanderung verläuft im Wesentlichen auf unbefestigten, teilweise sandigen Forst- und Wirtschaftswegen und ist streckenweise schattig. Die Orientierung ist einfach, Schwindelfreiheit und Trittsicherheit sind nicht erforderlich.
Markierung: Stellenweise grüne Pfeile, schwarzer, bzw. blauer Dreizack auf weißem Schild sowie gelbes Schild mit rotem Punkt.
Einkehr: Unterwegs keine; mehrere Möglichkeiten in Sani.
Tipps: 1) In dem ausgedehnten Gebiet sind mehrere weitere Wanderwege und Spaziergänge markiert. 2) Der lange Sandstrand bietet hervorragende Bademöglichkeiten. Am wenigsten bevölkert ist er im nördlichen Bereich, deshalb Badesachen mitnehmen.

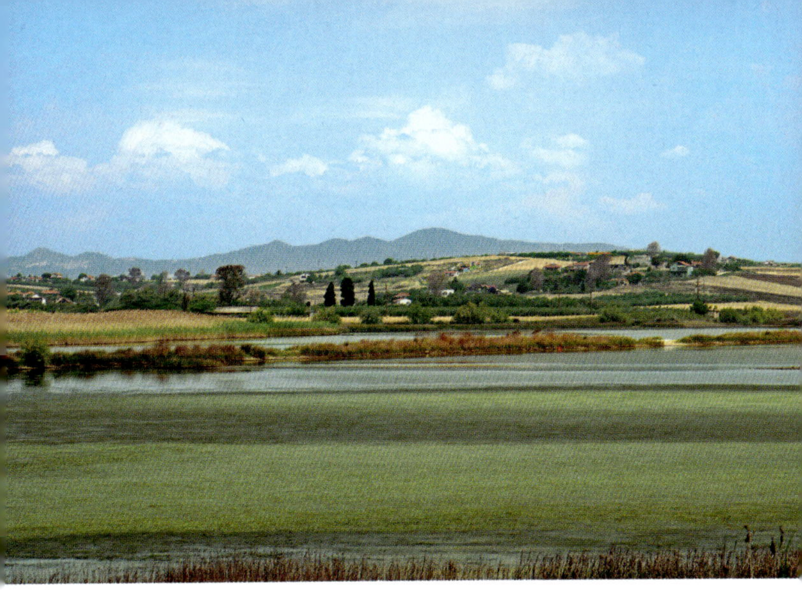

Blick über den Gerani Lake.

Vom **Parkplatz (1)** bei **Sani** gehen wir auf der Zufahrtsstraße zurück und biegen links auf den Erdweg ein. An der nächsten Gabelung (mit Infotafel) halten wir uns rechts und bleiben an der Abzweigung etwa 150 m weiter auf unserem Weg. Rechts von uns liegt der ausgedehnte Süßwassersee Stavronikita. Wir folgen dem stellenweise sandigen Weg am Waldrand entlang, bis wir an ein kleines, weißes Wohnhaus gelangen. Wir gehen rechts an den Gebäuden vorbei und erreichen etwa 350 m weiter an einem **Pumpenhaus (2)** eine Kreuzung. Eine Infotafel informiert über die Vogelwelt.

Hier haben wir mehrere Möglichkeiten, unseren Weg fortzusetzen. Auf der Hauptroute wandern wir am Pumpenhaus vorbei und dann geradeaus weiter. Wir folgen der Erdstraße am Waldrand entlang zunächst um die Linkskurve und kurz darauf auch um die Rechtskurve. Der Weg verläuft anschließend schnurgerade durch landwirtschaftlich genutzte Flächen und überquert zwei knapp 20 m hohe Hügel, von denen man einen sehr guten Überblick über den Stavronikita-See hat. Am Ende treffen wir auf eine quer verlaufende Erdstraße, auf der wir nach links gehen.

Variante: Wer näher am See wandern möchte, geht gleich hinter dem Pumpenhaus rechts auf einen Pfad,

Sani (1) 5 m
Pumpenhaus (2) 3 m
Gerani Lake (3) 1 m
Pumpenhaus (2) 3 m
Sani (1) 5 m
7.6 km
0 0.25 1.00 1.30 2.00 h

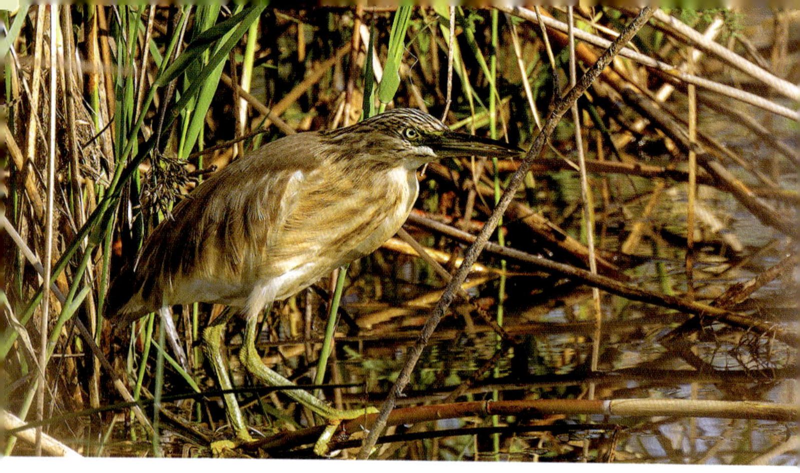

Mit Glück endeckt man die scheue und seltene Zwergdommel im Schilf.

der am Ende auch auf die quer verlaufende Erdstraße stößt, auf der man nach links gleich wieder auf den Hauptweg trifft.
Wir folgen der Erdstraße, neben der ein breiter, verschilfter Graben verläuft, in nordwestlicher Richtung und gelangen an den **Gerani Lake (3)**, einen ausgedehnten Brackwassersee. Er ist Lebensraum zahlreicher, auch seltener Vögel, u. a. der grazilen, langbeinigen Stelzenläufer.
Der Weg schwenkt hier nach links und überquert bald den Verbindungskanal zwischen dem südlichen und nördlichen Teil des Sees. Nach dem Kanal gelangen wir schnell an die Dünen, hinter denen sich der wunderbare Sandstrand kilometerweit nach Süden und Norden erstreckt. Wir folgen der Piste nach links und gelangen in kurzer Zeit in den alten Pinienwald. Der Weg verläuft nun parallel zum Strand. Von Zeit zu Zeit zweigen Stichwege rechts ab, die zu ihm führen. Wer am Strand möglichst ungestört sein möchte, sollte nicht zu spät abbiegen, denn je weiter wir uns dem Resort nähern, desto belebter wird er.
Etwa 800 m nachdem wir in den Wald gekommen sind, zweigt rechts ein Weg ab (gelbe Markierung). Wir bleiben auf unserem Weg und erreichen gut 400 m weiter das schon vom Hinweg bekannte **Pumpenhaus (2)**, wo wir nicht auf der vom Hinweg bekannten Route weitergehen, sondern gleich rechts auf dem nach Westen verlaufenden Erdweg in den Wald gehen. Der Weg schwenkt in einem großen Bogen nach Süden. Auch jetzt finden wir wieder mehrere Möglichkeiten, um rechts zum Strand abzuzweigen. Wir behalten unsere südliche Richtung bei und gelangen schließlich wieder auf die vom Hinweg bekannte Route, auf der wir rechts gehend in kurzer Zeit wieder an unserem Ausgangspunkt am **Parkplatz (1)** in **Sani** ankommen.

2.45 Std.

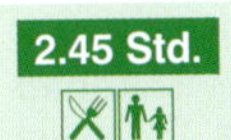

Vom Simantro Beach zum Sani Beach

2

Küstenwanderung durch dichten Pinienwald

Die einfache Wanderung führt durch wunderbaren, alten Pinienwald zumeist dicht an der Steilküste entlang und bietet herausragende Aussichten auf den Thermaischen Golf bis weit nach Westen zum Olymp. Sie verbindet zwei einzigartige Sandstrände miteinander. Während der Simantro Beach recht überschaubar ist und auch noch in der Hochsaison ruhige Plätze bietet, ist der riesige Sani Beach, der zum großen Teil zum Gelände des Sani Resorts gehört und sich weit nach Norden erstreckt, im Sommer sehr belebt.

Ausgangspunkt: Strand am Simantro Beach Hotel.
Höhenunterschied: 250 m.
Anforderungen: Die einfache Wanderung verläuft nahezu vollständig auf einem Pfad durch dichten, schattigen Pinienwald. Die Orientierung ist einfach, Schwindelfreiheit und Trittsicherheit sind nicht erforderlich, die Abschnitte direkt an der Steilkante sind durch ein Holzgeländer gesichert.
Markierung: Sehr gut mit verschiedenen Markierungen (blauer Dreizack, rote Punkte und Pfeile, Kilometerangaben) versehen.
Einkehr: Möglichkeiten am Simantro Beach und im Sani Resort.
Tipps: 1) Sowohl am Simantro Beach als auch in Sani finden wir erstklassige Bademöglichkeiten. 2) Die Strecke lässt sich gut mit Tour 3 zu einer längeren Wanderung verbinden.

Immer wieder bieten sich eindrucksvolle Blicke auf die Steilküste.

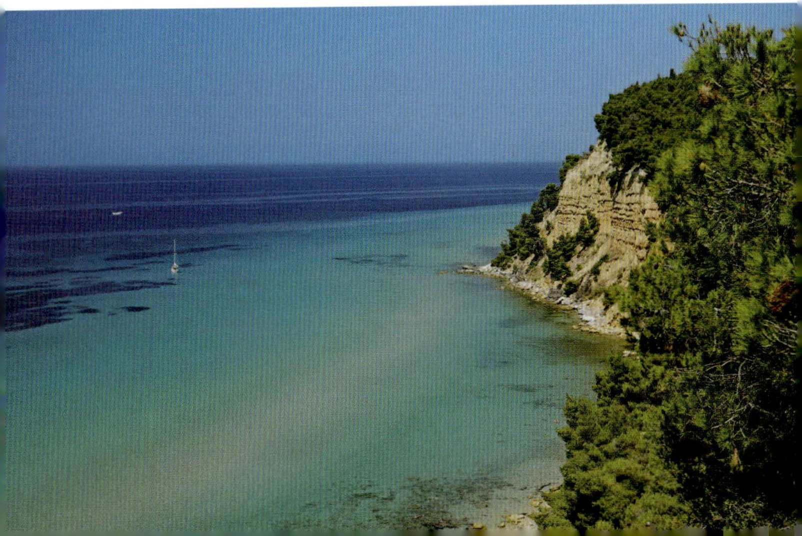

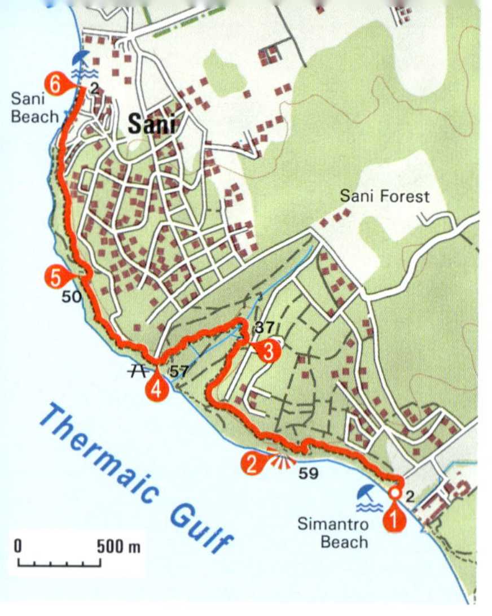

Die Wanderung beginnt am nördlichen Ende des **Simantro Beach (1)**, wo eine Erdstraße endet. Direkt am Strand grenzt ein etwas unscheinbares Ausgrabungsgelände an, dahinter liegt die Freifläche eines schon vor vielen Jahren aufgegebenen Campingplatzes. Wir gehen wenige Schritte die Erdstraße aufwärts und zweigen gleich links auf einen zunächst stufig angelegten Pfad ab, der aufwärts sofort in den Wald hineinführt und dicht an der Steilkante verläuft. Nach links haben wir einen wunderbaren Blick auf das azurblaue Meer. Bei guter

Grasende Schafe auf dem Ausgrabungsgelände am Simantro Beach.

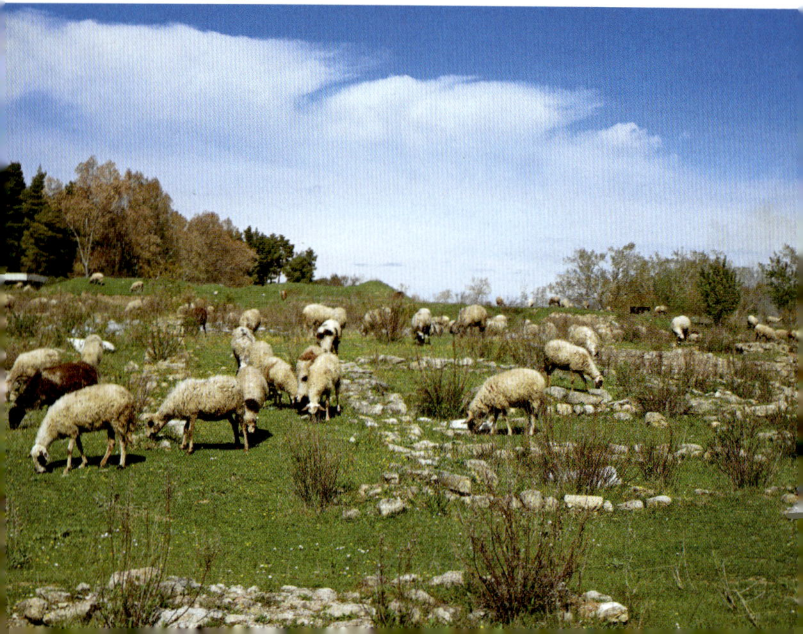

Sicht können wir im Westen den Olymp (2918 m), höchster griechischer Berg und »Sitz der Götter«, sehen, und etwas weiter südlich die kahle Felspyramide des Ossa (1978 m).

Etwa 800 m nach unserem Start erreichen wir eine **Bank (2)**. Störender Bewuchs wurde entfernt, sodass wir eine ungehinderte Aussicht haben. Ein wunderbarer Platz für eine erste Pause. Wir folgen weiter dem Pfad und überqueren etwas links versetzt eine breite Erdpiste. Der Weg führt nun von der Küste weg. Wir überqueren erneut eine Erdpiste und steigen auf gutem Pfad in ein schattiges Tal ab, wo wir einen kleinen **Bach (3)** überqueren, der oft auch im Sommer noch Wasser führt.

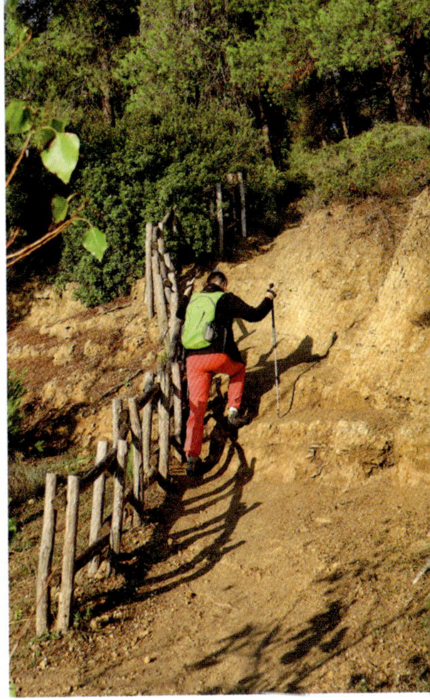

Am Start der Wanderung geht es über einen stufigen Pfad in den Wald hinein.

Etwa 100 m weiter überqueren wir erneut einen Bach. Dahinter steigt der Pfad wieder an und wendet sich Richtung Küste. Wir kreuzen erneut eine Erdstraße, die links hinunter in eine beliebte Badebucht führt und kurz darauf eine weitere. Auch diese endet in der Bucht. Wenig später gelangen wir wieder an die Steilküste, eine Bank bietet hier einen guten **Rastplatz (4)** mit hervorragender Aussicht.

Der Weg führt nun wieder dicht an der Küste entlang und rechts liegen in traumhafter Lage vereinzelt Wohnhäuser. Wir passieren nochmals eine **Bank (5)** und kreuzen kurz dahinter eine Erdstraße. Auf einem zunächst breiten Weg, der später wieder in einen Pfad übergeht, wandern wir weiter, bis wir nach einem kurzen, steilen Abstieg an den lang gezogenen Strand des **Sani Resort (6)** gelangen, wo wir unser Ziel erreicht haben.

Auf demselben Weg kehren wir dann zurück zum **Simantro Beach (1)**.

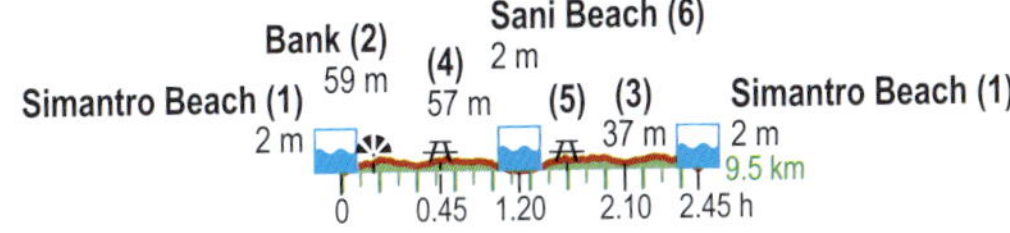

TOP **3**

Von Siviri zum Simantro Beach

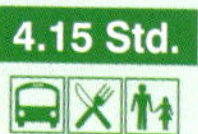

4.15 Std.

Wanderung von einem kleinen Fischerort zu einer wunderschönen Sandbucht

Die einfache, aussichtsreiche Wanderung verläuft von Siviri immer dicht entlang der Küste zum Simantro Beach, wo wir einen sehr schönen Sandstrand mit Einkehrmöglichkeiten finden. Unterwegs passieren wir die kleine Elani Bay, die ebenfalls einen schönen Strand bietet sowie Einkehrmöglichkeiten. Siviri gehört zu den kleineren Orten auf Kassandra. Beliebt ist der Fischerort u. a. wegen seines feinen, flachen Sandstrandes, der sich gut für Familien mit kleineren Kindern eignet. Im Sommer findet im Amphitheater, das für seine einzigartige Akustik berühmt ist, das bekannte Kassandra-Festival statt.

Ausgangspunkt: Siviri am Ende der Zufahrtstraße.
Höhenunterschied: 410 m.
Anforderungen: Die einfache, meist schattige Wanderung verläuft auf Waldpfaden und entlang von Stränden. An einigen wenigen Stellen ist etwas Schwindelfreiheit von Vorteil, auf den steileren Passagen ist wegen Rutschgefahr nach Regenfällen Trittsicherheit nötig und auf einem kurzen Abschnitt etwas Orientierungssinn.
Markierung: Gut mit verschiedenen Markierungen (blauer Dreizack, roter Dreizack sowie rote Punkte und Pfeile) versehen.
Einkehr: Möglichkeiten in Siviri, Elani und am Simantro Beach.
Tipps: 1) In Siviri, in Elani und am Simantro Beach finden wir ausgezeichnete Bademöglichkeiten. 2) Vom Simantro Beach aus können wir weiter bis zum Sani Beach wandern (siehe Tour 2).

In **Siviri** am Ende der **Zufahrtsstraße (1)**, dort wo sie eine Linkskurve macht, gehen wir geradeaus zum Strand und zu dem kleinen Hafen. Unmittelbar davor schwenken wir nach rechts in eine Gasse. An Andenkenläden, Kafenia und Tavernen vorbei wandern wir bis zu einer Fußgängerbrücke über einen Bach und weiter bis zum Ende der Bucht. Dort gehen wir neben einer Appartementanlage die Betonstraße hinauf und biegen gleich hinter den letzten Häusern links auf einen Erdweg ab, dem wir in den Pinienwald hinein folgen. Wenig weiter wird der Weg zu einem Pfad und kurz darauf finden wir eine erste **Aussichtsstelle (2)** durch eine Baumlücke mit spektakulärem Blick auf den azurblau schimmernden Thermaischen Golf. Bei guter Sicht fällt der Blick im Westen auf das mächtige Massiv des Olymp (2918 m) und links davon auf den Ossa

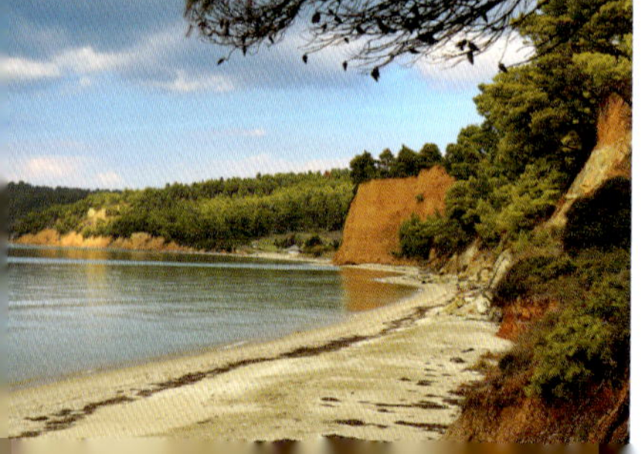

Strand und Steilküste am Elani Beach.

(1978 m), der durch seine kahle Felspyramide unverkennbar ist. Der Pfad führt nun stellenweise dicht an der Steilhangkante entlang und bietet immer wieder atemberaubende Ausblicke. Wir passieren eine senkrecht aufragende **Steilwand (3**) und müssen etwa 50 m weiter, wo sich der Pfad gabelt, aufpassen. Unser Weg führt rechts aufwärts zu einem Waldweg, den wir überqueren. Dahinter folgen wir dem Pfad weiter durch den alten Pinienwald und wandern an einer Ferienwohnanlage vorbei, hinter der wir an eine **Standseilbahn (4)** stoßen, die hinunter zum Strand führt, der etwa 80 Höhenmeter unter uns liegt. Hier finden wir mehrere Sitzmöglichkeiten mit schöner Aussicht. Leider können wir die Standseilbahn nicht nutzen, denn sie ist Bewohnern der Ferienhaussiedlung vorbehalten und die Kabine ist verschlossen. Unser Weg führt rechts am Liftgebäude vorbei abwärts hinunter in die **Bucht von Elani (5)**, die nicht nur einen feinen Sandstrand bietet, sondern auch mehrere Einkehrmöglichkeiten. Am Ende der Bucht gehen wir über die Terrassen des Restaurants einer Bungalowanlage auf eine dahinter verlaufende Erdstraße, der wir aufwärts in den Kiefernwald hineinfolgen.

Nach gut 200 m zweigt in einer Rechtskurve der Erdstraße ein **Pfad (6)** nach links ab, dem wir folgen. Etwas Aufmerksamkeit ist auf diesem Abschnitt erforderlich, weil der Pfad nicht immer gut zu erkennen ist. Nach etwa 250 m stoßen wir aber schon wieder auf einen Erdweg, auf dem wir uns nach rechts wenden. Am Ende einer T-Kreuzung gehen wir links auf der breiten Erdstraße weiter, die abwärts Richtung

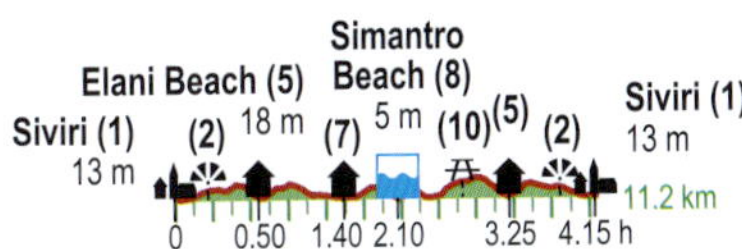

Simantro Beach führt, den wir im Süden der gut 1,5 km langen Bucht erreichen. Vor allem hier finden wir auch im Sommer noch ein ruhiges Plätzchen. Je mehr wir uns nach Norden bewegen, desto belebter wird es. Nach einem kurzen Strandspaziergang treffen wir auf eine **Beach Bar (7)**, wo wir uns mit Getränken und Snacks versorgen können.

Von hier haben wir mehrere Möglichkeiten, zum nördlich gelegenen Simantro Beach Hotel zu gelangen. Der einfachste Weg führt weiter am Strand entlang, wo man nach etwa 700 m das beliebte Resort mit seinen zahlreichen Wassersportangeboten erreicht. Wir entschließen uns aber für eine kleine Rundtour durch dichten Pinienwald.

Dazu folgen wir der Erdstraße hinter der Strandbar, bis nach etwa 300 m links ein Feldweg abzweigt, dem wir in den Wald hineinfolgen. An der Gabelung etwa 200 m hinter dem Waldanfang halten wir uns links. Wir folgen dem Waldweg bis zu seinem Ende vor dem Gelände des Simantro Beach Hotels, an dem wir links bis zum **Strand (8)** gehen. Verpflegungsmöglichkeiten finden wir in der Hotelanlage. Wer die hauseigenen Wasserschildkröten beobachten möchte, geht noch gut 100 m weiter den Strand entlang bis zum Teich am Ende des Hotelgeländes.

Der von Pinienhainen und kristallklarem Wasser gesäumte Simantro Beach.

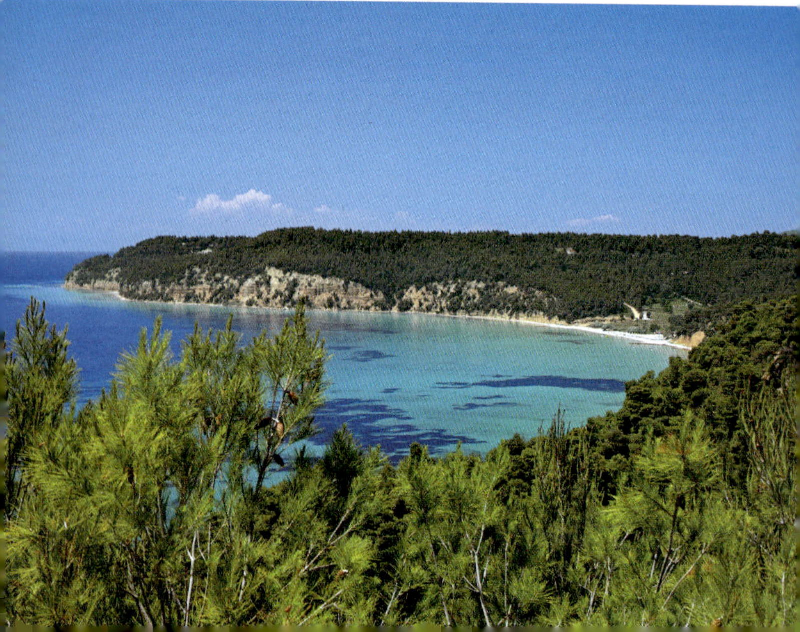

Den Rückweg treten wir an der südöstlichen Ecke des Hotelgeländes an. Dort verlassen wir die Erdstraße nach wenigen Metern rechts auf einen deutlich markierten Pfad, dem wir aufwärts in den Pinienwald folgen. Der Pfad verläuft stellenweise dicht an der Steilkante mit schönem Blick auf den Thermaischen Golf. Wir erreichen eine schattige Bank mit wunderbarer Aussicht. An der Gabelung gleich dahinter halten wir uns rechts und bleiben an der Steilhangkante. Auch an der nächsten Gabelung wählen wir die rechte Möglichkeit.

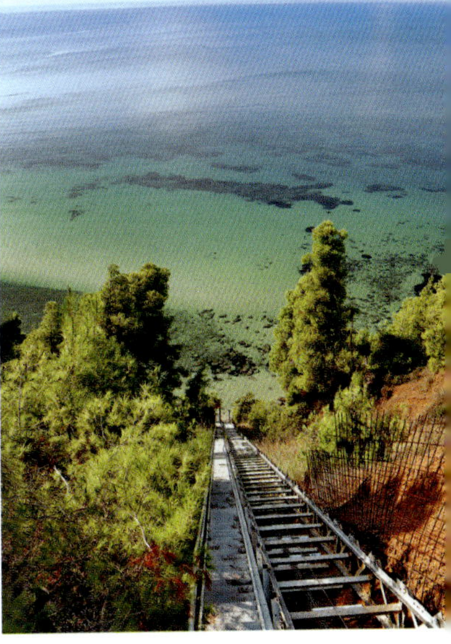

Blick von der Bergstation der Standseilbahn auf den Thermaischen Golf.

Der Pfad schwenkt in südliche Richtung und voraus ist bereits der Strand zu sehen. Abwärts wandernd erreichen wir ihn und die bereits vom Hinweg bekannte **Beach Bar (7)**.

Wir gehen an der Bar vorbei und gehen nicht am Strand weiter, sondern halten uns etwas links auf eine Erdstraße, die parallel zum Strand aufwärts in den Wald führt. Nach wenigen Metern erreichen wir neben einem Bildstock eine **Bank (9)**. Eine weitere gute Rastmöglichkeit mit schöner Aussicht. Dahinter weist uns ein etwas verblasster roter Dreizack auf einem Baumstamm auf einen Pfad, der in den Wald hineinführt und stellenweise direkt an der Steilhangkante verläuft.

Der Weg ist nun gut markiert und weist uns an der nächsten Gabelung nach links aufwärts. An einer Bank neben zwei großen Wassertanks treffen wir auf eine Erdstraße, neben der wir auf die Bungalowsiedlung Elani Villas zugehen. Unmittelbar vor der Siedlung wandern wir rechts die Erdstraße aufwärts, auf der wir nach wenigen Metern an einen weiteren **Rastplatz (10)** mit Bank und bester Aussicht kommen.

Wir wandern nun um die Siedlung mit ihren luxuriösen Häusern herum, gehen kurz hinter ihr an der links abzweigenden Asphaltstraße geradeaus weiter und halten uns an der folgenden T-Kreuzung links. Knapp 200 m weiter erreichen wir die **Verzweigung (6)**, an der wir auf dem Hinweg die Erdstraße auf den Pfad verlassen haben.

Von hier verläuft der weitere Weg auf der bekannten Route zurück zum Ausgangspunkt in **Siviri(1)**.

4 Kassandrino

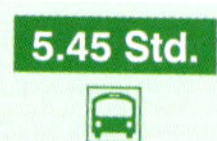

Aussichtsreiche Rundwanderung im Westen eines ursprünglichen Bergdorfes

Die einfache, aber lange Rundwanderung verläuft im Westen des Dorfes Kassandrino meist durch schattigen Nadelwald und bietet immer wieder atemberaubende Ausblicke auf den Golf von Kassandra im Osten und die Halbinsel Sithonia. Im Westen blicken wir auf den Thermaischen Golf. Bei guter Sicht zeigen sich sogar das Festland und das mächtige, meist schneebedeckte Massiv des Olymp. Einen Besuch lohnt auch das kleine, gut 200 Einwohner zählende Kassandrino, das wunderschön in einem grünen Tal liegt. Das Bergdorf, in dem zahlreiche Tavernen locken, ist eines der wenigen auf Kassandra, das noch eine gewisse Ursprünglichkeit bewahrt hat.

Ausgangspunkt: An Kirche und Friedhof in Kassandrino.
Höhenunterschied: 530 m.
Anforderungen: Die Wanderung verläuft auf meist breiten Erdstraßen und erfordert weder Schwindelfreiheit noch Trittsicherheit, lediglich etwas Orientierungssinn. Der Weg bietet nur wenig Schatten.

Markierung: Teilweise markiert als »Kassandros Route 1« (Kassandrino–Agia Paraskevi) mit Kilometerangaben.
Einkehr: Unterwegs keine; mehrere Möglichkeiten in Kassandrino.
Tipp: Die Wanderung lässt sich durch einen Abstecher zum Schildkrötensee Mavrobara verlängern (siehe Tour 9).

Wir starten an der Kirche im Dorfzentrum von **Kassandrino (1)** und wandern auf der Dorfstraße in südlicher Richtung. Vorbei an einigen Tavernen erreichen wir am Ende der Straße an der **Bushaltestelle** einen kleinen Platz mit Quelle, Sitzmöglichkeiten und einem Wartehäuschen aus Naturstein. Von hier wandern wir auf der Asphaltstraße, die am Friedhof in eine Erdstraße übergeht, weiter in südlicher Richtung parallel zu dem zunächst noch kanalisierten Fluss in einem grünen Tal, in dem zahlreiche Walnussbäume stehen. Eine erste Markierung zeigt uns, dass wir auf dem Wander- und Radweg »Kassandros Route 1« sind, der von Kassandrino nach Agia Paraskevi führt.
Bald entfernt sich das Flussbett von der Straße und wir passieren ein letztes, rechts stehendes Haus und etwa 150 m weiter einen **Bildstock (2)**. An der

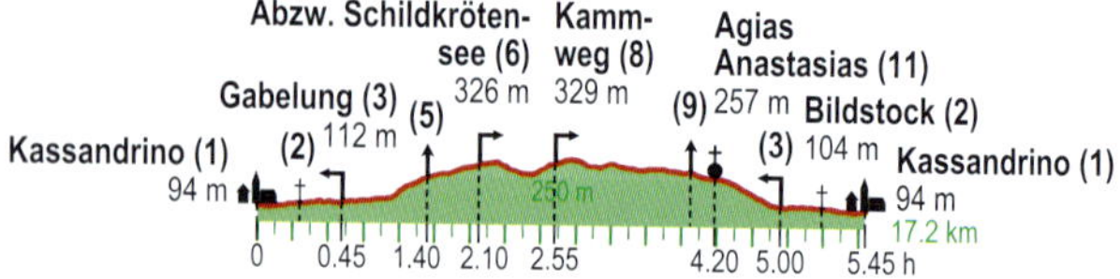

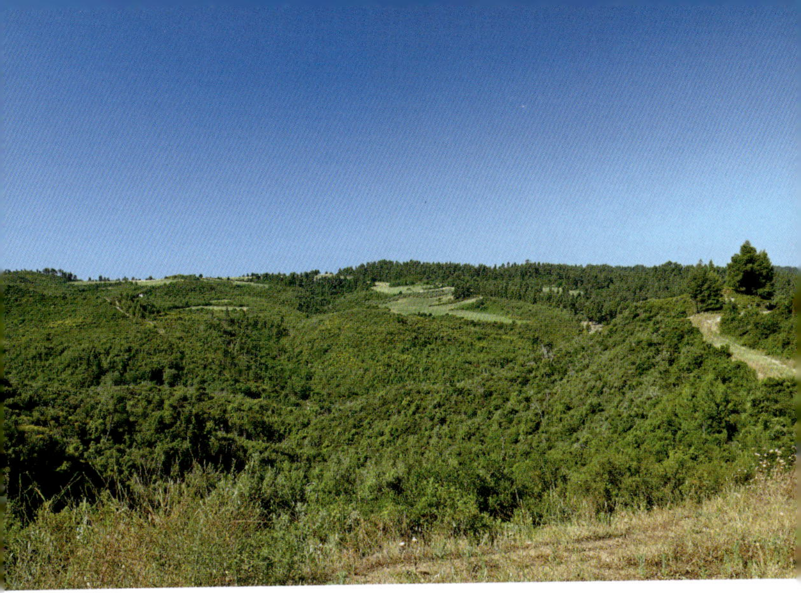

Der Weg führt in hügeliger Landschaft durch dichte Vegetation.

Gabelung 100 m weiter halten wir uns links. Wir folgen nun dem Forstweg und ignorieren alle links und rechts abzweigenden Wege, bis wir nach etwa 1 km an eine **Gabelung (3)** gelangen. An dieser verlassen wir die Kassandros-Route nach links, auf dem Rückweg werden wir hier wieder vorbeikommen. An der nächsten Gabelung etwa 50 m weiter halten wir uns rechts. Der Weg führt nun moderat aufwärts, links und rechts zweigen einige Wege ab, die wir nicht beachten. Nach etwa 1 km biegt links ein Weg sehr steil aufwärts ab. Hier gehen wir noch weiter geradeaus. Auch etwa 200 m weiter an der nächsten Abzweigung steil bergauf bleiben wir noch auf unserem Weg. 100 m weiter erreichen wir eine **Gabelung (4)**. Ein gelber Wegweiser mit undeutlicher Aufschrift zeigt nach rechts.
Wir gehen hier links den sehr breiten Weg steil aufwärts, halten uns an der nächsten Gabelung im nun schon flacheren Teil rechts und gelangen dahinter an eine **Mehrfachkreuzung (5)**, an der wir geradeaus weitergehen. Ein gelbes Schild weist in griechischer Sprache darauf hin, dass hier Jagen verboten ist. Nach links bietet sich ein wunderbarer Blick auf den Golf von Kassandra und die Halbinsel Sithonia dahinter. Im Norden können wir Kriopigi sehen, das etwas von der Küste Kassandras im Landesinneren liegt.
Wir folgen dem Weg, der uns hinauf auf einen Kamm bringt, von dem wir einen einzigartigen Blick auf beide Seiten Kassandras haben. Neben der

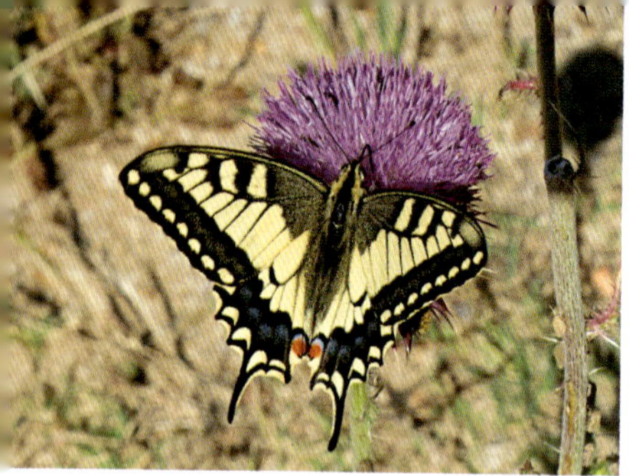

Einer der schönsten Falter Europas: der Schwalbenschwanz.

schönen Aussicht fallen die vielen verschiedenen Schmetterlingsarten auf, die sich hier an den Blüten mit Nahrung versorgen. In einer leichten **Rechtskurve (6)** zweigt dann nach links ein Weg ab.

Variante: Hier können wir einen Abstecher zum Schildkrötensee Mavrobara (Tour 9) machen, indem wir dem links abzweigenden Weg knapp 300 m bis zu einer Kreuzung folgen. Dort nehmen wir den Weg nach rechts und kommen, an der Gabelung 500 m weiter uns links haltend zum kleinen See. Zurück an der Gabelung gehen wir nun links und gelangen wenig weiter an eine Kreuzung breiter Erdstraßen. Hier rechts aufwärts und nach 500 m abermals rechts treffen wir alsbald wieder auf den Hauptweg.

Ohne den Abstecher halten wir uns in der Rechtskurve leicht rechts, passieren eine Infotafel, die über Natur und Landschaft des Gebietes informiert, und gelangen an eine weitere **Abzweigung (7)** nach links, wo die Variante zum Schildkrötensee wieder einmündet.

Gleich hinter der Abzweigung führt der Weg steil bergab in ein Tal, wo wir wieder in schattigen Nadelwald gelangen. Auf dem Forstweg wandern wir bergauf. Nach etwa 800 m stoßen wir an den von Osten kommenden breiten **Kammweg (8)**, der an einigen wenigen Stellen als »Kassandros Route 1« markiert ist. Hier finden wir verschiedene Wegweiser und eine Infotafel.

Wir wenden uns nach rechts, dem Wegweiser Richtung Kassandrino folgend, und ignorieren alle rechts und links abgehenden Wege, bis nach knapp 4 km links eine breite **Erdstraße (9)** abzweigt. Hier müssen wir aufpassen: Wir bleiben in

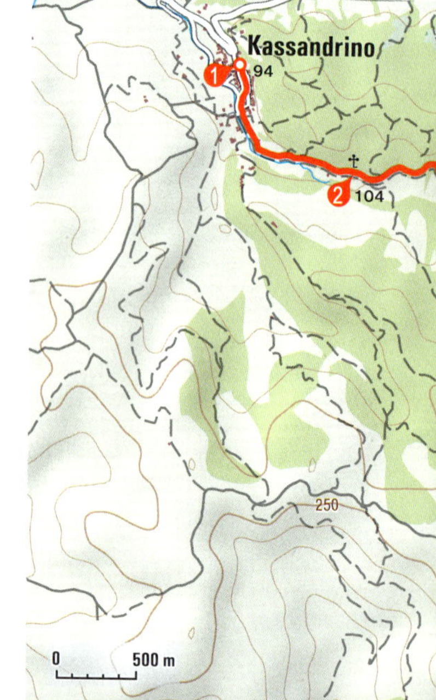

gerader Richtung auf dem etwas schmaleren Forstweg, der in einen dichten Wald hineinführt. Knapp 300 m weiter passieren wir einen **Ziegenstall (10)** und eine Markierung zeigt uns, dass wir auf dem richtigen Weg sind. Von nun an erscheinen die Markierungen in kürzeren Abständen. Nach weiteren 400 m gelangen wir an die Kirche **Agia Anastasia (11)**. Das schlichte Gotteshaus, das meist verschlossen ist, wurde im Jahr 1890 errichtet.

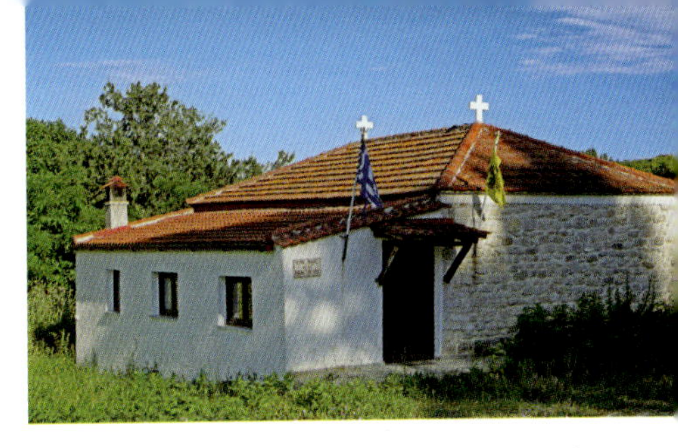

Die schlichte, kleine Kirche Agia Anastasia wurde 1890 erbaut.

Von der Kirche folgen wir dem Forstweg, der stellenweise steil abwärtsführt, weiter, bis wir nach knapp 2 km an die vom Hinweg bekannte **Gabelung (3)** stoßen. Hier halten wir uns links und erreichen nach etwa 2,5 km auf dem bekannten Weg unseren Ausgangspunkt im Zentrum von **Kassandrino (1)**.

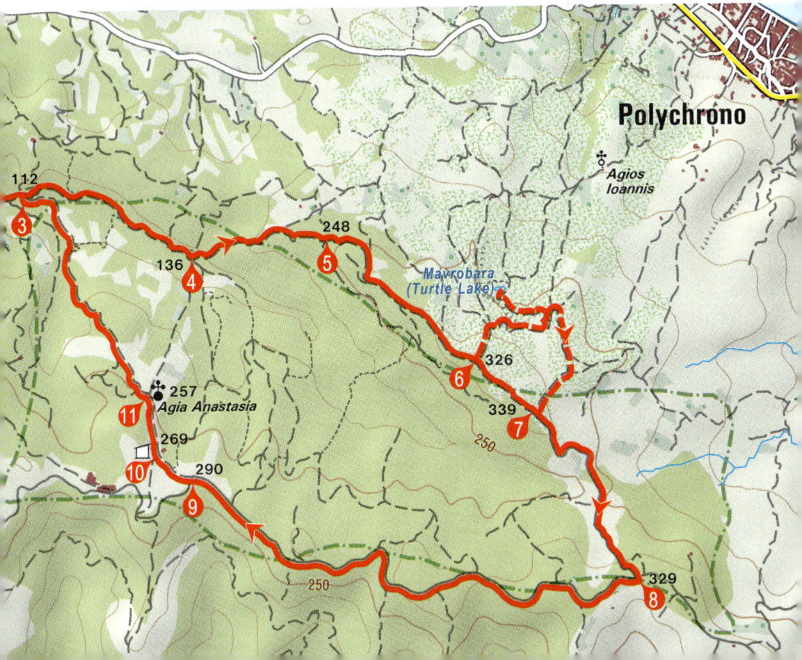

5 Von Loutra nach Agia Paraskevi

4.00 Std.

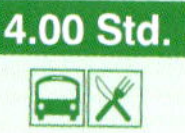

Rundwanderung von einem Küstenort zu einem Bergdorf

Die aussichtsreiche Rundwanderung führt uns auf Feldwegen vom Küstendorf Loutra zum Bergdorf Agia Paraskevi, das in 200 Meter Höhe auf dem östlichen Ausläufer des zentralen Höhenkammes von Kassandra liegt. Loutra ist ein kleiner Badeort, der auch in der Hochsaison noch sehr beschaulich und vom Massentourismus weitgehend verschont geblieben ist. Neben einigen kleineren Stränden ist das Highlight des Ortes sein Thermalbad, das aus schwefelhaltigen Quellen gespeist wird. Auch Agia Paraskevi liegt abseits der großen Touristenströme und besticht durch schmale Gassen und schöne Steinhäuser. Der Ort ist für seinen besonders schmackhaften Honig bekannt, der direkt vom Imker erworben werden kann.

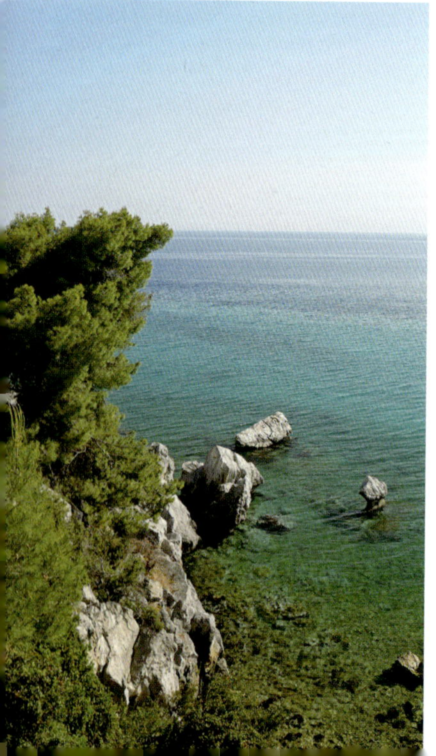

Ausgangspunkt: Bushaltestelle am Parkplatz vor dem Schwefelbad im Osten von Loutra. Wer mit dem Auto anreist, beginnt die Tour besser am Parkplatz an der Hauptstraße beim Aussichtspunkt (WP 2).
Höhenunterschied: 380 m.
Anforderungen: Die Wanderung verläuft zum größten Teil auf unbefestigten Feldwegen und ist meist schattenlos. Die Orientierung ist einfach, Schwindelfreiheit und Trittsicherheit sind nicht erforderlich.
Markierung: Keine.
Einkehr: Sowohl in Loutra als auch in Agia Paraskevi Tavernen und Kafenia.
Tipps: 1) In Loutra bestehen gute Bademöglichkeiten an mehreren Sandstränden. 2) Nur wenig abseits vom Ausgangspunkt liegt die Fischtaverne und das Kafenion Villa Stasa, eingerahmt in eine bizarre Felsbucht. Hier hat man nicht nur eine außergewöhnliche Sicht, sondern kann auch sehr gut und preiswert speisen. Mit etwas Glück kann man sogar Delfine beobachten.

Aussicht von der Fischtaverne Villa Stasa.

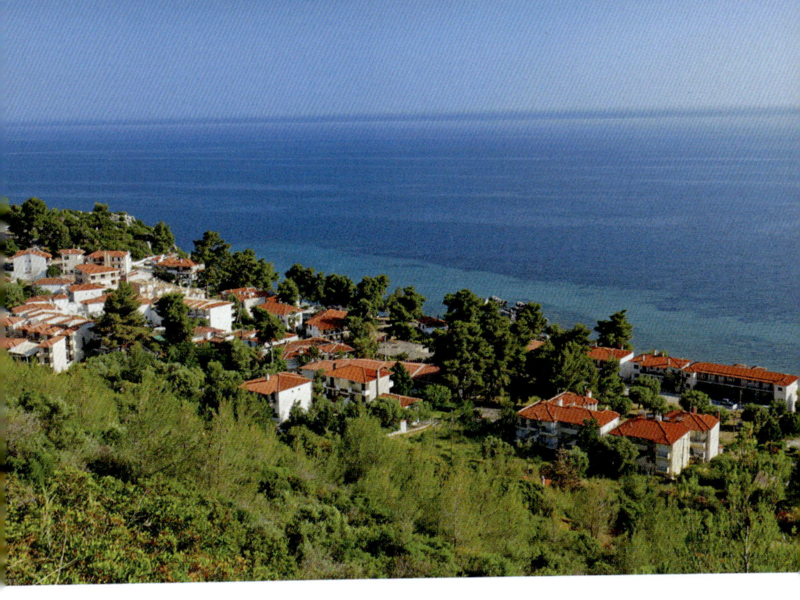

Das Thermalbad Loutra liegt direkt am Meer.

In **Loutra** gehen wir von der **Bushaltestelle (1)** am Parkplatz des Schwefelbades die Asphaltstraße in nordöstlicher Richtung abwärts zur Hauptstraße. Dieser folgen wir nach rechts und erreichen nach 400 m an einem **Aussichtspunkt (2)** einen **Parkplatz**. Kurz dahinter zweigen wir an einem **Bildstock** rechts auf eine Erdstraße ab.
Etwa 100 m weiter halten wir uns an der Gabelung vor einer Bauruine links. Wir passieren ein Wohnhaus und nach einer Kehre ein weiteres. Die Abzweigung hinter dem Gebäude, die nach rechts in eine kleine Bucht führt, ignorieren wir. Einige Schritte weiter gelangen wir in eine lang gezogene **Steinbucht (3)**, in der wir gleich am Anfang links auf eine Erdstraße abbiegen. Wir wandern den Feldweg aufwärts auf einen Hügelkamm. Rechts und links begleiten uns tiefe Täler. Rechts liegt in einiger Entfernung eine neu gebaute ausgedehnte Hotelanlage, zurück haben wir einen wunderbaren Blick auf die Küste Kassandras, den Thermaischen Golf und können bei klarer Luft bis zum Olymp schauen.
Wir passieren eine **Bungalowanlage (4)** und folgen der Erdstraße weiter, bis wir an die asphaltierte Hauptstraße stoßen, die Loutra mit Agia Paraskevi verbindet. Ihr folgen wir wenige Schritte nach rechts und biegen gleich wieder rechts ab auf die ehemalige, einspurige Verbindungsstraße, die heute nur noch von Anliegern genutzt wird.

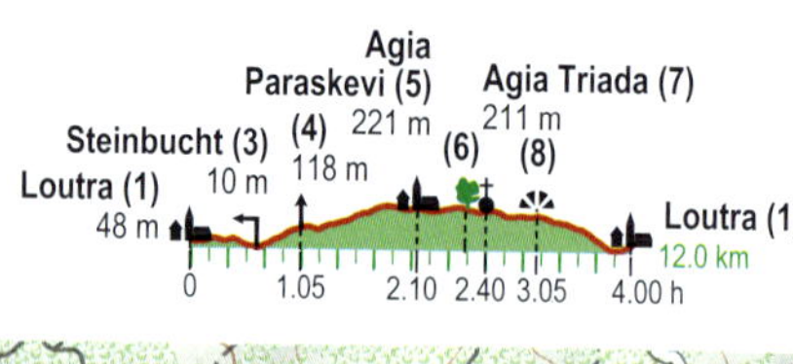

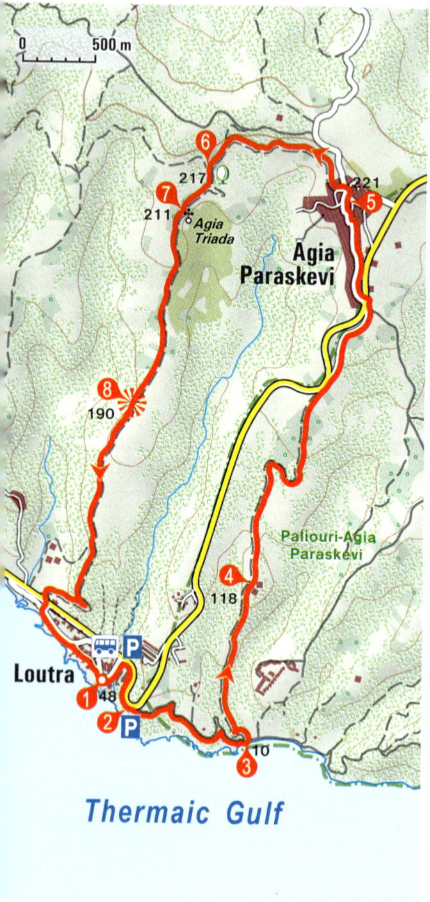

Wir folgen der Straße bis zu ihrem Ende, überqueren sie dort etwas rechts versetzt und gehen auf der asphaltierten Dorfstraße ins Zentrum von **Agia Paraskevi**, wo wir einen Laden und mehrere Tavernen finden. Wir passieren die **Platia (5)** und erreichen gut 50 m weiter einen rechteckigen Kreisverkehr, in dessen Zentrum eine große Platane steht.

Gleich hinter dem Baum gehen wir zwischen den Häusern in die nach links führende Straße. An der Gabelung nach 80 m halten wir uns rechts und folgen dem nun unbefestigten Feldweg zwischen Olivenpflanzungen und Feldern aus dem Dorf. Knapp 1 km hinter der Gabelung zweigt in einer Linkskurve ein Fahrweg rechts ab. Wir halten uns hier links und erreichen 250 m weiter an einer mächtigen **Pinie (6)** erneut eine Abzweigung, an der wir geradeaus weitergehen.

Auch in der folgenden Rechtskehre bleiben wir auf unserem Weg, der uns zur kleinen Kapelle **Agia Triada (7)** bringt, die schattig unter riesigen, alten Eichen steht. Hier finden wir eine gute Rastmöglichkeit auf Steinbänken. Nach Osten haben wir einen besonders schönen Blick auf Agia Paraskevi.

Wir gehen nun ein kurzes Stück durch Pinienwald und anschließend weiter am Waldrand entlang. Bald weicht der Wald zurück und wir wandern auf

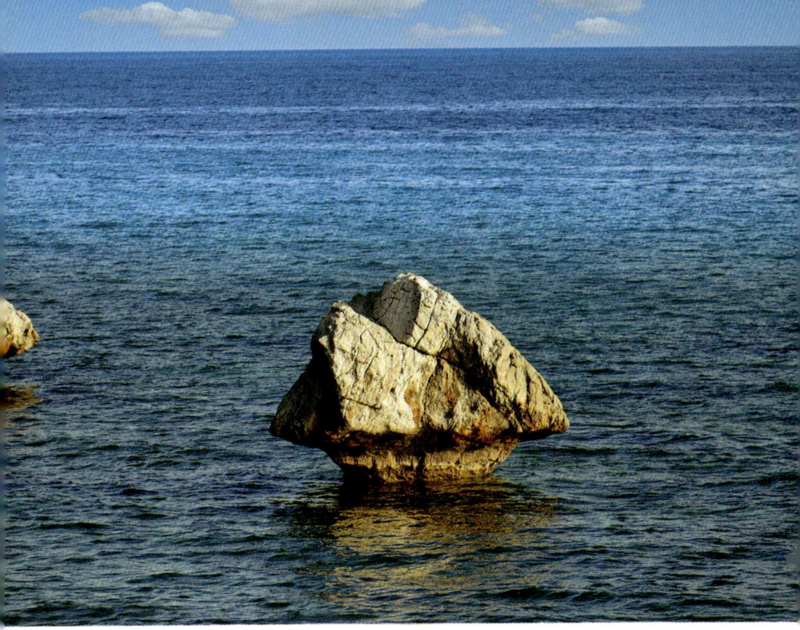

Am Strand von Loutra finden sich bizarre, interessante Felsformationen.

dem Höhenrücken in südlicher Richtung durch offene Landschaft, die von Olivenhainen und Getreidefeldern geprägt wird. Voraus blicken wir auf das tiefblaue Mittelmeer. Wir passieren einen **Bildstock** und gelangen etwa 250 m weiter auf einer Kuppe zu einem guten **Aussichtspunkt (8)**, von dem wir die ganze Gegend überblicken können. Besonders der Blick zurück nach Agia Paraskevi ist beeindruckend.
Hinter der Kuppe beginnt der stellenweise steile Abstieg nach Loutra. Schon bald gelangen wir an ein erstes Häuschen, das von einem Gemüsegarten umgeben ist. Links sehen wir in ein tiefes Tal mit steilen Wänden und rechts haben wir einen wunderbaren Blick auf die Küste Kassandras. Bald kommt auch Loutra in Sicht, das eingezwängt zwischen Straße und Strand liegt.
Nach einem letzten steilen Abstieg endet unser Erdweg an der Hauptstraße, die wir links versetzt überqueren. Dahinter gelangen wir, vorbei an einem Parkplatz, an die asphaltierte Ortsstraße von **Loutra**, auf der wir nach links gehen. Vorbei an Pensionen, Tavernen, Kafenia und einem kleinen Supermarkt verlassen wir die Straße in einer Linkskurve an einem leerstehenden und langsam verfallenden Hotel nach rechts. Die einspurige Straße führt aufwärts zu unserem Ausgangspunkt am **Thermalbad (1)**.

6 Von Loutra zum Paralia Avlaki

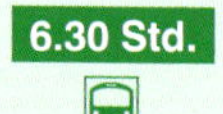

Wanderung entlang der Küste zu einer Bucht südlich von Paliouri

Die Steilküste östlich von Loutra wird immer wieder von steinigen Buchten und tiefen Taleinschnitten unterbrochen. Auch wenn die Buchten wegen der vielen Steine nicht unbedingt zum Baden einladen, haben sie dennoch ihren eigenen Reiz und sind wenig frequentiert, sodass man auch in der Hauptsaison noch einsame Plätze findet.

Der Weg führt abwechselnd hoch über dem Wasser und dann wieder direkt entlang der Strände durch Olivenpflanzungen und Pinienwald. Er bietet spektakuläre Blicke auf die Küste Kassandras und das azurblaue Meer. Bei guter Sicht können wir auf dem Festland das meist mit Schnee bedeckte Massiv des Olymp sehen, der mit 2918 Meter nicht nur der höchste Berg Griechenlands ist, sondern auch Sitz der Götter. Links davon etwas weiter südlich erkennen wir die charakteristische, kahle Felspyramide des knapp 2000 Meter hohen Ossa (auch Kissavos genannt).

Ausgangspunkt: Bushaltestelle am Parkplatz vor dem Schwefelbad im Osten von Loutra. Wer mit dem Auto anreist, beginnt die Tour besser am Parkplatz an der Hauptstraße, beim Aussichtspunkt (WP 2).

Höhenunterschied: 580 m.

Anforderungen: Die in weiten Teilen schattenlose Wanderung führt fast ausschließlich über unbefestigte Erdstraßen. Die Orientierung ist einfach, Schwindelfreiheit ist nicht erforderlich. Lediglich ein wenig Trittsicherheit ist auf dem steilen, stark erodierten Wegstück hinter der ersten Bucht hilfreich.

Markierung: Keine

Einkehr: Unterwegs keine; zahlreiche Möglichkeiten in Loutra.

Tipps: 1) In Loutra bestehen gute Bademöglichkeiten an mehreren Sandstränden. Wer sich nicht scheut, über größere Steine ins Wasser zu gehen, kann auch unterwegs und in der Avlaki-Bucht baden. 2) Die Wanderung lässt sich gut bis Paliouri fortsetzen (siehe Tour 7).

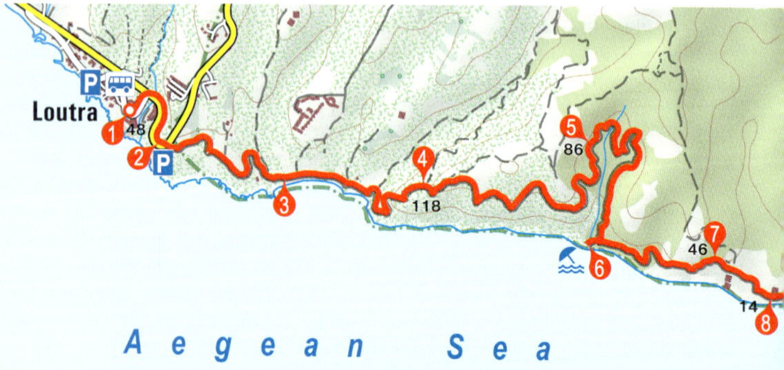

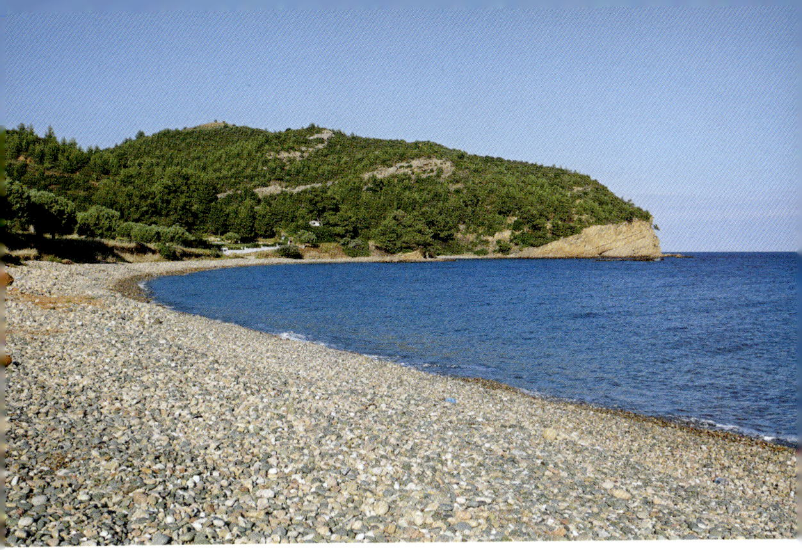

Gleich zu Beginn der Wanderung stoßen wir auf eine lange Kieselbucht.

Von der **Bushaltestelle (1)** in **Loutra** wandern wir entsprechend dem Beginn von Tour 5 am Schwefelbad vorbei die Asphaltstraße in nordöstlicher Richtung abwärts zur Hauptstraße, wo wir nach rechts gehen. Nach 400 m passieren wir einen **Aussichtspunkt (2)** mit **Parkplatz**. Nur wenige Schritte weiter an einem **Bildstock** zweigen wir rechts auf eine Erdstraße ab.

Nach gut 100 m halten wir uns an der Gabelung vor einer Bauruine links. Links voraus kommt bald eine große, neu erbaute Bungalowanlage in Sicht, die etwas weiter entfernt im Landesinneren liegt. Wir passieren ein Wohnhaus und nach einer Kehre ein weiteres. Die Abzweigung hinter dem Gebäude nach rechts, die zu einer kleinen Bucht führt, ignorieren wir. Denn nur wenig weiter gelangen wir auf dem Hauptweg in eine lang gezogene **Steinbucht (3)**.

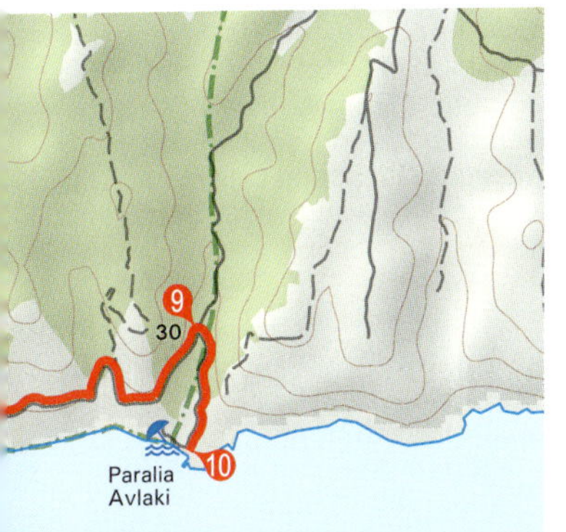

Wir wandern bis zu Ihrem östlichen Ende, wo wir den Strand in einer Linkskurve verlassen und sofort rechts auf einen Erdweg abbiegen. Dieser entpuppt sich in der Folge als stark erodierte, ehemalige Fahrstraße, auf der inzwischen selbst

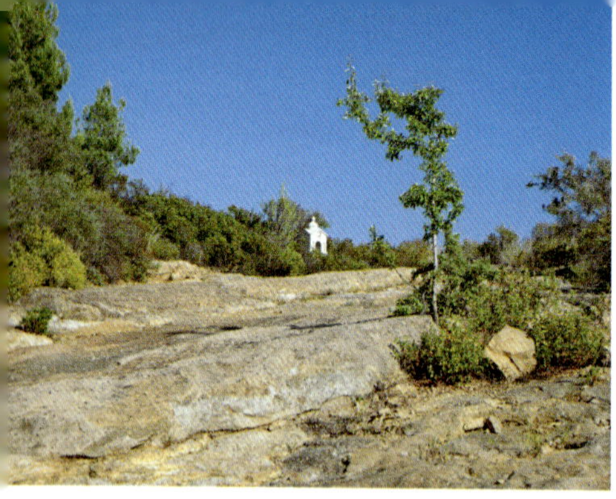

Steiler Anstieg auf blankem Fels vorbei an einem Bildstock.

Geländefahrzeuge nicht mehr vorankommen. Stellenweise wandern wir über blanken Fels. Etwas Trittsicherheit ist hier von Vorteil. In einer Linkskurve passieren wir einen **Bildstock** und erreichen nach einem anstrengenden Aufstieg eine **Kreuzung (4)**, an der wir uns rechts halten. Der Weg führt nun auf einer Länge von fast 1,5 km direkt oberhalb der Steilküste mit wunderbaren Blicken auf die Küstenlandschaft Kassandras sowie auf das Festland mit dem mächtigen Massiv des Olymp und den wie eine Pyramide aussehenden Ossa.
Dann gelangen wir an einen schmalen, weit ins Landesinnere reichenden Taleinschnitt mit sehr steilen Wänden auf beiden Seiten. Ein direkter Abstieg ist nicht möglich und so bleibt uns nichts anderes übrig, als dem Weg um den Einschnitt herum zu folgen. Nach etwa 500 m passieren wir eine links aufragende, bizarr erodierte **Steilwand (5)**, die ein beeindruckendes Bild abgibt. Wir umwandern den westlichen Talschluss und bald öffnet sich ein schöner Blick durch das Tal auf das Meer. Zurück können wir noch einen Blick auf die Steilwand werfen, die hier aus größerer Entfernung noch gigantischer wirkt.
Unmittelbar vor einer Rechtskehre, dem östlichen Scheitelpunkt des Tales, stehen wir direkt unter einer weiteren erodierten Steilwand. Nun beginnt der Abstieg am östlichen Talhang zum Strand. Nach rechts sehen wir auf die andere, steile Talseite. Unten angekommen, zweigt nach rechts ein Weg ab. Er führt nach wenigen Metern zu einer Rastmöglichkeit direkt am **Strand (6)**, der im Wesentlichen aus größeren Steinen besteht. Zum Wohlbefinden trägt keinesfalls der Müll bei, der hier in größeren Mengen angespült wird.
Wieder zurück auf der Erdstraße gehen wir rechts am Strand entlang, bis wir ihn in einer Linkskurve aufwärtsgehend wieder verlassen. Rechts passieren wir ein Privatgrundstück mit einem Wohnwagen in schöner Lage. Wir um-

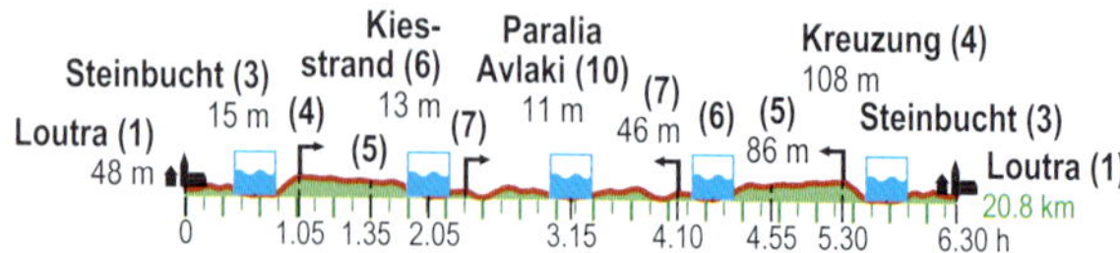

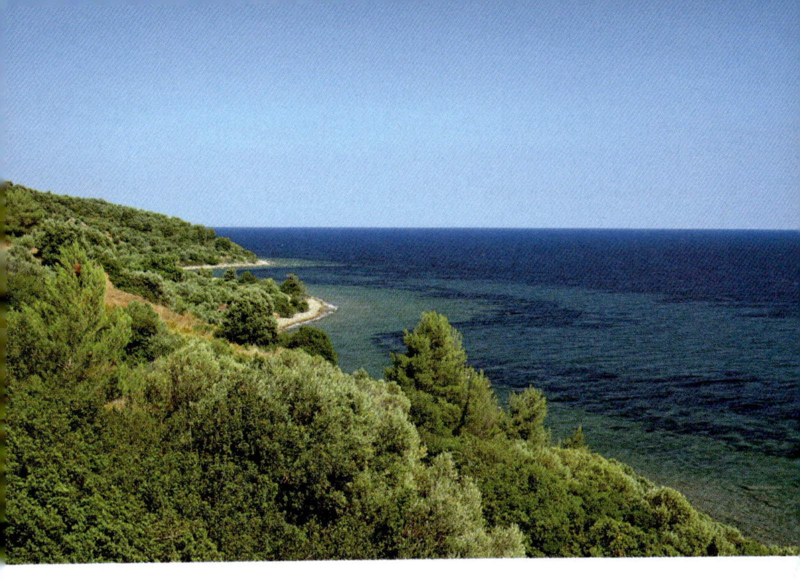

Verwilderte Oliven sowie Pinien bestimmen über weite Strecken die Vegetation.

wandern einen kleinen Taleinschnitt und erreichen etwa 400 m weiter eine **T-Kreuzung (7)**, an der wir rechts abwärtsgehen. Unterwegs erblicken wir rechts ein etwas abseits liegendes Anwesen auf einem großen Grundstück und gelangen kurz vor dem Steinstrand an eine Abzweigung, an der wir uns rechts halten müssen. Wir wandern direkt am Strand entlang, vorbei an einem **Steinhaus (8)** auf schönem Grundstück in traumhafter Lage. Dahinter steigt der Weg wieder an. Wir ignorieren weiterhin alle Abzweigungen und können vor einer Linkskurve zum ersten Mal durch die Bäume am Wegrand einen Blick auf unser Ziel werfen.

Wir umgehen in einem Bogen einen Taleinschnitt und wandern dahinter direkt oberhalb der Avlaki-Bucht. Bald beginnt der Weg wieder abwärts zu führen. Wir passieren eine Abzweigung nach rechts, die nur zu einigen Privatgrundstücken führt und für uns leider nicht zum Ziel. Deshalb bleiben wir noch auf unserem Weg, bis wir nach etwas mehr als 300 m an eine **Abzweigung (9)** gelangen. Links geht es weiter nach Paliouri (siehe Tour 7).

Wir gehen rechts und erreichen 600 m weiter den Strand **Avlaki (10)**, wo wir uns am Ufer auf den Steinen eine Rastmöglichkeit suchen können. Ein schöner Ort, auch wenn die Bucht wegen der Steine nicht unbedingt zum Baden einlädt.

Den Rückweg nach **Loutra (1)** treten wir auf derselben Route an. Alternativ können wir auch weiter bis Paliouri wandern (siehe Rückweg Tour 7).

7 Von Paliouri zum Paralia Avlaki

2.15 Std.

Wanderung zu einer Bucht mit einem Steinstrand

Paliouri ist der südlichste Ort auf Kassandra. Die Siedlung ist von kleinen, alten Steinhäusern und schmalen, verwinkelten Gassen geprägt und vermittelt noch einen traditionellen Eindruck. Sie ist auf einem Hügel umgeben von Pinienwäldern errichtet. Unsere Wanderung führt zunächst durch den Ort und dann südlich durch schönen Pinienwald, dem zahlreiche Vogelarten Lebensraum bieten. Ziel ist der Steinstrand Avlaki, den man meist für sich allein hat.

Ausgangspunkt: Bushaltestelle an der Abzweigung von der Hauptstraße nach Paliouri; gegenüber liegt ein kleiner Supermarkt. Nicht an dem größeren, modernen Supermarkt in der Nähe der Tankstelle – diese Abzweigung führt nach Agios Nikolaos.
Höhenunterschied: 170 m.
Anforderungen: Die einfache Wanderung führt zum größten Teil über unbefestigte Erdstraßen. Sie ist streckenweise schattig. Die Orientierung ist einfach, Schwindelfreiheit und Trittsicherheit sind nicht erforderlich.
Markierung: Keine.
Einkehr: Unterwegs keine; mehrere Möglichkeiten in Paliouri.
Tipps: 1) Wer sich nicht scheut über größere Steine ins Wasser zu gehen, kann in der Avlaki-Bucht meist ungestört baden. Besonders zum Schnorcheln bietet sich das Gewässer an. 2) Die Wanderung lässt sich gut bis Loutra fortsetzen (ab WP 4, siehe Tour 6).

An der **Bushaltestelle (1)** folgen wir der Straße ins Ortszentrum von **Paliouri**. An der Gabelung nach 250 m biegen wir links in die Einbahnstraße ein – wir sind nun schon im Zentrum des Ortes. Vorbei an verschiedenen Geschäften und Tavernen gehen wir bis zum Ende der Straße, dort rechts und gelangen nach kurzer Zeit an die kleine, mit zahlreichen Tavernen bestückte **Platia (2)**. Wir halten uns links und anschließend gleich rechts. Am Ende der Straße gehen wir links, vorbei an

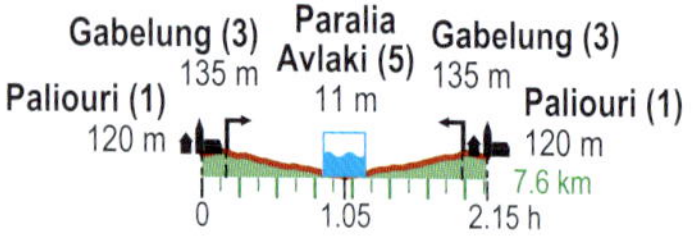

einem Spielplatz und einer etwas unscheinbaren **Kirche**.
Gleich dahinter zweigen wir rechts auf einen Fußweg ab, der uns auf eine asphaltierte Straße bringt. Etwa 150 m hinter der Kirche, in Höhe eines gelben, auf der linken Seite stehenden größeren Hauses, zweigen wir an der dortigen **Gabelung (3)** rechts auf eine marode Asphaltstraße ab, die schnell in eine Erdstraße übergeht.

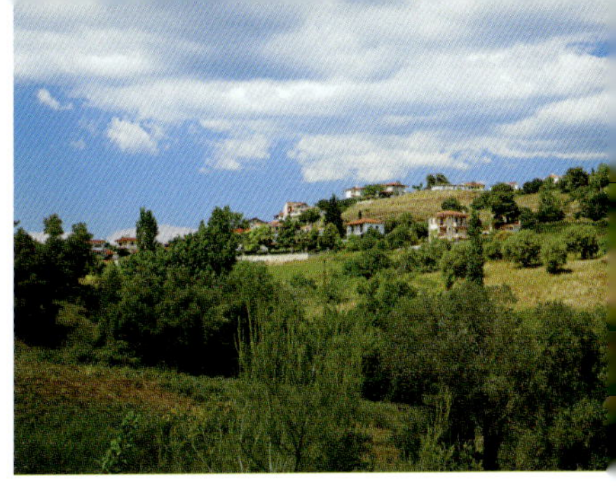

Paliouri liegt malerisch auf einem Hügel.

Wir wandern nun in einem lieblichen Tal in grüner Landschaft abwärts und gelangen bald in alten Pinienwald, wo wir entlang des Weges immer wieder Schatten finden. Die beiden kurz aufeinanderfolgenden Abzweigungen nach rechts ignorieren wir. Etwa 1 km hinter der zweiten gelangen wir an eine größere **Gabelung (4)**. Rechts geht es weiter nach Loutra (siehe Tour 6).
Wir wandern nach links und erreichen wenig später den steinigen Strand **Avlaki (5)**. Auch wenn sich die Bucht weniger zum Baden eignet, ist es doch ein schöner Platz, den ein Besuch unbedingt lohnt.
Den Rückweg nach **Paliouri (1)** treten wir auf derselben Route an, oder wir wandern weiter bis Loutra (siehe Rückweg Tour 6).

Rund geschliffene, große Steine prägen den Strand bei Avlaki.

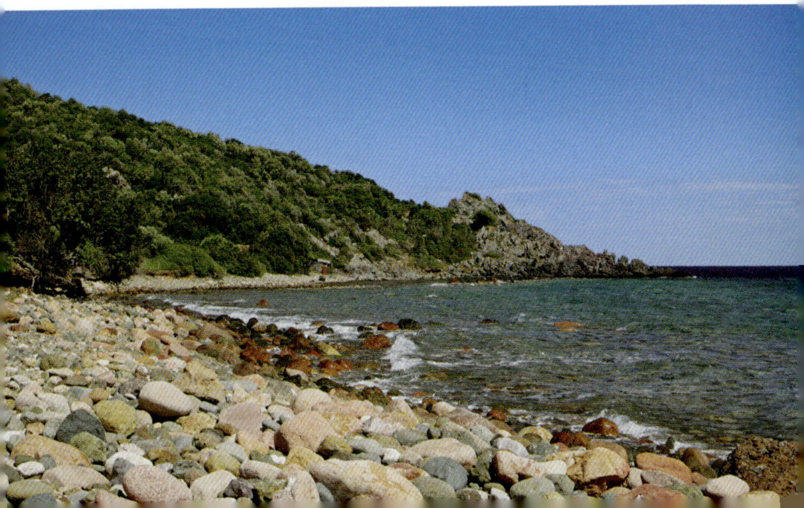

TOP 8 Kap Paliouri

2.45 Std.

Rundwanderung an der Ostspitze von Kassandra

Die aussichtsreiche Wanderung gehört zu den schönsten, die man auf Kassandra unternehmen kann. Sie verläuft an der Ostspitze der Halbinsel durch eine abwechslungsreiche, hügelige Landschaft und bietet außergewöhnliche, ständig wechselnde Ausblicke. Sehenswert ist auch die auf einer schmalen Landzunge gelegene Kapelle Agios Nikolaos am Ausgangspunkt der Tour.

Ausgangspunkt: Am kleinen Fischerhafen an der Kapelle Agios Nikolaos.
Höhenunterschied: 330 m.
Anforderungen: Die einfache Wanderung verläuft zum größten Teil auf unbefestigten Feld- und Forstwegen. Schatten findet sich nur spärlich. Schwindelfreiheit und Trittsicherheit sind nicht erforderlich.
Markierung: Stellenweise rote Farbpunkte.

Einkehr: Keine. Nächste Möglichkeiten 8 km westlich in Paliouri.
Tipp: Der Weg führt direkt an einer Bucht entlang. Allerdings gehört der Strand nicht gerade zu den besten auf Kassandra. Der Weg führt direkt an einer Bucht (WP 2) entlang. Allerdings gehört der Strand nicht gerade zu den besten auf Kassandra, die Bucht eignet sich aber gut zum Schnorcheln.

Die Kapelle Agios Nikolaos liegt malerisch auf einer Landzunge.

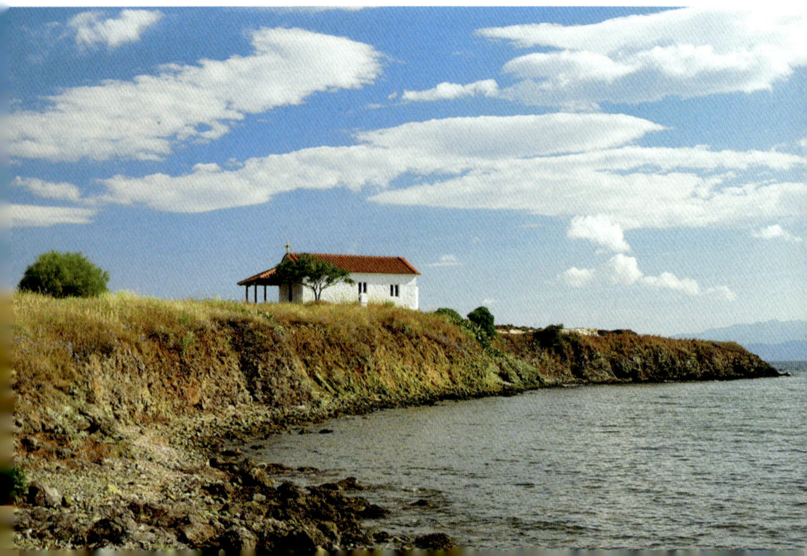

Vom kleinen Fischerhafen von **Agios Nikolaos (1)** gehen wir auf der Asphaltstraße zurück Richtung Paliouri und biegen an der ersten Möglichkeit links auf einen Erdweg ab. Diesem folgen wir immer dicht am Ufer entlang, rechts stehen vereinzelt Sommerhäuser und -hütten sowie Wohnwagen. Nach links haben wir einen wunderbaren Blick auf die Kapelle Agios Nikolaos.

Die nach rechts abzweigenden Wege ignorieren wir, bis wir nach etwa 1 km hinter einem weißen Sommerhaus in eine Kiesbucht gelangen, in der der Weg zwischen dem Strand und einem **Tümpel (2)** verläuft, in dem auch im Sommer meist noch Wasser steht. Rund um das Gewässer finden wir die Salzpflanze Queller, die Feinschmecker zu Salat verarbeiten.

Gleich hinter dem Gewässer zweigt rechts ein Erdweg ab, auf den wir einschwenken. Wir folgen ihm steil aufwärts, bis wir auf einen quer verlaufenden Weg stoßen, dem wir nach rechts folgen. Nach Norden und Osten haben wir wunderbare Ausblicke auf Sithonia und bei guter Sicht dahinter auf den Heiligen Berg Athos. Zu unserer Linken schauen wir auf eine faszinierende zerklüftete Felsküste, die steil ins Meer abfällt.

Der Weg führt weiter aufwärts auf eine Anhöhe. Gut 50 m dahinter kommen wir an eine **T-Kreuzung (3)**, an der wir uns links halten und in ein kleines Tal absteigen, wo wir erneut an eine Verzweigung gelangen. Wir folgen der rechts abwärts führenden breiten Erdstraße. Nach etwas mehr als 300 m gelangen wir an eine **Kreuzung (4)**.

Wer hier auf kürzestem Weg zum Ausgangspunkt zurück möchte geht geradeaus. Der Wanderweg führt aber links weiter, jetzt wieder aufwärts. Zurück bieten sich immer wieder sehr schöne Blicke auf die Kapelle und den Fischereihafen. Nach etwas mehr als 1 km, gleich hinter dem höchsten Punkt, kommen wir an eine Gabelung. Der Wanderweg geht rechts weiter. Wir können aber zunächst noch einen kleinen Abstecher zu einem **Aussichtspunkt (5)** machen, den wir nach 500 m erreichen, wenn wir an der Abzweigung links gehen. Dort angelangt, haben wir einen schönen Blick auf das Kap Paliouri mit dem kleinen Leuchtfeuer.

Zurück an der Abzweigung folgen wir der Erdstraße vorbei an

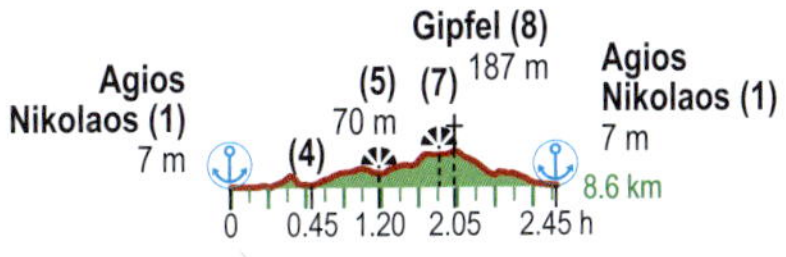

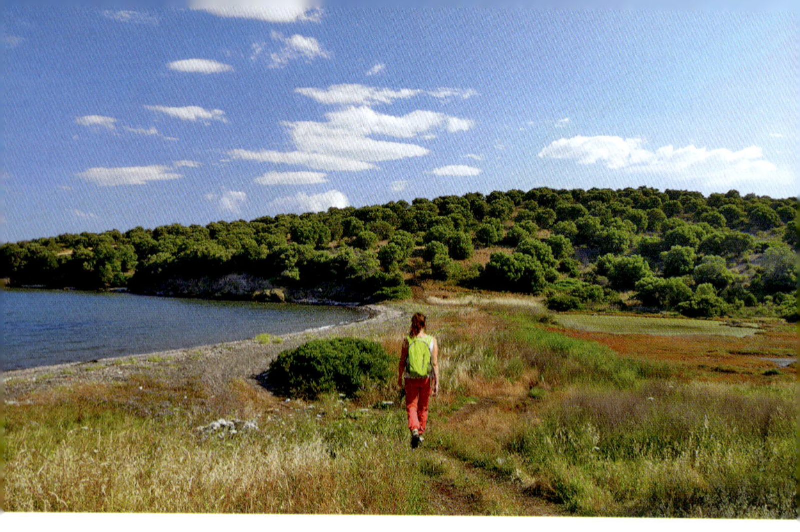

Der Wanderweg führt zwischen Kiesbucht und Tümpel entlang.

einem eingezäunten Grundstück. Etwa 150 m hinter dem Grundstück zweigt erneut ein Weg links ab, ein verrosteter Bildstock kennzeichnet ihn. Hier halten wir uns links und wandern die Erdstraße steil aufwärts auf den Berg, dessen östlicher Ausläufer das Kap Paliouri bildet. An einem **Teich (6)** endet unser Weg an einer quer verlaufenden Erdstraße. Hier können wir zahlreiche, verschiedene Libellen beobachten und Schwalben, die sich im Fluge mit Trinkwasser versorgen.

Nach links können wir noch gut 150 m bis zum Ende der **Erdstraße (7)** gehen, von wo wir abermals einen sehr schönen Ausblick haben. Zum Kap selbst führt kein Weg und das Gestrüpp scheint undurchdringlich.

Deshalb gehen wir wieder zurück und folgen der Erdstraße am **Teich (6)** vorbei geradeaus aufwärts, bis wir den **Gipfel (8)** des Berges (187 m) erreicht haben, von dem wir erneut einen wunderbaren Ausblick über die Kapelle auf das Meer mit der Schildkröteninsel und Sithonia genießen können.

Beim Abstieg passieren wir einige verlassene Ziegenställe. Die Abzweigung scharf nach links gleich dahinter ignorieren wir und gelangen etwa 250 m weiter an eine große T-Kreuzung, an der wir rechts weiter absteigen. Nur 300 m weiter gehen wir in einem kleinen Talkessel an der T-Kreuzung links und 25 m weiter gleich wieder rechts.

Wir folgen dem Weg durch die schöne, hügelige Landschaft, bis wir nach etwas mehr als 1 km die nach Paliouri führende Asphaltstraße erreichen. Hier wenden wir uns nach rechts und haben bald wieder unseren Ausgangspunkt am Fischerhafen **Agios Nikolaos (1)** erreicht.

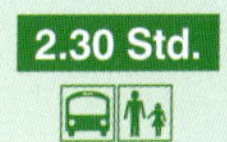

Von Polychrono zum Schildkrötensee Mavrobara

9

2.30 Std.

Rundwanderung zu einem Süßwassersee mit Sumpfschildkröten

Der gut 1000 Quadratmeter große Mavrobara-See in fast 250 Meter Höhe über Polychrono gilt als eine der Hauptattraktionen an der Westküste Kassandras. Dementsprechend viel wird er besucht. Das gilt nicht nur für Wanderer, sondern auch für motorisierte Touristen.

Der Süßwassersee ist Lebensraum einer artenreichen Flora und Fauna. Am augenfälligsten sind dabei die Libellen mit ihren akrobatischen Flügen, die Frösche, die ein ohrenbetäubendes Konzert erklingen lassen und vor allem die sich aalenden und im Wasser paddelnden Sumpfschildkröten, die man meist erst auf den zweiten Blick entdeckt. Zwei heimische Arten leben im Gewässer: die Kaspische Bachschildkröte (Mauremys caspica) und die Europäische Sumpfschildkröte (Emys orbicularis). Daneben hat sich noch eine offensichtlich ausgesetzte Population amerikanischer Schmuckschildkröten etabliert, die leicht an ihren roten Wangen zu erkennen ist.

Mehrere markierte Wege führen zum See, die zum Teil auch von Pkw genutzt werden. Unsere Tour verläuft auf dem Hinweg auf einer Route, die weitgehend autofrei ist, da die Strecke stark erodiert ist und wenn überhaupt nur mit Jeeps befahren werden kann. Auf dem Rückweg, der uns wunderbare Ausblicke auf die Küste Kassandras und weiter bis Sithonia sowie zum Heiligen Berg Athos bietet, müssen wir aber mit dem einen oder anderen Kfz rechnen. Wer das nicht mag, geht auf dem Hinweg wieder zurück.

Ausgangspunkt: An der Hauptstraße von Polychrono, etwas nordwestlich der Hauptzufahrt zum Strand an einer gelben, blinkenden Ampel. Ein großes Schild weist Richtung Mavrobara. Am Straßenrand finden Pkw-Fahrer ausreichend Parkmöglichkeiten.

Höhenunterschied: 300 m.

Anforderungen: Die leichte Tour verläuft auf unbefestigten Wegen. Schatten ist nur an wenigen Stellen vorhanden. Die Orientierung ist einfach, Schwindelfreiheit und Trittsicherheit sind nicht erforderlich.

Markierung: An einigen Abzweigungen große Schilder mit Höhen- und Zeitangaben.

Einkehr: Unterwegs keine; mehrere Möglichkeiten in Polychrono.

Tipp: Vom Mavrobara kann man weiter bis Kassandrino wandern (siehe Tour 4).

Neben heimischen Sumpfschildkröten leben auch amerikanische Schmuckschildkröten im Mavrobara.

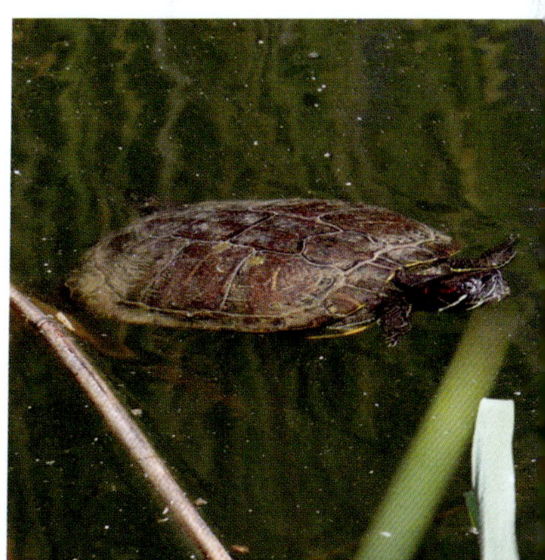

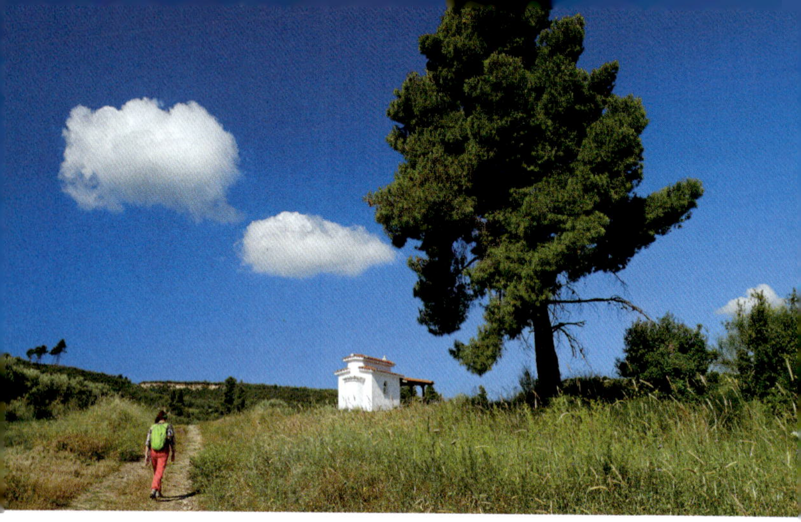

Auf dem Weg zum Schildkrötensee bietet die Kapelle Agios Ioannis einen Schattenplatz.

Von der Hauptstraße von **Polychrono (1)** schwenken wir am Wegweiser auf die nach Südwesten führende Erdstraße ein. Nach 200 m zweigen wir vor einem Haus an einem weiteren Wegweiser nach Mavrobara rechts ab. Wir folgen der Straße aufwärts. Nach links haben wir einen schönen Blick in ein Tal. In einer Rechtskurve gleich hinter einem Rebhang finden wir links eine **Steilwand (2)** mit zahlreichen Höhlen, die Vögeln als Brutröhren dienen. Es ist spannend, die ein- und ausfliegenden Flugkünstler zu beobachten. Nur wenig weiter bietet sich sogar eine Bank zum Sitzen an.
Wir wandern weiter aufwärts, ignorieren den in einer Linkskurve nach rechts abzweigenden Weg und erreichen schließlich die kleine weiße Kapelle **Agios Ioannis (3)**, unter deren Vordach wir Schatten finden. Von der dem hl. Johannes geweihten Kapelle haben wir einen ausgezeichneten Ausblick. Etwa 200 m hinter Agios Ioannis gelangen wir vor einer mächtigen **Piniengruppe (4)** an eine Gabelung. Eine Bank im Schatten der hohen Bäume lädt zu einer weiteren Verschnaufpause ein (die nebenliegende Wasserstelle mit Hahn war bei der Begehung trocken). Das Schild weist uns nach rechts und wir folgen weiter der Erdstraße, bis wir gut 200 m weiter erneut an eine **Gabelung (5)** mit Hinweisschild kommen, das uns nach links leitet. Auch hier steht eine Bank, leider in der prallen Sonne.
Variante: Alternativ können wir hier auch weiter geradeaus gehen. Wir passieren dann eine zweite Kapelle und müssen an der ersten Möglichkeit danach links gehen, wo wir kurz vor dem Schildkrötensee wieder auf die Hauptroute stoßen.

Auf der markierten Route gehen wir an der Abzweigung links und folgen dem Weg, der nur noch leicht ansteigt. Nach einer Rechtskurve kommt voraus eine lang gezogene Steilwand in Sicht und wenig später treffen wir auf die von rechts kommende Alternativroute. Dort halten wir uns links und sind in wenigen Augenblicken am Schildkrötensee **Mavrobara (6)**, wo wir auf einer der Bänke Rast machen können. Auf einem kurzen Pfad im Süden des Sees können wir uns vorsichtig näher an die sich sonnenden Schildkröten anpirschen.

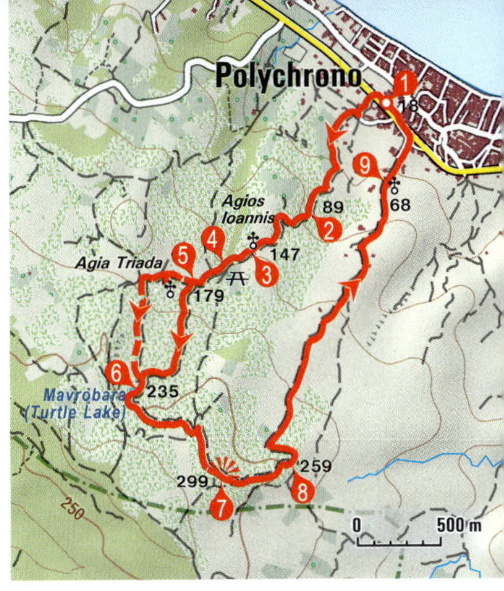

Vom See aus folgen wir weiter der Erdstraße, gehen zunächst auf die Steilwand zu und schließlich parallel zu ihr, bis wir an eine Gabelung gelangen. Hier nehmen wir den linken Weg und gelangen nur wenig weiter an eine Kreuzung breiter Erdstraßen, an der wir uns rechts weiter aufwärtshalten. Der Blick hinüber auf Sithonia ist atemberaubend. Knapp 300 m hinter der Kreuzung erreichen wir eine Gabelung, an der wir die linke Möglichkeit wählen. Kurz dahinter haben wir mit einer Höhe von knapp 300 m den **höchsten Punkt (7)** unserer Wanderung erreicht. Von hier haben wir einen einmaligen Blick auf Sithonia. Die ganze Halbinsel lässt sich überblicken und wenn die Sicht gut ist, sehen wir dahinter sogar den Berg Athos.

Wir setzen unseren Weg nach Osten fort, der von nun an nur noch abwärtsführt und leider kaum mehr Schatten bietet. Erst in einer **Linkskehre (8)** finden wir unter hohen Bäumen wieder etwas Schatten. Auch von hier können wir nochmal die Aussicht genießen.

Wir bleiben weiter auf der abwärtsführenden Erdstraße, ohne die abzweigenden Wege zu beachten, und wandern durch eine liebliche, hügelige Landschaft, die von Olivenhainen, Wiesen und Feldern geprägt ist. Fast unvermittelt stoßen wir dann auf die ersten Häuser von **Polychrono** und kommen an einer **Kapelle (9)** vorbei, an der wir auf Bänken ein schattiges Plätzchen finden.

Von hier ist es nicht mehr weit die Straße abwärts bis an die Hauptstraße, wo wir wieder auf unseren **Ausgangspunkt (1)** stoßen.

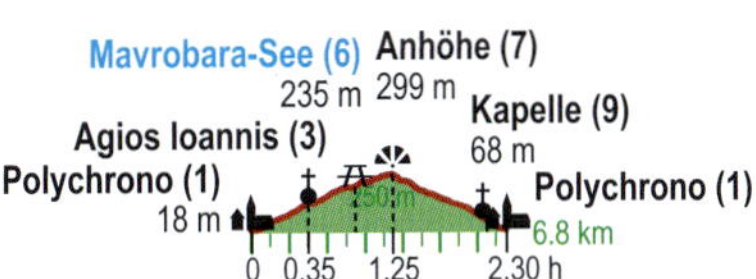

Sithonia

Sithonia, der mittlere Finger der Chalkidiki, ist im Vergleich zu Kassandra wesentlich weniger vom Tourismus beeinflusst. Riesige Hotelanlagen, wie sie auf Kassandra vielerorts zu finden sind, gibt es auf der Nachbarhalbinsel bisher nur in Porto Carras südlich von Neos Marmaras. Dennoch findet auch hier der Tourist alles, was einen Urlaub erholsam macht. Es gibt keine Altertümer wie auf Kassandra oder an anderen Stellen der Chalkidiki zu besichtigen, dafür aber Natur pur.
Die gut 50 km lange und bis zu 30 km breite Halbinsel ist wesentlich gebirgiger als Kassandra. In Längsrichtung zieht sich ein Höhenzug von Süd nach Nord durch die Halbinsel, der im 817 m hohen Itamos gipfelt. Besonders an der Ostküste reichen die Berge stellenweise bis an die Küste und fallen dort steil ins Meer ab. Hier haben sich wunderschöne Sandbuchten gebildet, die man aus großer Höhe von der Küstenstraße sehen kann. Zu erreichen sind sie jedoch nur schwer oder gar nicht auf dem Landweg. Aber keine Angst: Sithonia bietet darüber hinaus ungezählte kleinere oder größere, herrliche Sandbuchten, die sich über Land erreichen lassen. Sie können mit den besten griechischen Badestränden konkurrieren.

Bei Vouvourou an Sithonias Ostküste findet man herrliche ruhige Buchten mit kristallklarem Wasser (Tour 26).

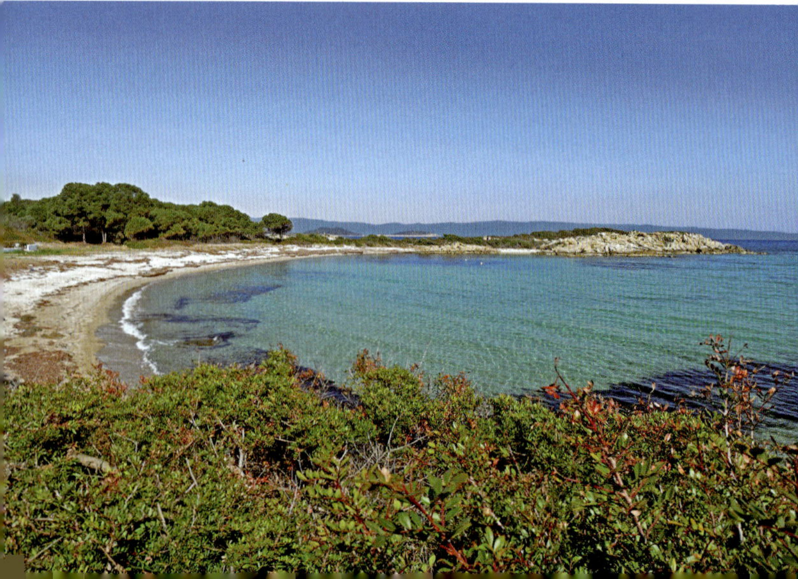

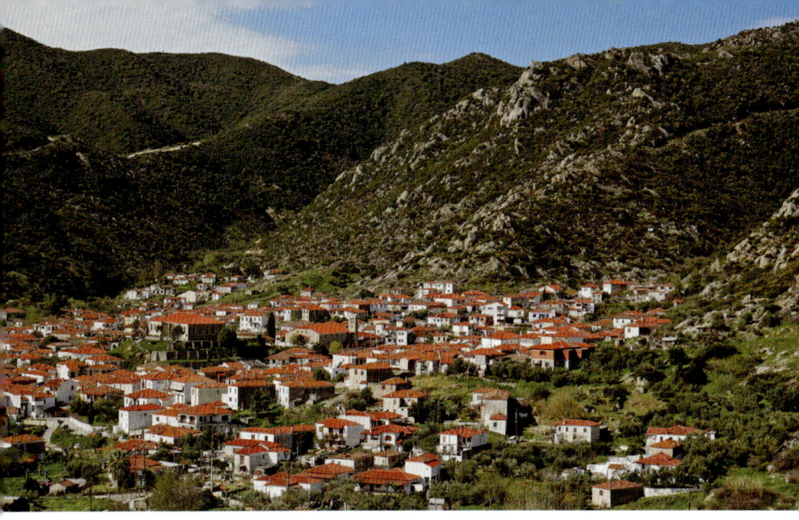

Das Bergdorf Sikia im südlichen Binnenland von Sithonia (Tour 21).

Das Landesinnere ist bewaldet, teilweise karstig oder von Phrygana bedeckt. Leider hat die Halbinsel viel von ihrem Waldbestand durch Brände verloren. Das gilt vor allem für die Südspitze. Inzwischen wird an vielen Stellen der Wald wiederaufgeforstet – eine langwierige Maßnahme, da die Bäume in dem trockenen Klima nur relativ langsam wachsen. Dem Problem Feuer versucht man durch ständige Beobachtung, z. B. von der Station auf dem Itamos, oder durch Anlegen von Brandschneisen zu begegnen. Die breiten Schneisen, die sich als Kahlschlag überall durch die Wälder ziehen, verschandeln zwar optisch die Landschaft, sind aber offensichtlich notwendig. Darüber hinaus eröffnen sie dem Wanderer neue Wege.
Neben dem Tourismus sind die Einnahmequellen der Bewohner Wein, Oliven, Honig und Ziegen sowie im bescheidenen Maß der Fischfang. Da die meisten Orte direkt am Meer liegen, spielen natürlich Meerestiere auf der Speisekarte eine große Rolle. Fast überall finden wir Fischtavernen, wo Fisch, Krebs, Tintenfisch und andere Meeresfrüchte frisch und schmackhaft zubereitet werden. Und wer Tavernen etwas abseits der Touristenzentren sucht, kann auf Sithonia noch preiswert essen und trinken.
Erschlossen wird die Halbinsel von einer gut ausgebauten, asphaltierten Küstenstraße, die einmal um die ganze Insel herumführt. Von ihr verlaufen Straßen, oft nur als Schotterpiste angelegt, in die Buchten oder ins Gebirge. Viele dieser Pisten sind nur mit geländegängigen Fahrzeugen zu befahren. Für den Wanderer bieten sie ideale Möglichkeiten, ins Landesinnere oder an die Küste zu gelangen.

10 Von Nikiti nach Agios Nikolaos

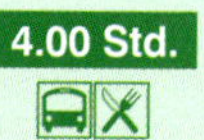

Aussichtsreiche Wanderung durch die Hügellandschaft im Norden von Sithonia

Die einfache Rundwanderung führt von Nikiti, einem der Hauptferienzentren der Chalkidiki, in das Dorf Agios Nikolaos, das nur unweit der Ostküste Sithonias liegt. Nikiti wird durch die verkehrsreiche Hauptstraße in zwei Bereiche geteilt. Südlich der Hauptstraße liegt der touristisch genutzte Abschnitt. Entlang des Strandes ziehen sich Hotels, Apartmenthäuser, Tavernen und Kafenia, die in der Saison voller sonnenhungriger Urlauber sind. Nördlich der Hauptstraße liegt die Altstadt, die mit ihren vielen Häusern im mazedonischen Baustil, den gepflegten Gärten und hübsch gepflasterten engen Gassen noch ein traditionelles Flair verbreitet.

Unsere Wanderung führt uns in das hügelige, teilweise mit altem Pinienwald bestandene Hinterland von Nikiti und bietet schöne Ausblicke auf die Landschaft, das Meer und den Ort. Nach der Hälfte der Strecke können wir uns in Agios Nikolaos in einer Taverne oder einem Kafenion für den Rückweg stärken.

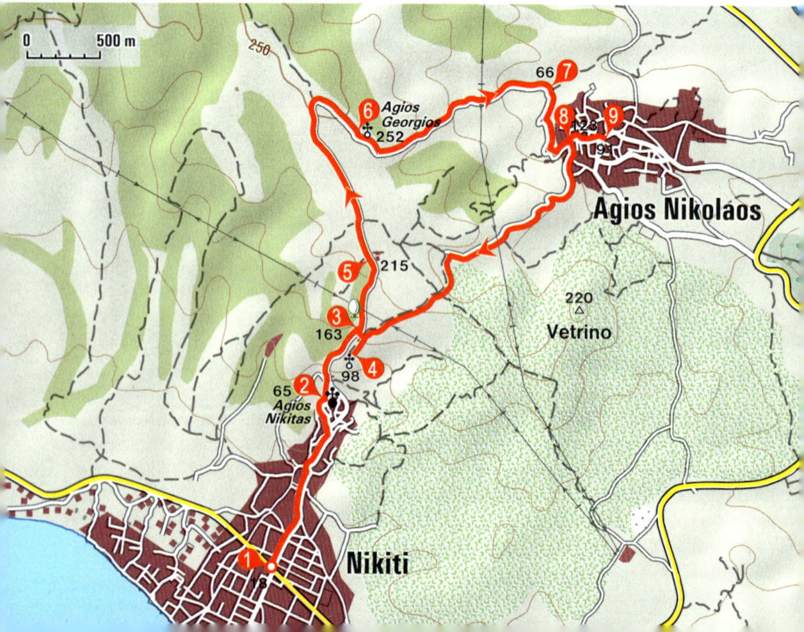

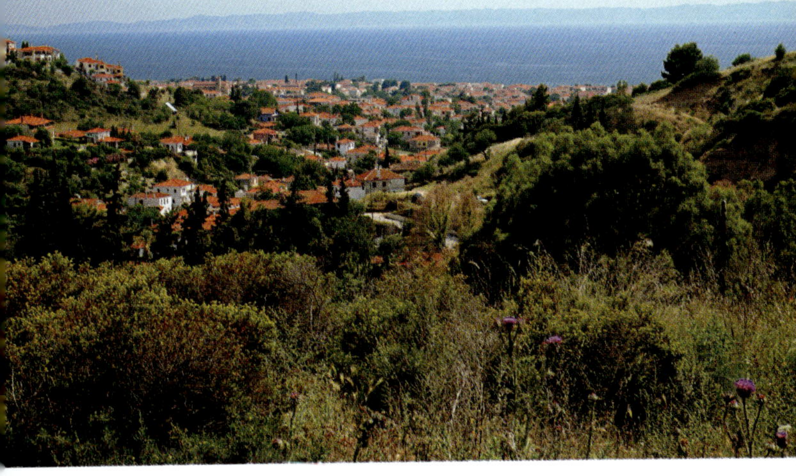

Blick auf Nikiti.

Ausgangspunkt: An der Hauptstraße von Nikiti, bei der Kreuzung mit der Ampel. Die Straße nach Süden führt nach etwa 700 m an den Strand, nach Norden weist ein Schild in die Altstadt (»Old village«). An der Hauptstraße finden wir zahlreiche Parkmöglichkeiten.
Höhenunterschied: 430 m.
Anforderungen: Die leichte Wanderung verläuft im Wesentlichen auf unbefestigten Forst- und Wirtschaftswegen und ist über weite Strecken schattig. Die Orientierung ist einfach, Schwindelfreiheit und Trittsicherheit sind nicht erforderlich.
Markierung: Stellenweise blauer Dreizack auf weißem Schild, roter Dreizack auf Bäumen sowie gelbes Schild mit rotem Punkt.
Einkehr: Zahlreiche Tavernen, Kafenia und Bars in Nikiti; Tavernen und Kafenia auch in Agios Nikolaos.
Tipp: Der lange Sandstrand von Nikiti bietet gute Bademöglichkeiten.

In **Nikiti (1)** verlassen wir an der Kreuzung die Hauptstraße nach Norden. Vorbei an einer Schule folgen wir den Wegweisern Richtung Altstadt. Kurz vor der Hauptkirche **Agios Nikitas (2)** passieren wir eine Quelle, an der wir eine gute Sitzmöglichkeit finden. Die Straße endet vor der Kirche, an der wir uns links halten. Ein Blick in das imposante Gebäude lohnt sich. Leider ist sie meist verschlossen und so können wir nur durch eines der Fenster ins Innere schauen. Ungetrübt ist dagegen die wunderbare Aussicht von der Kirche auf den Ort.

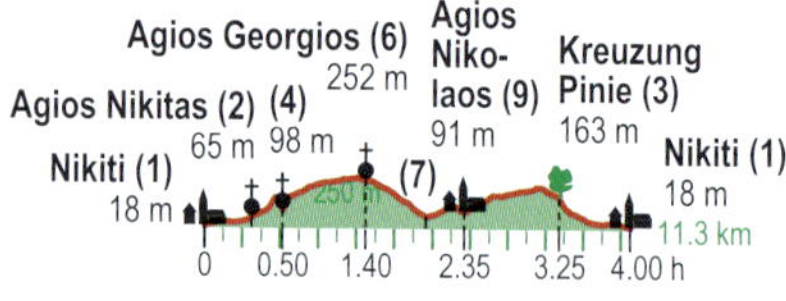

Wir folgen weiter der Straße aufwärts am Friedhof (Wasserstelle) vorbei. An der Kreuzung hinter dem Friedhof gehen wir geradeaus weiter. Das schöne Pflaster endet hier. Der Weg ist zunächst betoniert, später unbefestigt. Gut 400 m weiter erreichen wir an einer **Kreuzung (3)** eine sehr gute Rastmöglichkeit im Schatten unter einer großen **Pinie**. Scharf rechts führt der Weg zu einer **Kapelle (4)** mit Wasserstelle – ein kurzer, lohnender Abstecher mit wunderbarem Blick auf Nikiti. Von hier kann man gut ermessen, wie groß der Ort ist.

Zurück an der **Kreuzung (3)** wählen wir den nach links führenden Weg, der uns an **Ziegenställen (5)** vorbeibringt. Eine Bank im Schatten lädt auch hier zu einer Pause ein. An der Abzweigung nach rechts gut 200 m weiter behalten wir unsere Richtung bei. Etwa 850 m weiter kommen wir erneut an eine Verzweigung. Die Markierung ist hier etwas unklar, wir halten uns aber rechts und erreichen knapp 400 m weiter die Kapelle **Agios Georgios (6)**, wo ein Pavillon mit Bank und Tisch und einer Wasserstelle zur Rast einladen.

Wir folgen dem Erdweg durch teilweise hohen Nadelwald weiter, bis wir nach etwa 1,5 km an eine Gabelung gelangen, an der wir uns rechts halten. Rechts liegt der mit einer Mauer eingefasste **Festplatz (7)** von Agios Nikolaos. Wir gehen an dem Platz vorbei. Nach etwa 600 m erreichen wir einen **Pavillon** mit Sitzmöglichkeiten und Brunnen. Eine Handpumpe bringt kühles Wasser aus der Tiefe.

Mancher Schäfer treibt seine Herde mit dem Auto.

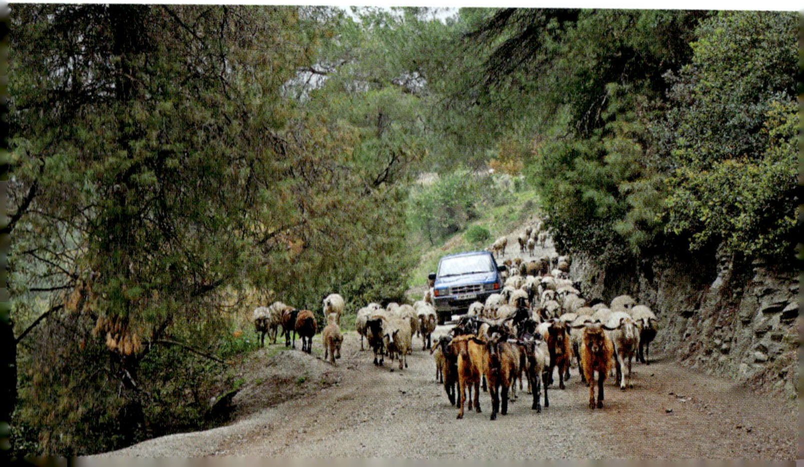

Wir wandern die jetzt befestigte Straße aufwärts, bis wir nach gut 100 m an einem Stoppschild an eine **Kreuzung (8)** gelangen. Hier werden wir später nach rechts den Rückweg antreten. Zunächst machen wir aber noch einen Abstecher ins Zentrum und gehen halb links weiter. Vor der kleinen **Kirche** nach knapp 200 m halten wir uns rechts und gleich wieder links, bis wir auf die Platia von **Agios Nikolaos (9)** gelangen, wo wir uns in einer Taverne oder einem Kafenion stärken können. Ein kleiner Bummel durch den sehenswerten Ort mit seinen zahlreichen Häusern aus dem 19. Jahrhundert und der schmucken Kirche runden den Besuch ab.

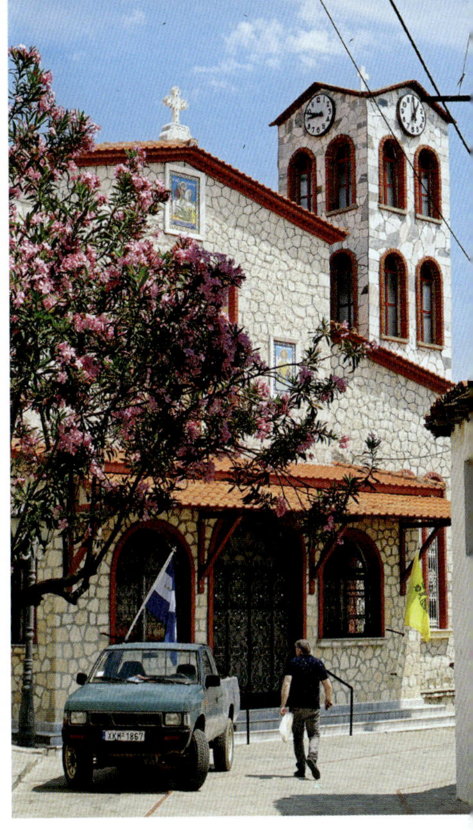

Kirche in Agios Nikolaos.

Wieder zurück an der **Kreuzung (8)** wandern wir zunächst halb links in südlicher Richtung. An der Gabelung nach 50 m halten wir uns rechts. Wir verlassen jetzt den Ort und hinter dem letzten Haus geht die befestigte Straße bald in einen Erdweg über, der durch Reste von Pinienwäldern und Olivenplantagen führt.

An der nächsten Gabelung wählen wir die rechte Möglichkeit. Etwa 600 m weiter biegen wir links auf einen Erdweg ab, der uns durch ein größeres Waldstück an eine Kreuzung bringt, die wir geradewegs überqueren. Wir wandern jetzt wieder durch offenes Gelände und stoßen schließlich auf die schon vom Hinweg bekannte Rastmöglichkeit an der **Kreuzung (3),** wo der Weg zur Kapelle abzweigt.

Von hier wandern wir auf demselben Weg wieder zu unserem Ausgangspunkt in **Nikiti (1)** zurück.

11 Vom Küstenort Elia zum Bergdorf Livadia

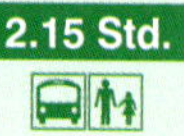

2.15 Std.

Einfache Rundwanderung von einem Badeort zu einem kleinen Bergdorf

Die Rundwanderung führt von dem beliebten Küstenort Elia in das winzige Bergdorf Livadia mit seiner Kirche Agios Pavlos, wo wir unter hohen Platanen einen guten Rastplatz mit einer alten Quelle und Grillmöglichkeiten sowie verschiedene Spielgeräte für Kinder finden. Der Rückweg erfolgt durch schönen Nadelwald bis hinunter an den Sandstrand von Elia, an dem wir bis zu unserem Ausgangspunkt weiterwandern.

Die Kirche, die dem Apostel Paulus gewidmet ist, ist ein beliebter Wallfahrtsort für viele Griechen. Manche füllen sich in großen Mengen Wasser aus der Quelle ab, die einer Legende nach auf Paulus zurückgeht. Als der Apostel auf seinem Weg nach Rom an dieser Stelle haltmachte, verspürte er großen Durst, betete für Wasser und schlug mit seinem Stock auf die Erde. Sofort tat sich die Erde auf und eine Quelle sprang hervor, aus der bis heute das klare Wasser sprudelt.

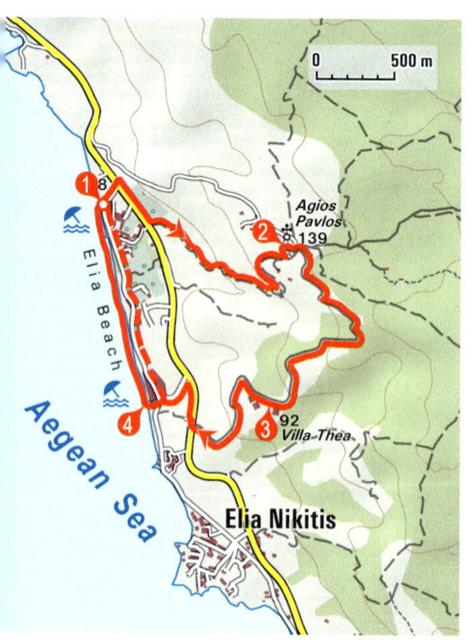

Ausgangspunkt: Wir beginnen die Wanderung im nördlichsten Teil von Elia (auf manchen Karten auch als Elia Beach bezeichnet) an der zur Hauptstraße führenden Zufahrtsstraße. Parkmöglichkeiten finden sich entlang der Straße.

Höhenunterschied: 190 m.

Anforderungen: Die leichte Wanderung verläuft entlang eines Sandstrandes (alternativ auf einer Asphaltstraße), auf unbefestigten Forst- und Wirtschaftswegen sowie kurze Strecken entlang einer Asphaltstraße. Die Orientierung ist einfach, Schwindelfreiheit und Trittsicherheit sind nicht erforderlich. Schatten ist über weite Strecken vorhanden.

Markierung: Stellenweise roter Punkt auf gelbem Quadrat.

Einkehr: Unterwegs keine; zahlreiche Tavernen, Kafenia und Bars in Elia.

Tipp: 1) Die Wanderung lässt sich gut mit der nachfolgenden, die zum Petros führt (Tour 12), kombinieren. 2) Badesachen nicht vergessen.

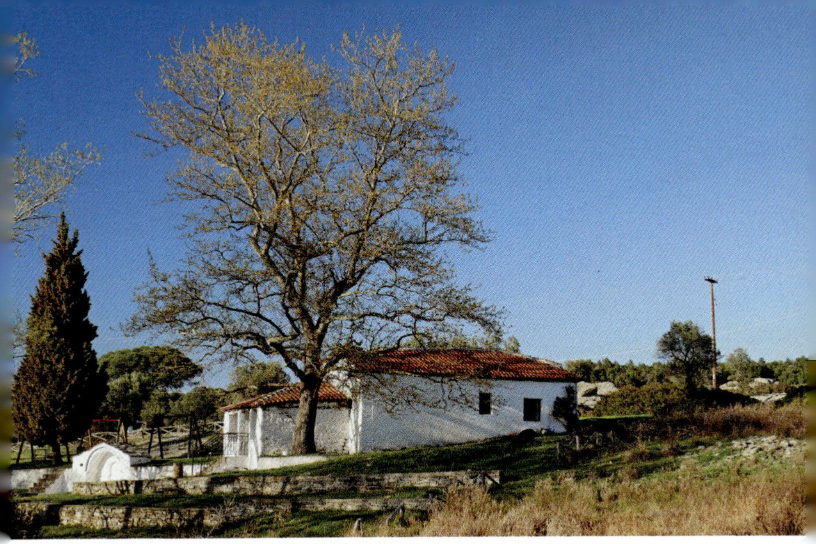

Die Kirche Agios Pavlos von außen …

Auf der **Zufahrtsstraße (1)** zum **Elia Beach** gehen wir zur Hauptstraße. Dort wenden wir uns nach rechts und biegen nach etwa 300 m links auf einen unbefestigten Wirtschaftsweg ab, der zwischen Olivenplantagen aufwärtsführt. An der ersten Gabelung nach knapp 100 m bleiben wir auf dem Hauptweg und halten uns rechts. Beim Aufstieg haben wir einen schönen Blick zurück auf Elia. Wir folgen dem Weg, bis wir an die links liegende Kirche **Agios Pavlos (2)** stoßen, wo wir auf dem Rastplatz mit Grillmöglichkeiten eine Pause machen können, während Kinder auf dem Spielplatz beschäftigt sind.

Nach der Rast gehen wir zurück zum Wirtschaftsweg und wandern wenige Meter weiter aufwärts bis zu seinem Ende. Dort wenden wir uns nach rechts und wandern entlang eines Waldes mit schönen alten Bäumen. Der Blick hinunter auf das Meer ist fantastisch. Zunächst führt der Waldweg noch leicht aufwärts, um dann stellenweise recht steil abwärts zu verlaufen.

… und von innen.

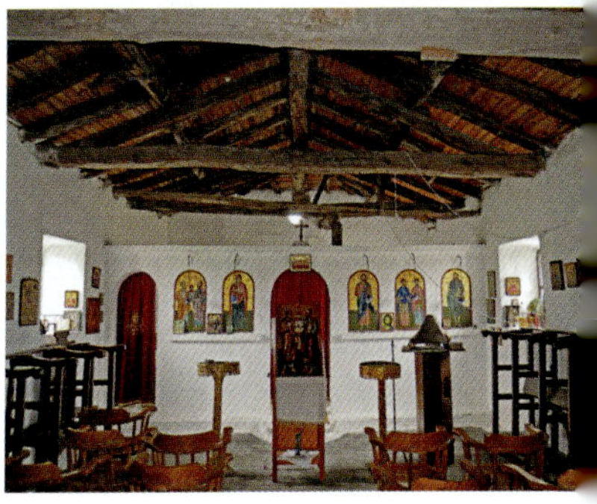

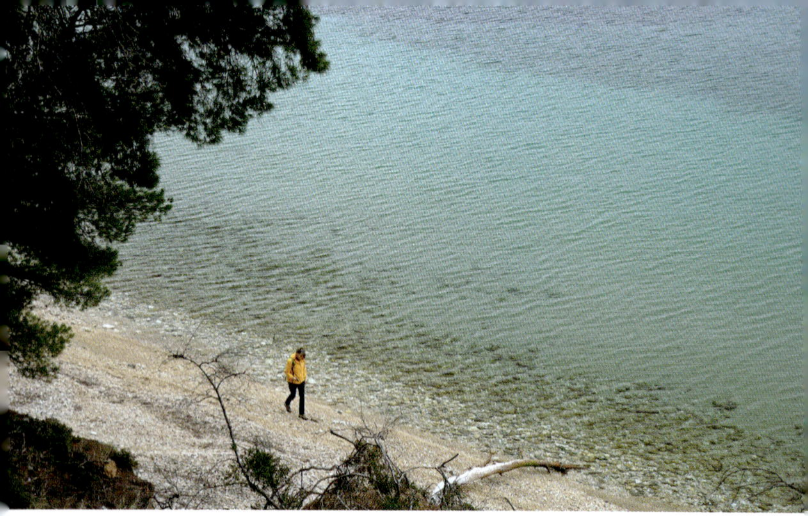

Der Wanderweg führt über den Strand von Livadia.

Wir passieren die **Villa Thea (3)**, einen Gebäudekomplex hinter einer Mauer, und etwa 700 m weiter ein größeres, sehenswertes Holzhaus und erreichen kurz dahinter wieder die Hauptstraße, auf der wir nach rechts gehen. Zum Glück können wir die verkehrsreiche Straße schon nach 300 m wieder scharf links auf eine betonierte Straße verlassen, die uns an die durch Elia Beach führende Straße bringt. Hier gehen wir geradeaus weiter einen betonierten Wasserlauf hinunter bis an den Strand.

Variante: Alternativ können wir auch entlang der kurz vor dem Strand rechts abzweigenden Straße zu unserem Ausgangspunkt zurückwandern.

Unten am **Elia Beach (4)** wenden wir uns nach rechts und wandern bequem auf dem kiesig-sandigen Strand. Wer jetzt seine Badesachen vergessen hat, wird sich möglicherweise ärgern und nur Zuschauer beim Badebetrieb sein. Von Zeit zu Zeit führen Treppen den Steilhang hinauf zu schönen Rastplätzen an der Straße.

Kurz vor dem Ende des Steilhangs passieren wir einen mächtigen, markanten Baumstamm, der am Strand liegt und weit ins Wasser ragt. Etwa 150 m weiter verlassen wir über eine betonierte Treppe den Strand und erreichen wenig später die Asphaltstraße, auf der wir zu unserem Ausgangspunkt am nördlichen **Elia Beach (1)** zurückgehen.

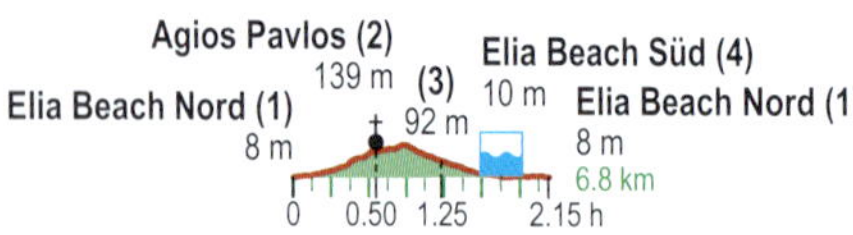

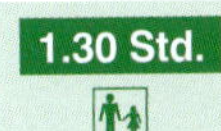

Von Livadia zum Petros, 299 m

12

Rundwanderung durch schattigen Wald mit der Möglichkeit einer Gipfelbesteigung

Die Wanderung führt von der Kapelle Agios Pavlos im Bergdorf Livadia (siehe Tour 11) zum Fuß des 299 Meter hohen Granitgipfels Petros, der versteckt in dichtem Nadelwald liegt. Die Landschaft gleicht einem gewaltigen Felsgarten, in dem größere und kleinere Felsen umgeben von Heidekraut, Erdbeerbäumen und anderen Büschen in altem Pinienwald stehen. Besonders schön ist es im Spätherbst, wenn die Heide blüht und die schmackhaften Früchte an den Erdbeerbäumen reif sind.
Die beliebte, kurze Wanderung ist einfach und durch den vielen Schatten auch im Sommer gut möglich. Nur wer den Gipfel besteigen will, muss tritt sicher und schwindelfrei sein.

Ausgangspunkt: Kapelle Agios Pavlos in Livadia. An der Straße oder auf dem Parkplatz an der Kapelle stehen genügend Parkmöglichkeiten zur Verfügung.
Höhenunterschied: 180 m.
Anforderungen: Die einfache Wanderung verläuft zumeist im schattigen Wald auf unbefestigten Forstwegen und Pfaden. Die Orientierung ist einfach. Zur fakultativen Besteigung des Gipfels ist Schwindelfreiheit und Trittsicherheit erforderlich. Im Gipfelbereich müssen an einigen Stellen die Hände zu Hilfe genommen werden.

Markierung: Vereinzelt Dreizacke auf Felsen und Baumstämmen, Sigma-Zeichen (Σ), am Pfad stellenweise Steinmännchen.
Einkehr: Keine; die nächsten Tavernen und Kafenia in Elia an der Küste.
Tipp: Die Tour lässt sich gut mit der vorhergehenden (Tour 11) kombinieren.
Hinweis: Die Markierung legt nahe, dass man die Tour im Uhrzeigersinn laufen sollte. Ich finde es andersherum allerdings besser, weil man zunächst auf dem breiten, weniger Schatten bietenden Forstweg wandert und den schöneren Teil Schluss.

Wir beginnen die Wanderung an der von der Küste nach Livadia heraufführenden Zufahrtsstraße oberhalb der **Kapelle Agios Pavlos (1)**. Hier zweigt eine unbefestigte Straße in nordöstlicher Richtung ab. Wir folgen der Straße und biegen nach etwas mehr als 100 m rechts auf einen ebenfalls unbefestigten Weg ab, der in einen lichten Kiefernwald

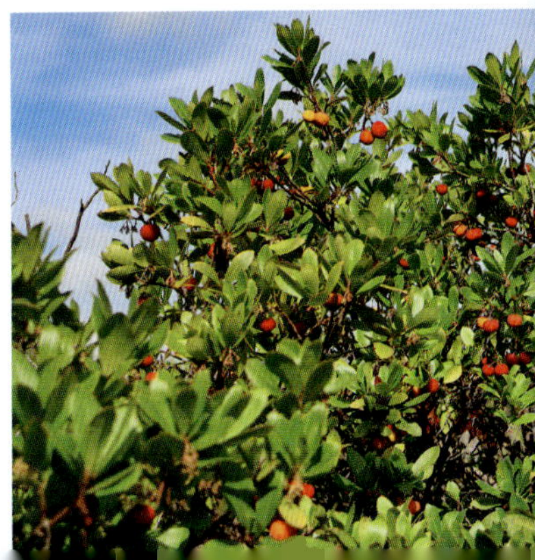

Im Herbst lassen sich die süßen Früchte der Erdbeerbäume ernten.

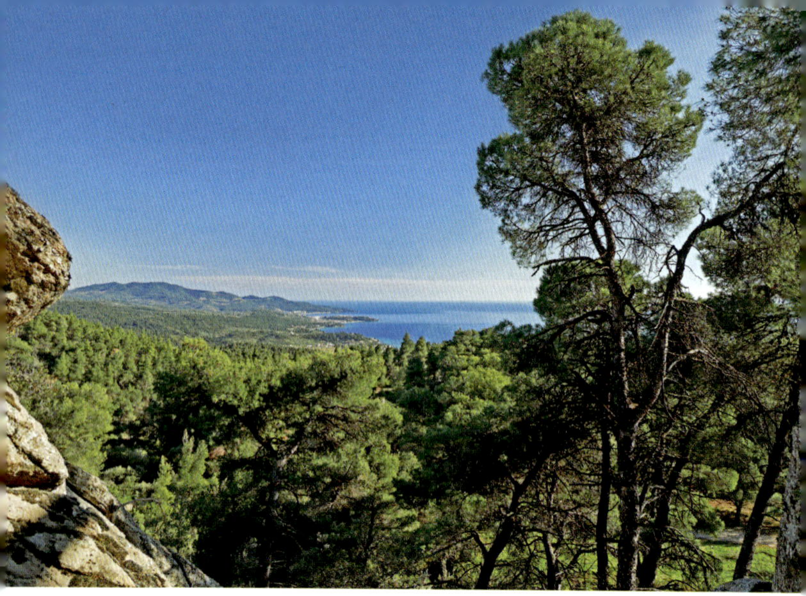

Vom Petros bietet sich ein schöner Blick auf Neos Marmaras.

hineinführt. An bizarren Felsformationen vorbei wandern wir auf dem Waldweg leicht aufwärts. Wir passieren ein eingezäuntes Grundstück und erreichen am Beginn einer Lichtung eine **Anhöhe (2)**. Von hier haben wir einen wunderbaren Blick über den Golf von Kassandra bis zur gleichnamigen Halbinsel. Etwas links voraus ist der Gipfel des Petros zu sehen.

Knapp 300 m weiter am Ende der Lichtung gelangen wir an den deutlich mit Steinen markierten Aufstieg zum **Petros (3)**. Der Aufstieg ist kurz, setzt aber Trittsicherheit und Schwindelfreiheit voraus und erfordert etwas leichte Kletterei. Vom Gipfel, den eine Steinsäule kennzeichnet, haben wir einen wunderbaren 360°-Rundblick.

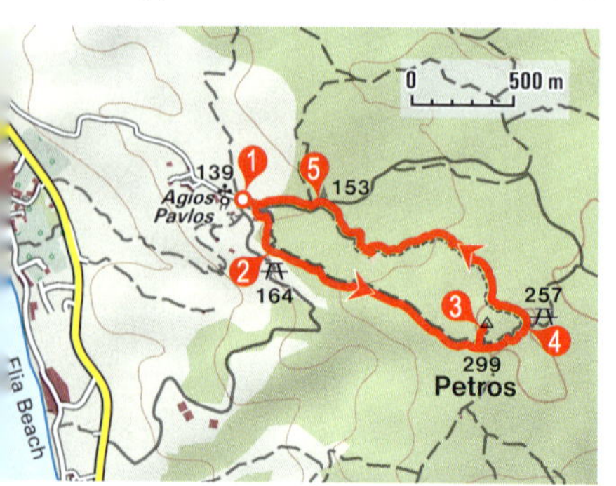

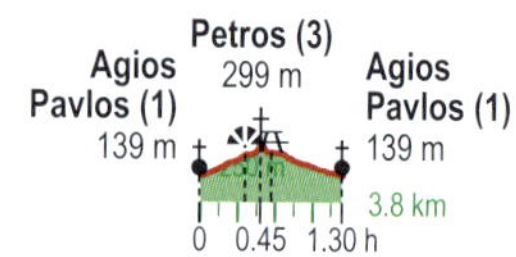

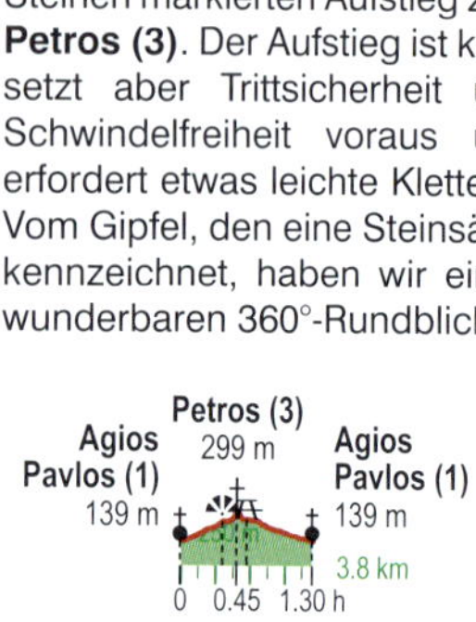

Wieder unten wandern wir auf der Forststraße in westlicher Richtung weiter, gehen an der Gabelung links und halten nach einer **Bank mit Schattendach (4)** auf der linken Seite Ausschau, die sich für eine ausgiebige Rast anbietet.

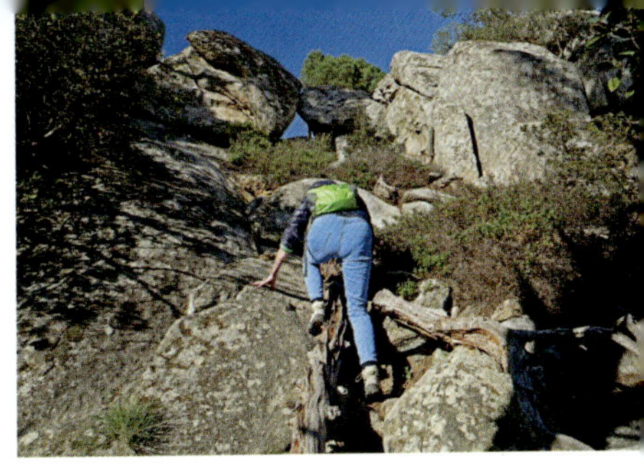

Die letzten Meter auf den Gipfel des Petros erfordern etwas leichte Kletterei.

Rechts neben der Bank beginnt ein wundervoller Pfad durch dichten Wald. Immer wieder kommen wir an außergewöhnlichen Felsformationen vorbei, von denen einige sich gut als Sitzgelegenheiten eignen. Der Pfad ist nicht zu verfehlen, lediglich auf einer größeren felsigen Lichtung muss man etwas nach der Fortsetzung des Weges Ausschau halten. Kurz hinter der Lichtung passieren wir eine Bank und kommen 80 m weiter an einen großen hölzernen **Ziegenstall (5)**. Hier halten wir uns links und gehen auf dem nun breiten Weg bis zu seinem Ende, wo wir wieder auf eine Forststraße treffen. Sie führt links zurück zu unserem Ausgangspunkt, den wir nach etwa 400 m wieder an der **Kapelle Agios Pavlos (1)** erreichen.

Der Weg führt an vielen bizarren Felsformationen vorbei.

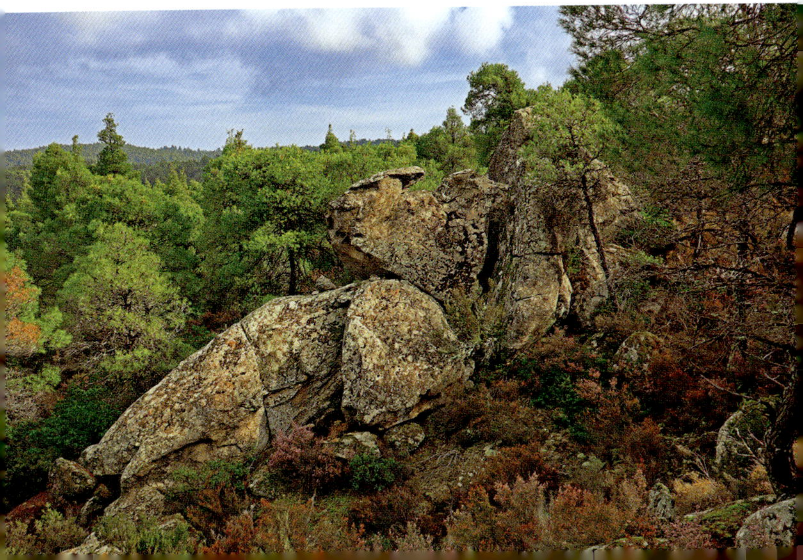

TOP 13

Von Neos Marmaras nach Parthenonas

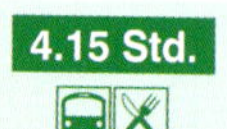

Rundwanderung zu einem Bergdorf oberhalb von Neos Marmaras

Die Rundwanderung führt von Neos Marmaras, dem größten Ort an der Westküste Sithonias, durch stellenweise unberührte Natur hinauf zum Bergdorf Parthenonas, das auch bei Griechen ein beliebtes Ausflugsziel ist. Der kleine Ort war noch vor wenigen Jahrzehnten vollkommen verlassen und viele Häuser nur noch Ruinen. Dann setzte ein Umdenken ein, das Dorf wurde als Zweitwohnsitz und Sommerresidenz von wohlhabenden Griechen entdeckt und neu belebt. Heute sind viele der einst verfallenen Häuser im traditionellen nordgriechischen Stil renoviert und einige auch ganzjährig bewohnt.

Ausgangspunkt: Parkplatz an der Hauptstraße, zwischen einem Supermarkt (»Masoutis«) und der Kartbahn (»San Marino«) auf der anderen Straßenseite, nahe der südlichen Zufahrt nach Neos Marmaras.
Höhenunterschied: 510 m.
Anforderungen: Die Wanderung verläuft auf Pfaden und unbefestigten Forst- und Wirtschaftswegen. Die Pfade sind stellenweise sehr schmal und mit dornigen Sträuchern bewachsen, sodass sich lange Hosen und Hemden empfehlen. Die Orientierung ist einfach, Schwindelfreiheit und Trittsicherheit sind nicht erforderlich. Schatten ist über weite Strecken vorhanden.
Markierung: Stellenweise blauer oder schwarzer Dreizack auf weißen Blechschildern und rote Pfeile, Punkte oder Dreizack auf Bäumen oder Felsen, die oft schon sehr verblasst und kaum zu erkennen sind.
Einkehr: Mehrere Tavernen in Parthenonas; zahlreiche Tavernen, Kafenia und Bars in Neos Marmaras, 1,5 km nordwestlich des Ausgangspunktes.

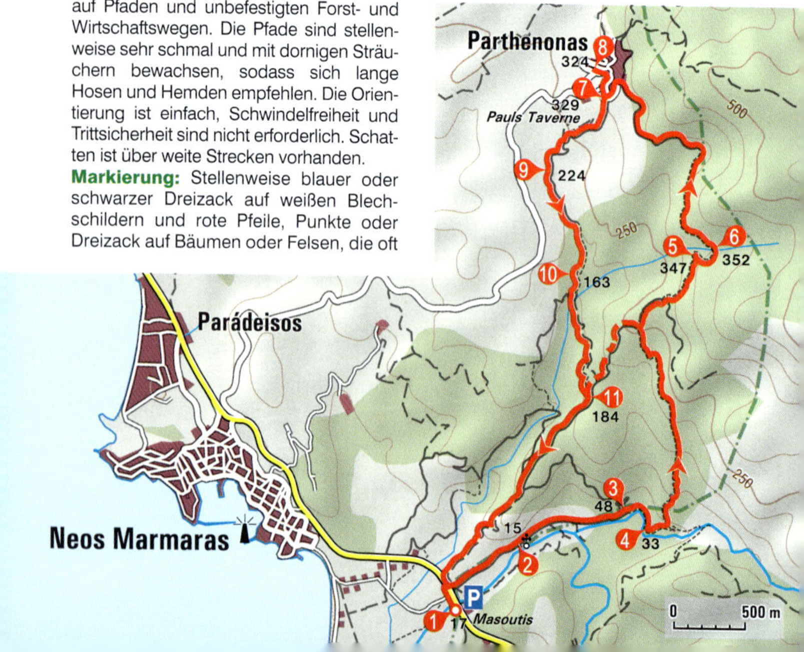

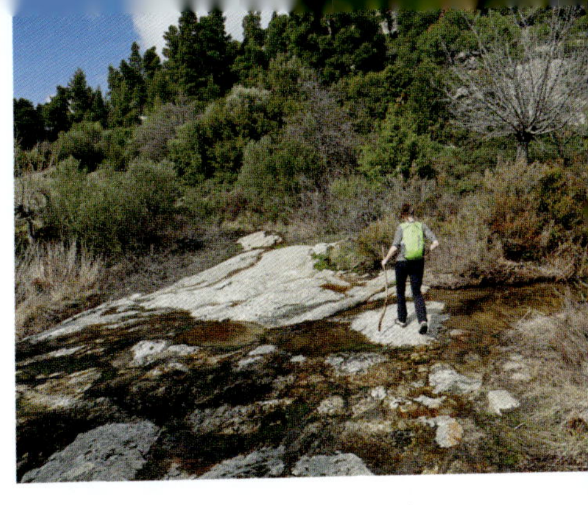

Der Bach über diese Felsplatte ist meist ausgetrocknet.

Vom **Parkplatz (1)** gehen wir entlang der Hauptstraße Richtung **Neos Marmaras** und zweigen gleich hinter der Brücke über einen Bach rechts auf einen unbefestigten Wirtschaftsweg ab. Nach knapp 600 m erreichen wir eine unter hohen Bäumen stehende **Kapelle (2)**. Dahinter, am Ufer des Baches, bieten eine Bank und ein Tisch eine gute erste Rastmöglichkeit. Wir wandern auf der Staubstraße weiter, ignorieren alle rechts und links abgehenden Wege und passieren einige uralte, riesige Platanen, die zum Teil vollkommen ausgehöhlt sind.

Etwa 600 m hinter der Kapelle zweigt nach rechts eine Schotterpiste ab, die über eine betonierte Furt über den Bach führt. Wir gehen hier noch geradeaus weiter und überqueren das Gewässer noch nicht. Gut 200 m weiter, in einer leichten Linkskurve der Schotterpiste, noch bevor diese ansteigt, heißt es aufpassen: Hier verlassen wir die Schotterpiste auf einen **Pfad (3)**, der uns direkt an den im Sommer meist ausgetrockneten Bach führt, wo wir ihn auf Steinen überqueren.

Auf der anderen Seite folgen wir dem sandigen Pfad am Bach entlang weiter. Nach nur 75 m finden wir links einige Meter abseits vom Weg eine sehr schöne Rastmöglichkeit im Sand direkt am Ufer. Der Pfad wird jetzt sehr schmal, bis er nach kurzer Strecke wieder ans Ufer des Baches führt. Wir überqueren den Bach erneut, folgen seinem Lauf und erreichen erneut eine gute **Rastmöglichkeit (4)** direkt am Ufer, diesmal etwas rechts vom Pfad.

Wir folgen weiter dem Pfad, der ein kurzes Stück wieder sehr zugewachsen ist, dann aber in offeneres Gelände führt. Wir passieren eine Höhle mit einer Trockensteinmauer und verlassen knapp 40 m weiter, am Ende einer Steinmauer, den Weg nach links auf einen zunächst unscheinbaren Pfad, der zwischen Olivenbäumen aufwärtsführt.

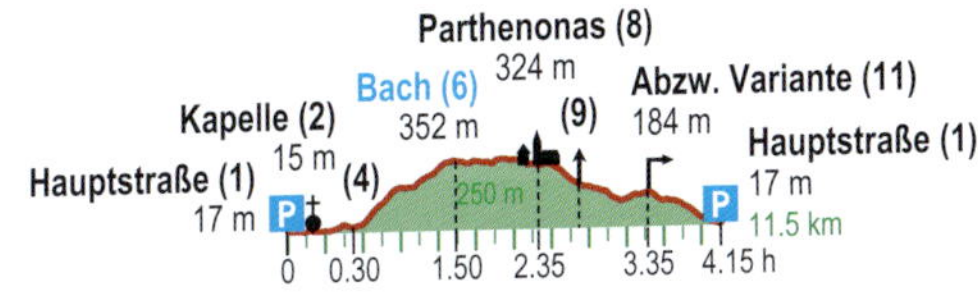

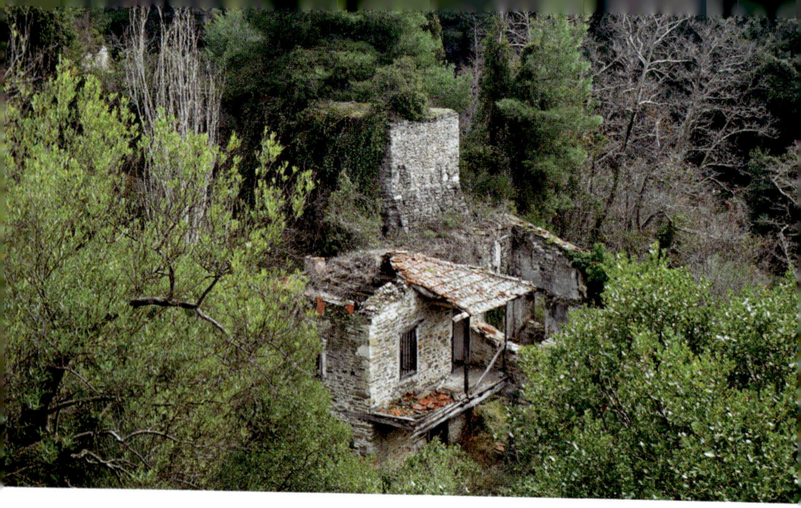

Die Ruinen der alten Wassermühle.

Nach wenigen Metern können wir rechts unten eine ehemalige **Wassermühle** erblicken. Das alte, verfallende Gebäude gibt ein schönes Bild ab. Der Weg ist nun deutlich sichtbar und zusätzlich weisen zahlreiche Markierungen die Richtung. Der Blick zurück auf Neos Marmaras und die Schildkröteninsel Kelyfos ist faszinierend. Der Pfad führt dann in einen lichten Kiefernwald hinein, verliert etwas an Höhe, steigt wieder an und endet an einem Forstweg, dem wir nach rechts folgen.
Nach 300 m schwenkt der Forstweg nach rechts, links zweigt ein deutlich markierter Pfad Richtung Parthenonas ab. Hier beginnt ein besonders schöner Abschnitt der Wanderung. Der Weg führt durch lichten Nadelwald in felsigem Gelände mit fantastischen Ausblicken über die hügelige Landschaft auf das Meer. Wir erreichen eine kleine **Felsspalte (5)**, hinter der wir uns gleich rechts aufwärts halten. Der Anstieg ist nur kurz und der Pfad führt wieder abwärts zu einem im Sommer ausgetrockneten **Bach (6)**, den wir auf einer Felsplatte überqueren. Knapp 200 m hinter dem Bach endet der Pfad an einer Schotterpiste.
Dieser folgen wir nun bis zu ihrem Ende am Ortsrand von **Parthenonas**. Dort gehen wir die befestigte Straße links abwärts und gelangen nach kurzer Distanz an **Pauls Taverne (7)**, die mit herrlicher Aussicht und traditionellen Gerichten lockt. Hier zweigt nach links auch unser Rückweg ab. Wir folgen aber zunächst noch der befestigten Straße ins Zentrum des Dorfes an der Kirche **Agios Stefanos (8)**. Im alten Schulhaus daneben finden wir ein kleines Heimatmuseum. Beachtenswert ist auch der imposante Olivenbaum am Dorfplatz, der um die 1000 Jahre alt sein soll.

Wieder zurück an **Pauls Taverne (7)** folgen wir dem Schotterweg abwärts durch Olivenpflanzungen mit teilweise skurrilen, alten Bäumen.
An der Gabelung, etwa 500 m hinter der Taverne (rechts steht ein kleines unverputztes Steinhaus) halten wir uns links, ebenso wie an der wenig später folgenden. Der Blick fällt nun auf das Mittelmeer mit der Schildkröteninsel, links können wir die große Hotelanlage von Porto Carras sehen. Gut 50 m weiter zweigen wir rechts auf einen Schotterweg ab. Ein verblasster roter Dreizack auf einem alten Olivenbaum zeigt uns, dass wir auf dem richtigen Weg sind.
Etwa 250 m weiter, in einer **Haarnadelkurve (9)**, verlassen wir die breite Schotterpiste und gehen geradeaus weiter. Der anfangs noch breite Weg geht dann in einen Pfad über, der stellenweise durch dichtes Gestrüpp führt und am Hang eines kleinen Tales verläuft, in dem zur Regenzeit ein Bach plätschert. Schließlich führt der Pfad steil bergab bis hinunter zum Bachbett, das wir überqueren. Ein wunderbarer idyllischer **Rastplatz (10),** auch wenn man nur auf Felsen sitzen kann.
Wir wandern nun auf dem felsigen Pfad entlang des Baches, bis wir erneut an eine Fahrstraße stoßen, wo wir uns nach links wenden und den Bach auf einer betonierten Furt überqueren. Dahinter geht es auf einer Schotterpiste weiter. Nach gut 800 m stoßen wir auf eine weitere **Piste (11)**. Zahlreiche Markierungen und Hinweise weisen nach links.
Variante: Folgen wir dem Weg nach links, stoßen wir nach knapp 700 m auf den Hinweg, auf dem wir in entgegengesetzter Richtung auch wieder zurückkommen.
Am schnellsten gelangen wir zum Ziel, wenn wir hier rechts gehen und weiter der Schotterpiste folgen, die auf einem Kamm abwärtsführt, ein markantes Gebäude passiert und schließlich an der **Hauptstraße** endet, an der wir uns nach links wenden und nach kurzer Strecke wieder unseren **Ausgangspunkt (1)** erreichen.

Im Herbst blüht an vielen Orten entlang des Weges die Heide.

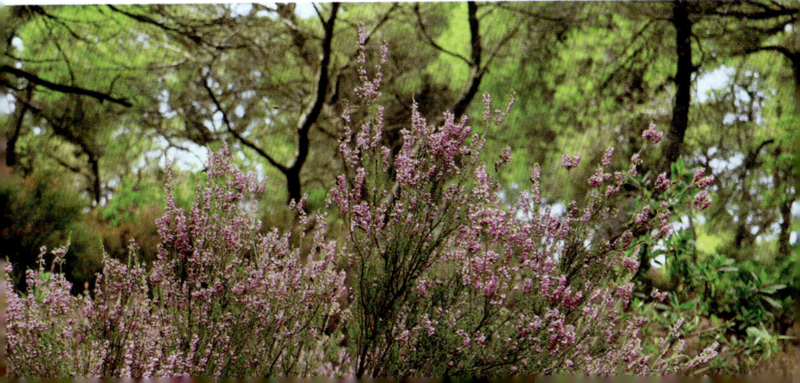

14 *Itamos, 817 m, und Astrapokameno, 808 m*

5.45 Std.

Rundwanderung auf die beiden höchsten Berge Sithonias

Die Wanderung führt von Parthenonas zunächst auf den Itamos, der mit 817 Meter der höchste Gipfel Sithonias ist. Danach wandern wir über den nur 9 Meter niedrigeren Astrapokameno. Die Route führt auf weiten Strecken durch dichten Nadelwald, bietet aber immer wieder wechselnde, atemberaubende Aussichten. Auf dem Rückweg wandern wir durch eine bezaubernde, einzigartige Felslandschaft.

Die hier beschriebene Tour gilt als die klassische Route. Daneben gibt es noch eine Reihe anderer Möglichkeiten, um von Parthenonas auf die beiden Berge zu gelangen.

Ausgangspunkt: Im Zentrum Parthenonas auf dem Platz zwischen Kirche und Biergarten der Taverne. Hier stehen Parkmöglichkeiten zur Verfügung.
Höhenunterschied: 700 m.
Anforderungen: Die Wanderung verläuft auf unbefestigten Forstwegen und erfordert weder Trittsicherheit noch Schwindelfreiheit. Ein gewisses Maß an Orientierungssinn sollte vorhanden sein, um sich nicht bei den zahlreichen Abzweigungen zu verlaufen. Schatten ist über weite Strecken vorhanden.
Markierung: Sporadisch, meist sehr verblasste rote Pfeile auf Felsen oder an Bäumen.
Einkehr: Unterwegs keine; mehrere Tavernen in Parthenonas.

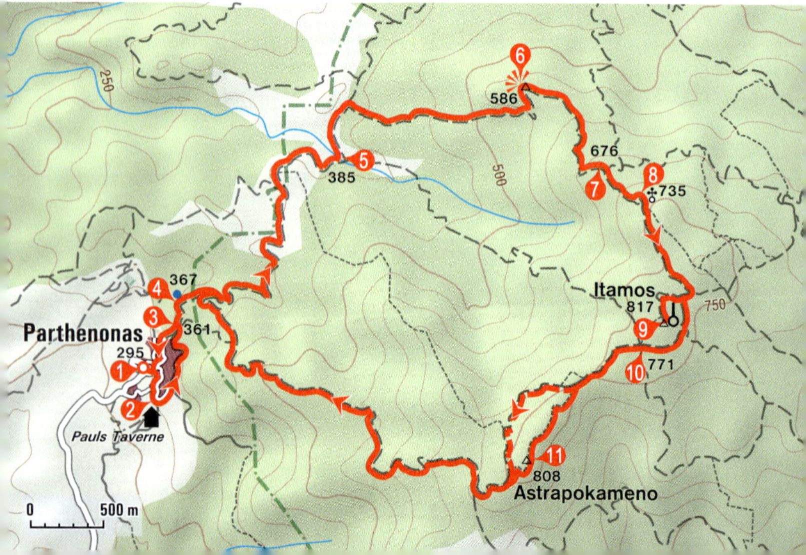

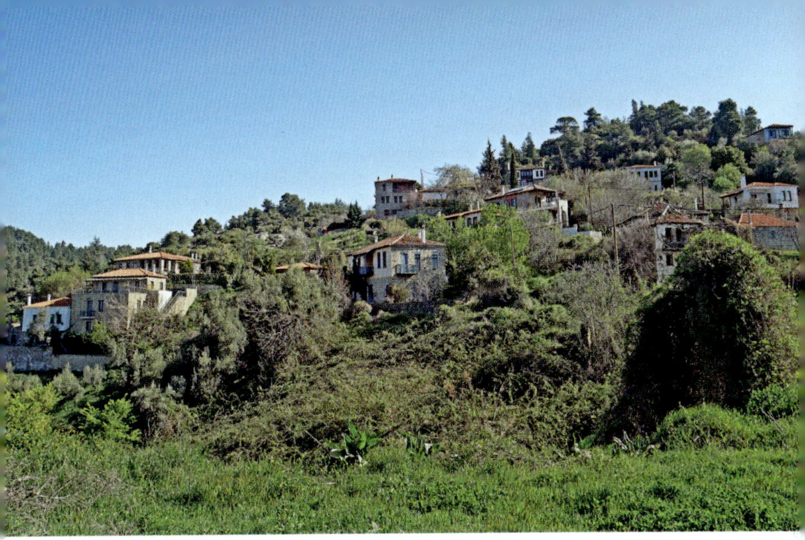

Start und Ziel der Rundwanderung über den Itamos ist das Bergdorf Parthenonas.

Vom **Parkplatz (1)** in **Parthenonas** wandern wir an der Kirche **Agios Stefanos** und gleich anschließend an der ehemaligen Schule, in der jetzt ein kleines Heimatmuseum untergebracht ist, vorbei und folgen der gepflasterten, schmalen Straße um die Rechtskurve bis zu **Pauls Taverne (2)**. An dieser finden wir mehrere Wegweiser, u. a. zum Itamos. Wir folgen der Straße, die bald in eine Erdpiste übergeht, weiter aufwärts. Nach 600 m erreichen wir eine spitze **Gabelung (3)**, wo scharf links ein Weg ins Dorf abzweigt, auf dem wir am Rückweg zu unserem Ausgangspunkt zurückkehren werden. Wir bleiben dem Erdweg treu und erreichen in einer Rechtskurve eine **Zisterne (4)**, die auf den ersten Blick wie eine Kapelle aussieht und an der wir uns Wasser zapfen können. Hier beginnt ein Ende 2015 neu hergerichteter Abschnitt des nun sehr breiten Weges, dem wir nun eine längere Strecke folgen, ohne auf die abzweigenden Wege zu achten.

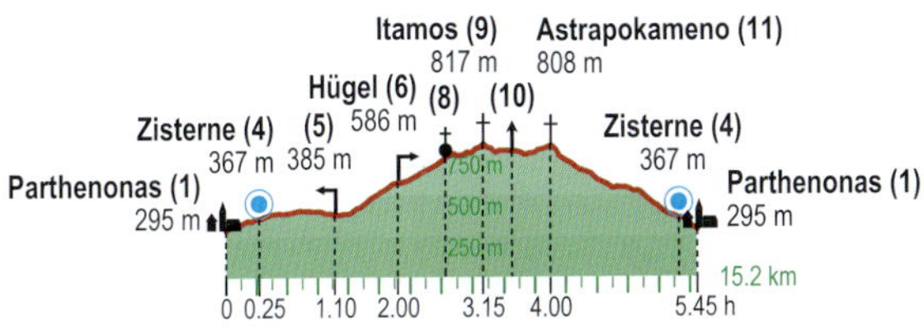

Etwa 2,5 km hinter der Zisterne gelangen wir in einer Linkskurve an eine **betonierte Furt (5)**. Rechts führt ein Weg zu einem Haus. Wir bleiben hier noch für weitere 400 m auf dem Hauptweg und zweigen dann rechts auf eine Erdpiste ab, die stetig aufwärtsführt. Nach einer 180-Grad-Linkskurve erreichen wir eine **T-Kreuzung (6)**. Links geht es aufwärts auf einen Aussichtshügel in knapp 600 m Höhe, von dem man früher einen besonders guten Blick hatte. Inzwischen ist die Vegetation so hoch, dass man vor lauter Bäumen nichts mehr sieht.

Wir gehen an der T-Kreuzung also gleich rechts weiter und folgen dem Weg durch dichten Wald aufwärts. Von Zeit zu Zeit bieten sich wunderbare Ausblicke auf die Landschaft und das Meer. An einer **Gabelung (7)** halten wir uns rechts weiter aufwärts und gelangen nach 400 m an eine auf einer großen Lichtung in fast 750 m Höhe stehenden Kapelle **Profitis Ilias (8)**. Wie so viele andere ist auch dieses Gotteshaus dem Propheten Elias geweiht. Ein wunderbarer Platz mit grandioser Aussicht. Tisch und Bank laden nach dem anstrengenden Aufstieg zu einer ausgiebigen Rast ein.

Von der Kapelle aus gehen wir die Piste weiter aufwärts. Nach etwa 200 m geht es zunächst wieder abwärts, bis unser Weg in einer breiten Erdstraße mündet. Hier gehen wir rechts. Nur wenige Meter weiter führt nach links abwärts ein Weg, den wir auf dem Rückweg nehmen werden. Wir gehen geradeaus weiter steil bergauf auf den Gipfel des **Itamos (9)**, mit 817 m der höchste Berg Sithonias. Oben erwartet uns ein Wachturm der Feuerwehr, von dessen Rundgang wir einen grandiosen Blick nach Athos, Kassandra und weit ins Hinterland der Chalkidiki haben. Bei klarer Sicht können wir auf dem Athos einzelne Klöster erkennen.

Vom Gipfel gehen wir bis zur Abzweigung zurück und halten uns dort rechts. An der ersten Gabelung nach wenigen Metern müssen wir ebenfalls rechts gehen. Als nächstes gelangen wir an eine größere Lichtung. Rechts liegt ein eingezäuntes Grundstück und gleich dahinter kommen wir an eine **Kreuzung (10)**. Wenn wir hier rechts gehen, gelangen wir nach steilem Abstieg an der Betonfurt wieder an den Aufstiegsweg.

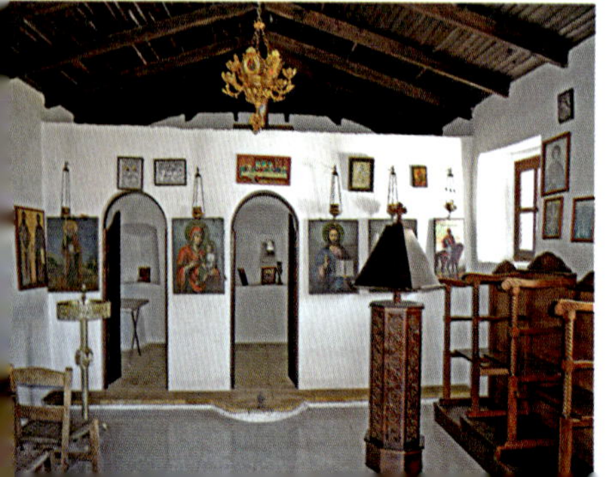

Unser Weg führt uns aber geradeaus weiter und bringt uns nach 400 m an eine Gabelung. Links geht es aufwärts auf den Kammweg über den **Astrapokameno (11)**, mit 808 m der zweithöchste Berg Sithonias. Ein wunderbarer Weg mit atemberaubender Aussicht.

Blick in die Kapelle Profitis Ilias.

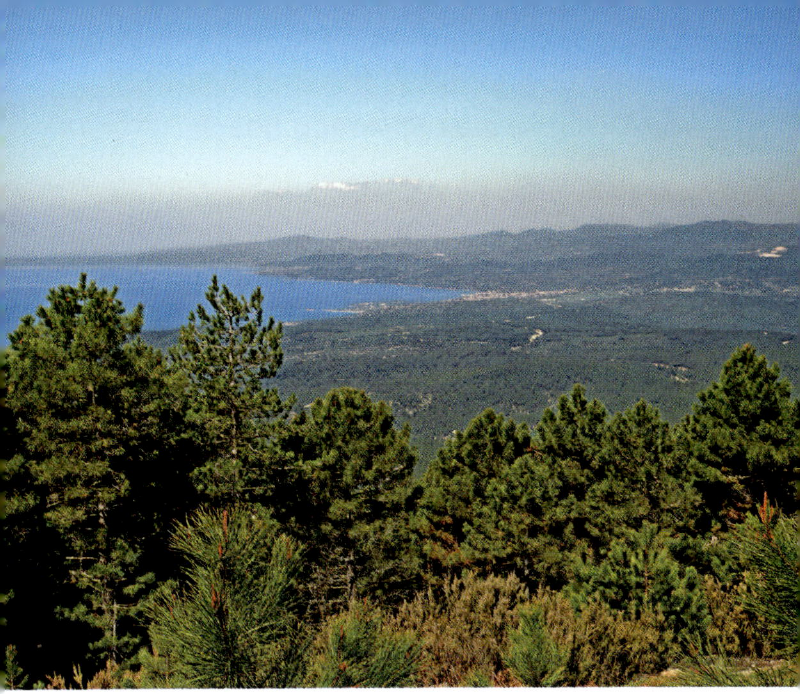

Vom Itamos-Gipfel hat man einen unvergleichlichen Panoramablick, hier nach Nikiti.

Variante: Wer sich den Anstieg (etwa 60 Höhenmeter) auf den Astrapokameno ersparen möchte, geht an der Gabelung rechts. Nach etwas mehr als 1 km trifft dieser Weg wieder auf den vom Berg kommenden.

Der Abstieg vom Astrapokameno ist relativ steil und stellenweise stark erodiert. Wir treffen auf die Umgehungsvariante und knapp 300 m weiter an eine T-Kreuzung, an der wir rechts gehen.

Nun folgt einer der schönsten Abschnitte der Tour. Wir wandern durch eine einzigartige Landschaft mit wunderbaren Felsformationen und wunderbaren Ausblicken. Auf einzelnen Felsen finden wir gute Sitzmöglichkeiten. Wir folgen dem Weg, der stellenweise nur noch sanft abwärtsführt, bis er in die vom Hinweg bekannte, breite Erdpiste mündet, auf der wir uns nach links wenden.

An der **Zisterne (4)** vorbei erreichen wir nach 400 m die **Abzweigung (3)**, die rechts abwärts durch das Dorf **Parthenonas** auf kürzestem Weg zum **Parkplatz (1)** zurückführt. Wer aber noch Pauls Taverne einen Besuch abstatten will, geht hier geradeaus weiter.

15 Von Tristinika zum Stiladario Beach

3.15 Std.

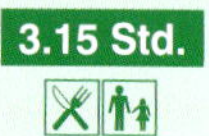

Wanderung entlang mehrerer wunderbarer Buchten auf einer alten Schotterstraße

Die Wanderung verläuft auf der alten Küstenstraße, die im letzten Jahrhundert die Hauptverbindung zwischen den Orten im Westen Sithonias gewesen ist und durch den Bau der Ringstraße für den Autoverkehr so gut wie keine Bedeutung mehr hat. Während andere Abschnitte der alten Straße inzwischen asphaltiert sind, ist der zwischen Tristinika und Stiladario Beach noch im ursprünglichen Zustand als Schotterpiste erhalten.

Während der Wanderung gelangen wir immer wieder an malerische Buchten mit schönen Sandstränden, die sich für eine Pause am Strand und eine Abkühlung im azurblauen Meer anbieten. Am Ende wartet nicht nur die wunderbare Bucht Stiladario Beach mit ihrem breiten Sandstrand auf uns, sondern auch die Strandbar Las Bandidas, die einen Hauch mexikanischen Flairs nach Sithonia bringt.

Ausgangspunkt: Von der Ringstraße fahren wir etwas südlich von Km 74 Richtung Tristinika und folgen der Straße durch den Ort. Kurz hinter der links abzweigenden Zufahrt zu einem Hotel geht die Asphaltstraße in eine Schotterpiste über, auf der wir nach wenigen Metern eine Parkmöglichkeit über einer Sandbucht erreichen.

Höhenunterschied: 150 m.

Anforderungen: Die leichte Wanderung verläuft auf einer Schotterpiste. Die Orientierung ist einfach, Schwindelfreiheit und Trittsicherheit sind nicht erforderlich. Der größte Teil des Weges ist schattenlos.

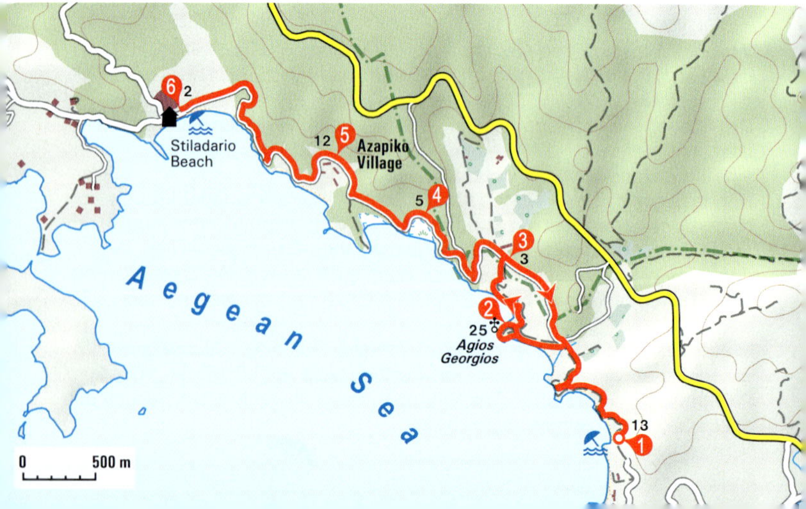

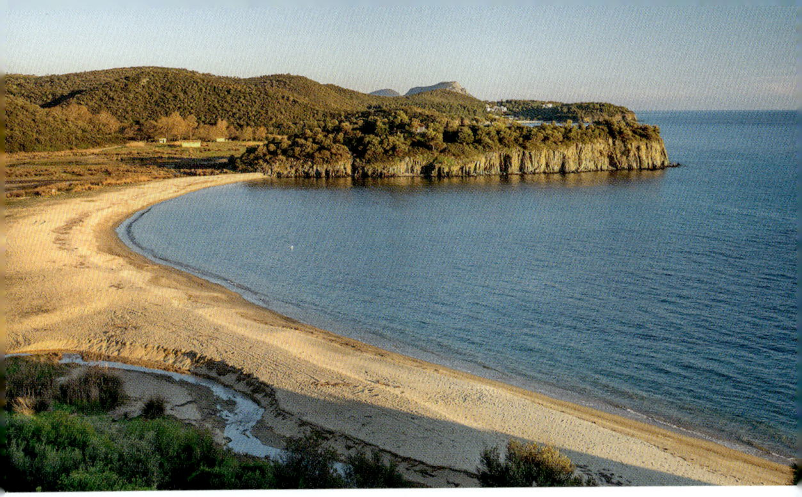

Blick auf den felsigen Hügel mit der Kapelle Agios Georgios.

Markierung: Keine.
Einkehr: Strandbar mit einfachen Gerichten am Stiladario Beach; Taverne in Tristinika, 2 km südöstlich des Ausgangspunktes.
Tipps: 1) Badesachen nicht vergessen. 2) Wer gerne schnorchelt, sollte sein Equipment mit auf die Wanderung nehmen. Die meist von Felsen eingerahmten Buchten gelten als gutes Revier, um Meerestiere, wie z. B. Papageienfische, zu sehen.

Wir starten etwas oberhalb einer schönen **Sandbucht (1)** und wandern auf der Schotterpiste um sie herum. Wer in die Bucht will, findet etwa in der Mitte einen Pfad, der hinunter zum Strand führt. Nur wenig weiter gelangen wir an die nächste Bucht; auch hier lohnt ein Verweilen. Dahinter führt der Weg auf einen Felssporn, der in das Meer hineinragt. Von hier bieten sich schöne Aussichten auf die Küste. Hinter dem Felsen gelangen wir in eine größere Schwemmlandbucht, wo wir durch eine Furt einen Bach queren.
An der nächsten Kreuzung, etwa 50 m weiter, halten wir uns links und machen einen kleinen Abstecher auf den links vor uns zu sehenden Hügel, auf dem eine Kapelle thront und der den breiten Strand in zwei Teile teilt. Von dem vor vielen Jahren aufgegebenen Campingplatz Azapiko sind nur noch einige wenige Gebäude erhalten, die inzwischen dem Verfall preisgegeben sind. Heute ist das riesige Gelände mit dem feinen Sandstrand bei Wildcampern sehr beliebt. Vom **Hügel** können wir gut die Umgebung

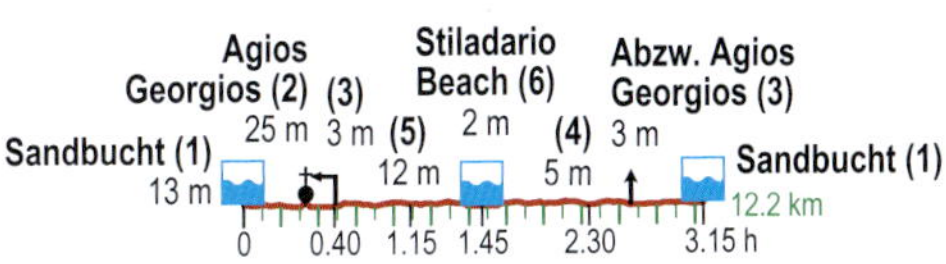

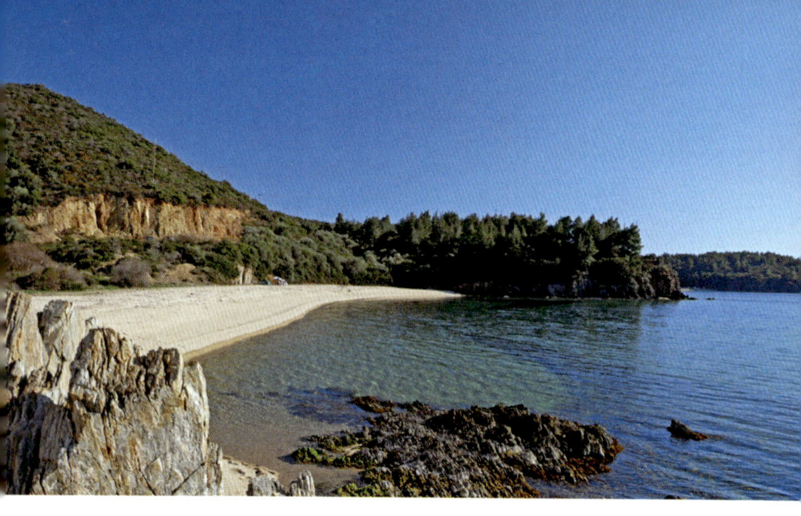

Wunderbare Sandbuchten entlang des Weges laden zu Pausen ein.

überblicken und finden hinter der Kapelle **Agios Georgios (2)** einen schönen, schattigen Rastplatz mit Bank und Tisch.

Nach dem Abstieg halten wir uns in nördlicher Richtung und treffen in der Nähe des Hotels Azapiko wieder auf die **Schotterstraße (3)**. Wir folgen ihr nach links, ignorieren die rechts abzweigenden Wege und gelangen wieder dicht an die Küste. Von rechts stößt eine Asphaltstraße auf unseren Weg und wenig später umgehen wir ein kleines **Feuchtgebiet (4)**. Dieses ist für ornithologisch Interessierte lohnend, tummeln sich hier doch zahlreiche Wasservögel.

Nächste Station ist die Apartmentsiedlung **Azapiko Village (5)**, die auch mit dem Namen Stiladario bezeichnet wird. Es überrascht nicht mehr, dass auch dieser Ort an einer schönen Bucht liegt. Wir wandern auf der Piste durch die Siedlung und gelangen dahinter wieder an die Küste. Eine kleine, von Felsen umschlossene Sandbucht umgehen wir in einem Bogen.

Wieder am Steilufer bietet sich ein erster Blick auf unser Ziel, der lang gezogene, breite Sandstrand **Stiladario Beach (6)**. Der Weg ist nun nicht mehr weit. Bald haben wir unser Ziel erreicht und können uns an der Strandbar mit Getränken und einfachen Gerichten stärken, am Strand ein Sonnenbad nehmen oder im kristallklaren Wasser schwimmen und schnorcheln.

Zurück folgen wir dem Hinweg, bleiben aber an der **Abzweigung (3)** des Kapellenabstechers der Schotterstraße geradeaus treu. An deren Ende erreichen wir – dann wieder auf bekanntem Weg – den Ausgangspunkt an der **Sandbucht (1)**.

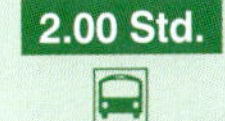

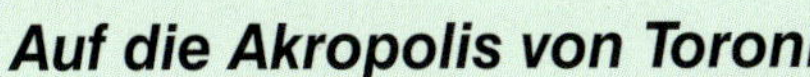

Auf die Akropolis von Toroni

16 TOP

Aufstieg auf einen Berg im Süden von Toroni

Toroni kann auf eine lange Geschichte zurückblicken. Bereits im 8. Jahrhundert v. Chr. war der Ort besiedelt. An den Hängen des knapp 230 Meter hohen Berges im Süden breitete sich die Akropolis (= Oberstadt) aus. Heute sind davon allerdings nur noch spärliche Mauerreste und einige Grundmauern erhalten, die in der Vegetation mehr und mehr verschwinden. Sichtbarstes Zeugnis der Vergangenheit und Wahrzeichen des Ortes ist die in der Antike erbaute und später in byzantinischer Zeit restaurierte Festung Likythos, die allerdings auch nur noch eine Ruine ist und wegen Einsturzgefahr nicht besichtigt werden kann.

Unsere Wanderung führt uns auf einem aussichtsreichen Pfad von der Festung am Südende der Bucht hinauf auf den Gipfel des Berges.

Ausgangspunkt: In Toroni am südlichen Ende der Strandstraße.

Höhenunterschied: 230 m.

Anforderungen: Die Tour verläuft auf einem zunächst einfachen Pfad, führt dann aber durch mehr oder weniger felsiges, unübersichtliches Gelände. An einigen leichten Kletterstellen sind die Hände zu Hilfe zu nehmen. Orientierungssinn sowie Trittsicherheit sind erforderlich, an einer Stelle droht leichte Schwindelgefahr. Der größte Teil des Weges ist schattenlos.

Markierung: Rote, teilweise sehr stark verblasste Farbmarkierungen und Dreizacke sowie Steinmännchen.

Einkehr: Unterwegs keine; zahlreiche Tavernen und Kafenia in Toroni.

Tipp: Der lang gestreckte Strand von Toroni bietet sehr gute Bade- und Wassersportmöglichkeiten.

Blick auf die auf einer Halbinsel liegende Festung Likythos.

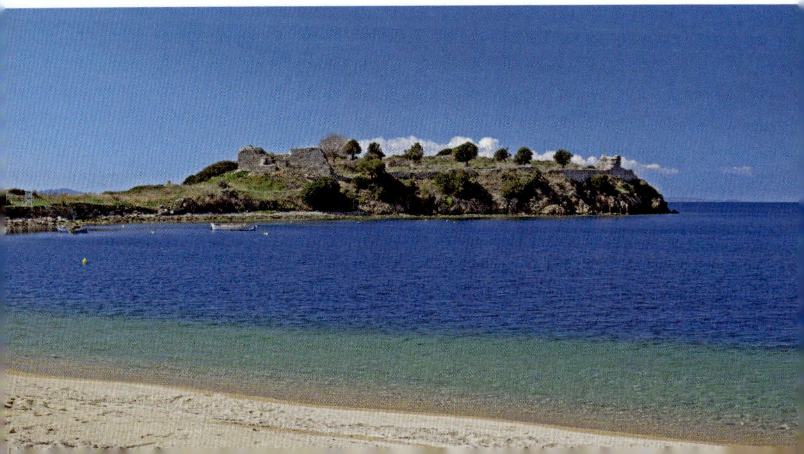

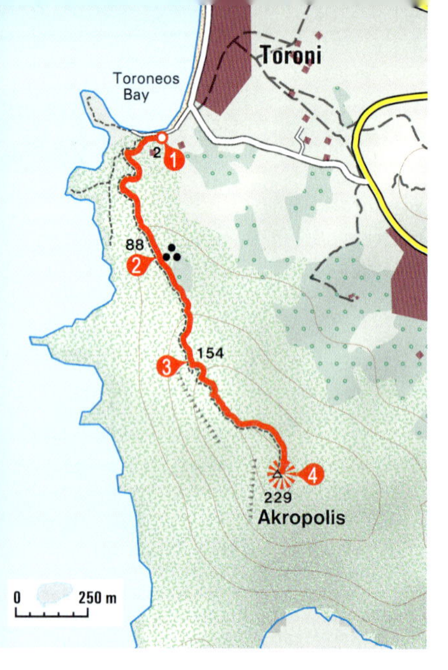

Wir beginnen die Wanderung am Südende der **Toroneos-Bucht (1)**. Hier lassen Fischer und Freizeitkapitäne ihre Boote zu Wasser. Wenig weiter, auf einem ins Wasser ragenden Felsvorsprung, sehen wir die Ruine der byzantinischen Festungsanlage. Wir folgen dem Weg, der zur Festung führt, halten uns aber gleich an der Gabelung links und gehen nicht zur Ruine. Etwa 100 m weiter zweigt von der geraden Richtung nach links ein Feldweg ab, auf den wir einschwenken. Etwa 150 m weiter müssen wir Obacht geben: Nach links zweigt vom Feldweg ein Pfad ab. Einige Steinmännchen markieren die etwas unscheinbare Abzweigung.

Am Südende der Bucht lassen Fischer und Freizeitkapitäne ihre Boote zu Wasser.

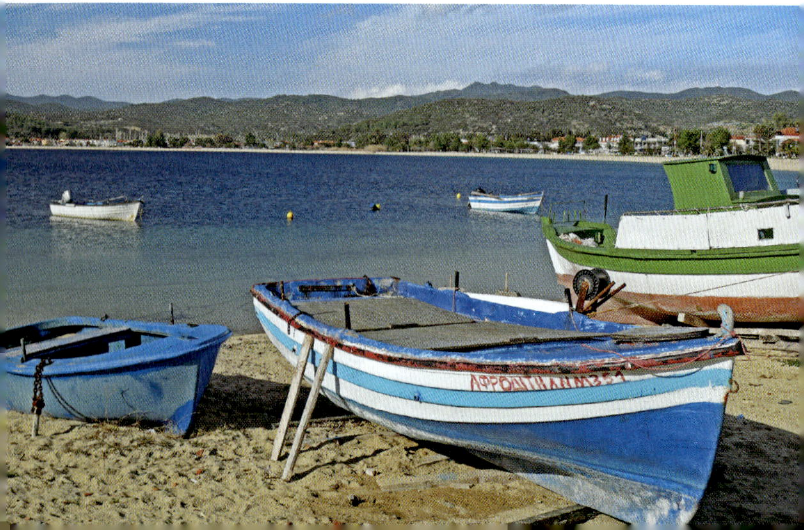

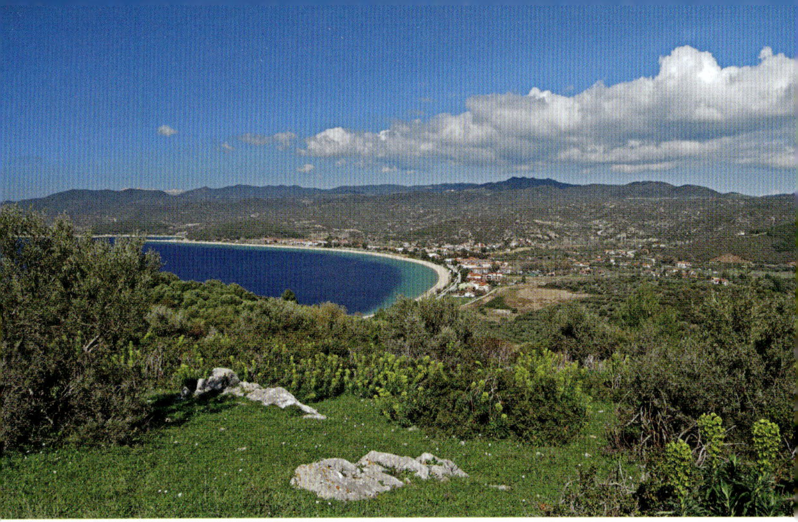

Während des Aufstiegs haben wir fantastische Blicke auf die Bucht von Toroni.

Wir folgen dem Pfad aufwärts und haben dabei immer wieder fantastische, ständig wechselnde Ausblicke auf Toroni mit seiner wunderbaren Bucht und die byzantinische Festung am Südende, auf den Golf von Kassandra und die Halbinsel dahinter. Und von hier wird auch klar, warum die vor Neos Marmaris gelegene Insel Schildkröteninsel heißt. Wer aufmerksam ist, wird entlang des Pfades an den einen oder anderen Stellen noch **antike Mauerreste (2)** finden. Wer die rechteckigen, fein behauenen Steinblöcke sieht, kann verstehen, dass diese in früheren Zeiten abgetragen und als Baumaterial verwendet wurden.

Der Anstieg wird steiler und bald haben wir das Ende des bequem zu gehenden Pfades erreicht. Nun erwartet uns eine leichte **Kletterstelle (3)**. Der Pfad verläuft nun in unübersichtlichem Gelände durch ein Gewirr von Felsen und Gesteinsbrocken und ist manchmal nur schwer zu sehen. Wir halten uns an die leider sehr verblassten Markierungen und steigen den Rücken aufwärts, bis wir den Gipfelbereich erklommen haben. Der eigentliche **Gipfel (4)** liegt aber noch einige Meter vor uns. Er ist durch eine Betonsäule markiert. Von dort haben wir einen atemberaubenden 360°-Panoramablick, nun auch mit Sicht nach Süden auf das Südende des Naturhafens Porto Koufo und den südlichsten Teil Sithonias. Den Rückweg zur **Toroneos-Bucht (1)** treten wir auf derselben Route an.

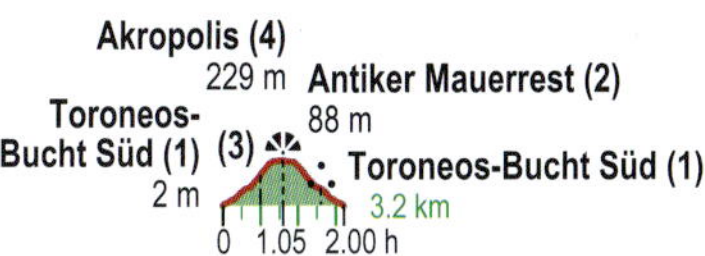

17 Von Porto Koufo zum Kap Drepano

3.30 Std.

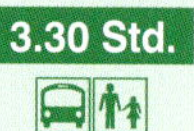

Wanderung von Porto Koufo zu einem außergewöhnlichen Doppelstrand auf einer Landzunge

Die Wanderung führt von Porto Koufo zum Doppelstrand Lemos Beach im äußersten Südwesten Sithonias am Kap Drepano. Der schöne, sandig-kiesige Strand liegt abgeschieden auf einer Landzunge, die im Westen und Osten an das Meer grenzt. Nach Süden schließt sich das felsige Kap Drepano an.

Ausgangspunkt: Am südlichen Ende der Strandstraße in Porto Koufo kurz bevor diese auf die Ringstraße mündet. An der Strandstraße stehen ausreichend Parkmöglichkeiten zur Verfügung.
Höhenunterschied: 350 m.
Anforderungen: Die leichte Wanderung verläuft auf Schotterpisten. Die Orientierung ist einfach, Schwindelfreiheit und Trittsicherheit sind nicht erforderlich. Auf dem Weg finden wir nur wenig Schatten.

Markierung: Keine.
Einkehr: Unterwegs keine; mehrere Tavernen und Kafenia in Porto Koufo.
Tipps: 1) Am Ziel haben Sie ausgezeichnete Bademöglichkeiten. Darüber hinaus hat Porto Koufo einen langen Sandstrand. Wegen der geschützten Lage ist das Wasser meist ruhig und zum Schwimmen und für Wassersport bestens geeignet. 2) Die Wanderung lässt sich gut mit Tour 18 kombinieren.

Der Blick zurück über die hügelige Landschaft nach Porto Koufo ist eindrucksvoll.

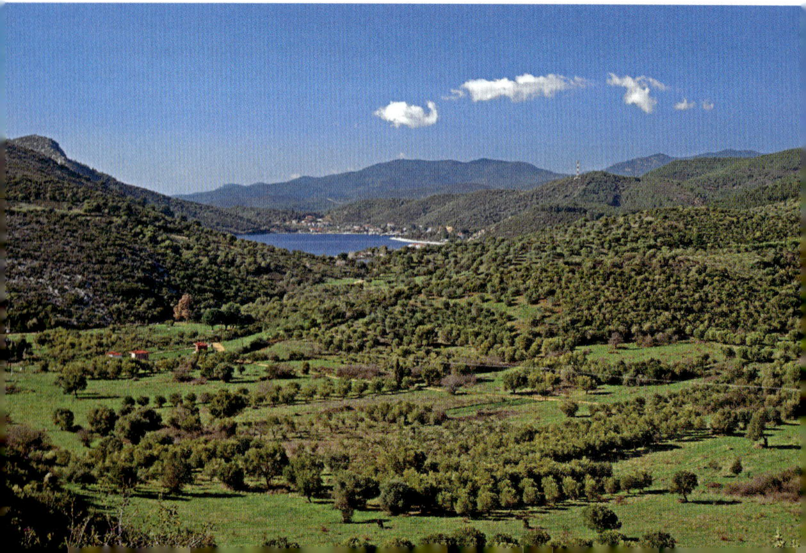

Wir gehen am **Strand (1)** von Porto Koufo Richtung Süden, vorbei an Hotels und Apartment anlagen. Auf der linken Seite können wir bald ein größeres, Brackwasser sehen, das durch einen Kanal mit der Bucht verbunden ist. Am Westende des Sees wenden wir uns nach links und kommen an einen quer über den **Kanal (2)** liegenden Baumstamm. Er ersetzt eine vor einiger Zeit eingestürzte einfache Holzbrücke, die in Zukunft neu gebaut werden soll. Wer sich nicht traut auf dem Stamm balancierend den Kanal zu überqueren, geht rechts bis zum Ende des Kanals, wo eine behelfsmäßige Furt geschaffen wurde. Bei hohem Wasserstand kann man hier den Kanal aber nicht trockenen Fußes queren. Ansonsten gibt es noch eine Variante, die in der Karte gestrichelt eingezeichnet ist: Sie biegt vom Strand zur Ringstraße ab und folgt dieser ein kurzes Stück. Nach 200 m zweigt man auf eine Staubstraße rechts ab, die südöstlich des Sees auf den Hauptweg trifft. Wer den Kanal überquert hat, geht hinter ihm auf die Hausruine zu, an der sich der Weg gabelt. Wir wählen die rechte, aufwärtsführende Möglichkeit und folgen dem Feldweg. Zurück haben wir einen schönen Blick auf Porto Koufo und nach links auf den Brackwassersee.

Der Weg endet an einer Olivenpflanzung, die wir in östlicher Richtung queren, bis wir nach gut 100 m auf eine **Staubstraße (3)** stoßen. Hierbei handelt es sich um o.a. Variante. Wir folgen der Straße rechts aufwärts zu einer Kreuzung auf einer kleinen Kuppe und gehen hier weiter geradeaus, bis nach etwa 300 m links eine Piste abzweigt, auf die wir einschwenken. Wir folgen ihr durch Olivenpflanzungen bis zu einer **Verzweigung (4)**, an der rechts drei kleine Häuser stehen.

Hier gehen wir nach rechts, passieren die Häuser und schwenken an der nächsten Abzwei-

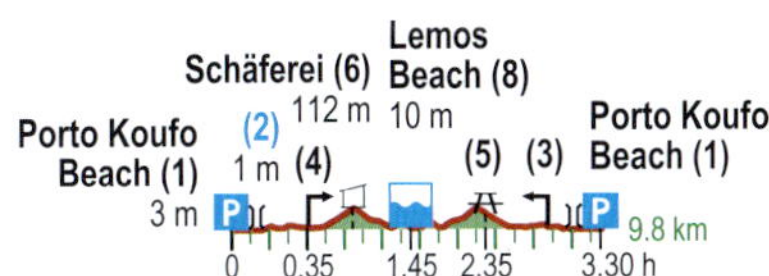

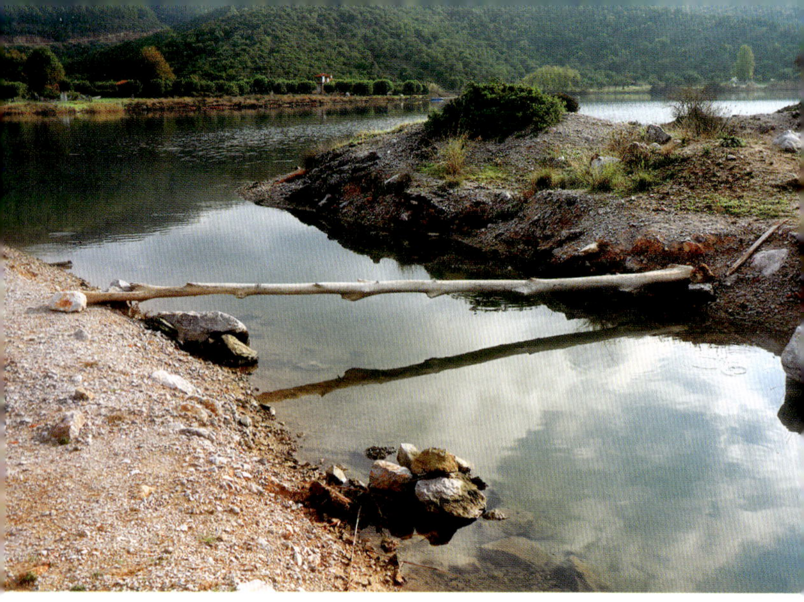

Der Baumstamm ersetzt die alte Holzbrücke über den Kanal.

gung nach links ein. Der Schotterweg führt nun an einem Hang aufwärts bis zu einer Spitzkehre, wo wir an einer kleinen freien Fläche eine **überdachte Bank (5)** mit schönem Blick auf Porto Koufo finden. Der Schotterweg führt noch etwa 250 m weiter aufwärts.

Oben angekommen, geht es rechts zu einer großen **Schäferei (6)**. Mit lautem Gebell werden wir von den Schäferhunden begrüßt. Wir gehen geradeaus weiter abwärts an den Ställen vorbei. Unten rechts können wir eine schöne Bucht sehen, die aber nicht unser Ziel ist. Etwas später kommt eine weitere Bucht in Sicht, zu der wir nun auf der Piste absteigen. Wir erreichen den **Strand (7)** an der Südseite der Bucht.

Obwohl auch diese Bucht schon sehr schön ist, ist sie dennoch nicht unser Ziel. Wir folgen weiter der Piste, die nun für ein kurzes Stück durch einen Nadelwald etwa 35 Höhenmeter auf eine kleine Anhöhe führt. Oben kommt dann schnell der Doppelstrand am Kap Drepano in Sicht. Wir steigen steil ab und müssen uns, unten angekommen, nur noch entscheiden, an welchem Teil des Doppelstrandes **Lemos Beach (8)** wir uns niederlassen.

Der Rückweg führt auf dem Hinweg bis auf Höhe des Brackwassersee-Südostufers. Dort können wir auf einem Pfad rechts an das Ufer des Sees absteigen und dann am Wasser entlangwandern bis zum **Kanal (2)**, von wo es auf dem bekannten Weg zurück zum **Porto Koufo Beach (1)**.

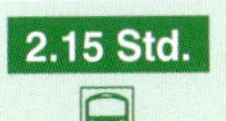

Zu einem Kap an der Südspitze Sithonias

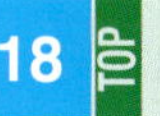

Wanderung von Porto Koufo zu einer einzigartigen Aussichtskanzel

Die einfache Wanderung führt von Porto Koufo auf breiten Schotterpisten durch eine hügelige, größtenteils kultivierte Landschaft zu einem außergewöhnlichen Aussichtspunkt hoch über dem Meer, der versteckt am Ende eines engen Pfades liegt.

Ausgangspunkt: Am südlichen Ende der Strandstraße in Porto Koufo kurz bevor diese auf die Ringstraße mündet. An der Strandstraße stehen ausreichend Parkmöglichkeiten zur Verfügung.
Höhenunterschied: 150 m.
Anforderungen: Die leichte Wanderung verläuft auf Schotterpisten und im letzten Teil auf einem schmalen Pfad. Die Orientierung ist einfach, Schwindelfreiheit und Trittsicherheit sind nicht erforderlich. Ein großer Teil des Weges ist schattenlos.
Markierung: Stellenweise auf Bäumen oder Felsen angebrachter roter Dreizack und blauer Dreizack auf weißen Blechschildern.
Einkehr: Unterwegs keine; mehrere Tavernen und Kafenia in Porto Koufo.
Tipps: 1) Porto Koufo hat einen langen Sandstrand. Wegen der geschützten Lage ist das Wasser meist ruhig und zum Schwimmen sowie für Wassersport bestens geeignet. 2) Die Wanderung lässt sich gut mit Tour 17 kombinieren.

Die beeindruckende Felsküste beim Kap an Sithonias Südspitze.

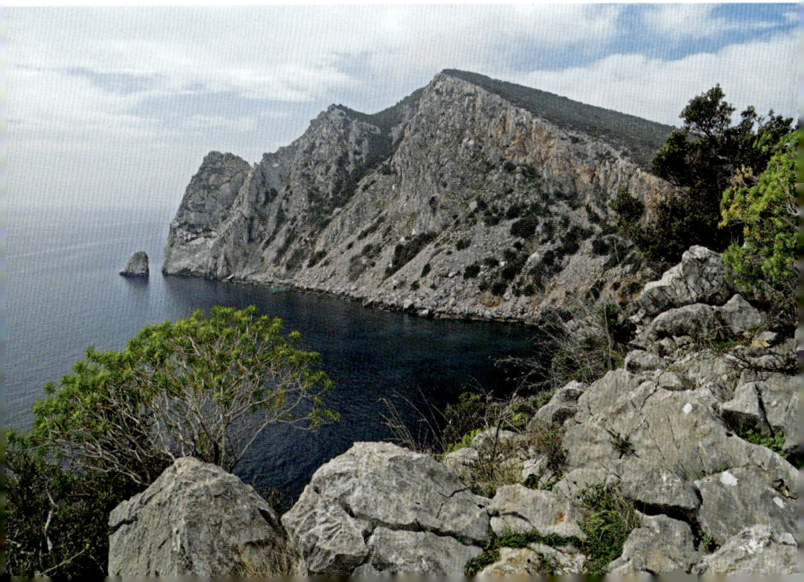

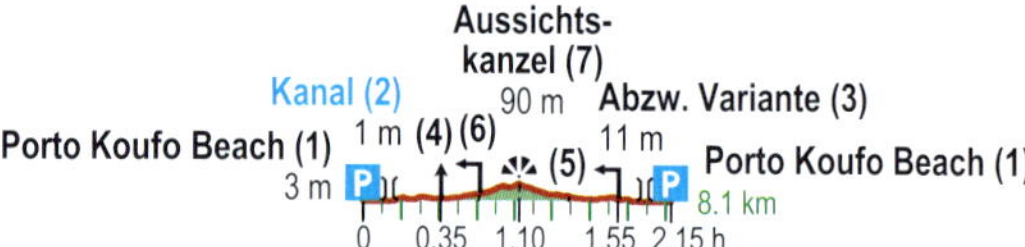

Der erste Teil der Strecke verläuft entsprechend Tour 17 von **Porto Koufo Beach (1)** über den **Kanal (2)** am Westufer des Brackwassersees (oder als Variante östlich davon, wer den Kanal nicht auf dem Holzstamm oder über die Furt überqueren möchte) und weiter auf der **Staubstraße (3)** bis zur **Verzweigung (4)** bei den drei kleinen Häusern.
Hier biegen wir aber nicht rechts ab, sondern wandern geradeaus weiter, passieren einen Bildstock und gelangen schließlich zu einem **Einzelhaus (5)**. Wir gehen links an dem Gebäude vorbei und bleiben weiter dem Hauptweg treu. Etwa 600 m hinter dem Haus gelangen wir an eine **Kreuzung (6)**, an der wir uns links halten. Wir wandern nun in offenem, grasigem Gelände mit vereinzelten Olivenbäumen, bis unser Weg an einer weiteren Schotterpiste endet.

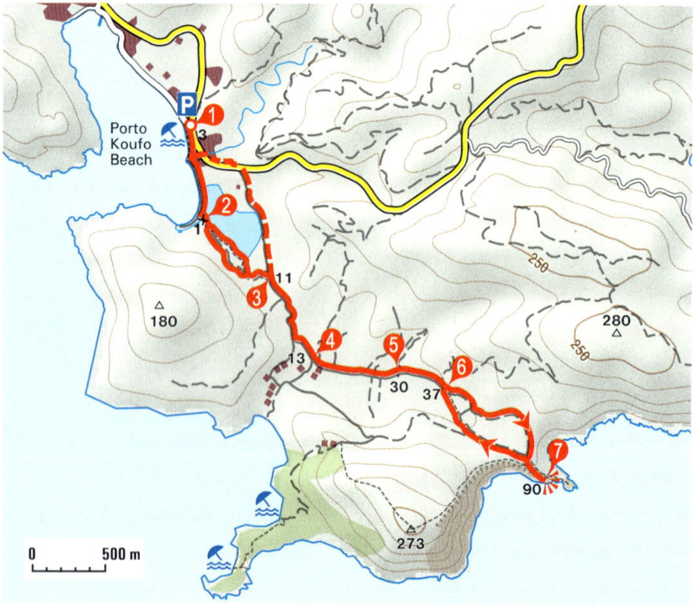

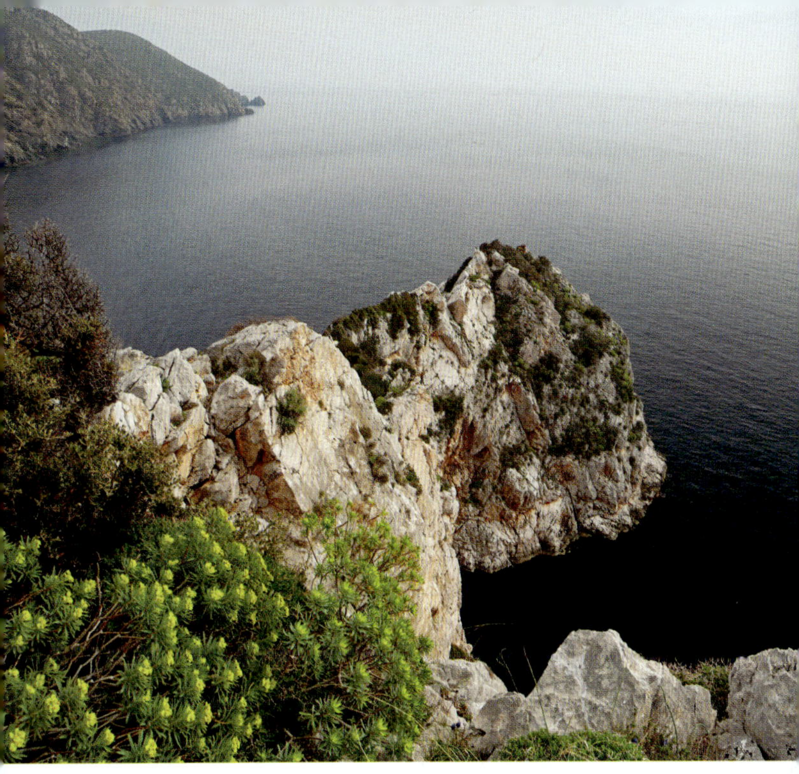

Der Blick vom Kap auf die steile, schroffe Felsküste ist atemberaubend.

Hier beginnt links der etwa 200 m lange Pfad zur **Aussichtskanzel (7)**. Dort angekommen, finden wir eine wunderbare, abgeschiedene Rastmöglichkeit auf Felsen hoch über dem Meer, mit atemberaubenden Ausblicken auf die steile Felsküste. Ein Platz, von dem man sich bei gutem Wetter nur schwer wieder trennen kann.

Wir gehen den Pfad bis zur Schotterpiste zurück, halten uns dort geradeaus und folgen dem Weg, bis wir an der **Kreuzung (6)** wieder halb links auf die vom Hinweg bekannte Route stoßen, die zum Ausgangspunkt zurückführt. Wer will, kann aber nach der **Abzweigung (3)** von der Staubstraße (Variante) auf dem Feldweg oberhalb des Brackwassersees einen Pfad abwärts an das Seeufer absteigen. Am Wasser entlang wandern wir dann bis zum **Kanal (2)**. Das letzte Wegstück nach **Porto Koufo Beach (1)** entspricht dann wieder dem Hinweg.

19 Zum Mamba Beach in der Ampelos Bay

1.30 Std.

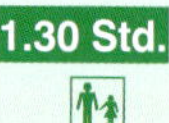

Rundwanderung zu einem einsamen Strand im Südwesten Sithonias

Die einfache, kurze Rundtour führt zu der abgelegenen, fjordähnlichen Ampelos Bay an den sogenannten Mamba Beach, einem einst bei vielen beliebten Strand. Noch vor einigen Jahren stand hier der Mamba Club, eine imposante Bar im karibischen Stil, die viele Gäste anzog und für ein lebhaftes Strandleben sorgte. Heute ist es ruhig geworden und von den einstigen Gebäuden sind nur noch Reste erhalten.

Der schöne, 150 Meter lange Sand-/Kiesstrand, an den das kristallklare Wasser brandet, wird an beiden Seiten von Felsen begrenzt und bietet mit einigen hohen Bäumen auch schattige Plätze.

Ausgangspunkt: Etwa 2,5 km hinter Porto Koufo Richtung Kalamitsi zweigt rechts eine gute Schotterpiste ab, die zu einer Fischfarm in der Bucht führt, ein überdimensioniertes Schild weist auf sie hin. Hier finden wir ausreichend Parkraum.
Höhenunterschied: 170 m.
Anforderungen: Die leichte Wanderung verläuft auf Schotterpisten und ein kurzes Stück entlang der Ringstraße. Die Orientierung ist einfach, Schwindelfreiheit und Trittsicherheit sind nicht erforderlich. Der größte Teil des Weges ist schattenlos.
Markierung: Keine.
Einkehr: Keine Möglichkeit.
Tipps: 1) Badesachen nicht vergessen. 2) Die Bucht eignet sich ausgezeichnet zum Schnorcheln.

Der ehemalige Fahrweg zum Mamba Beach eignet sich nur noch für Vier- oder Zweibeiner.

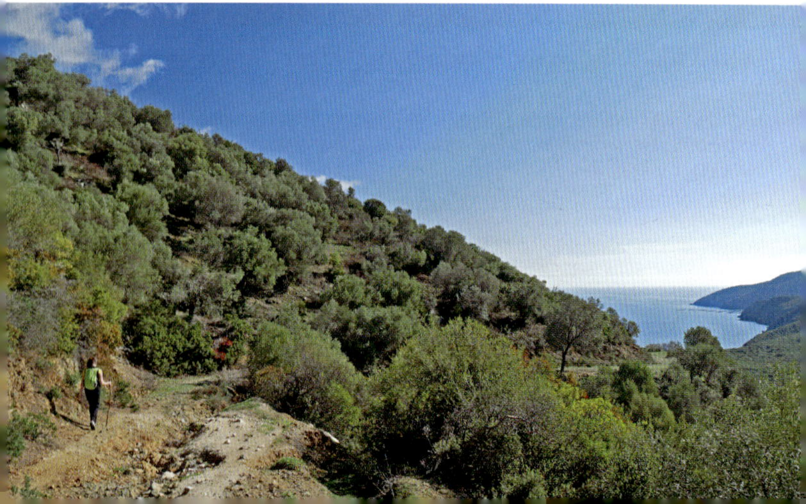

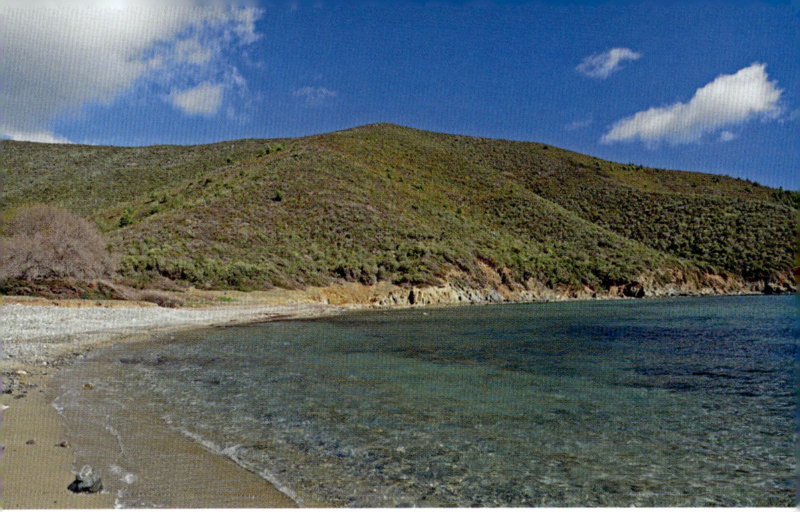

Am Mamba Beach finden wir kristallklares Wasser.

Auf der **Zufahrt zur Fischfarm (1)** gehen wir wenige Schritte zurück zur Ringstraße und folgen ihr rechts aufwärts. Aber schon nach 300 m können wir Sie nach rechts auf die ehemalige Zufahrtsstraße verlassen, die inzwischen dermaßen erodiert ist, dass hier kein Auto mehr fahren kann. Der Blick hinunter in die tief eingeschnittene Bucht und zum Strand ist atemberaubend, und nahe am Ausgang der Bucht sieht man die Fischzuchtanlage. Unser Weg führt abwärts, zunächst schattenlos, dann im letzten Teil spenden Oliven etwas Schatten. Am **Mamba Beach (2)** angekommen, können wir uns ein schönes Plätzchen für eine Rast und zum Baden suchen.

Der Rückweg verläuft von der Südseite der Bucht aus auf einer neueren Piste, die schließlich in die gut ausgebaute Erdstraße mündet, die links zur Fischfarm führt. Wir gehen rechts hinauf und haben bald wieder unseren **Ausgangspunkt (1)** erreicht.

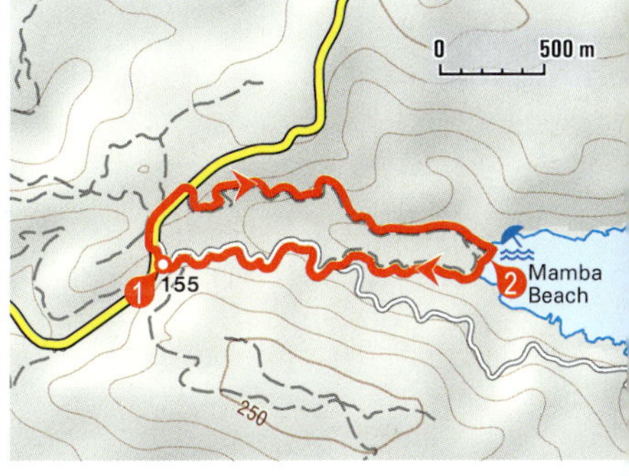

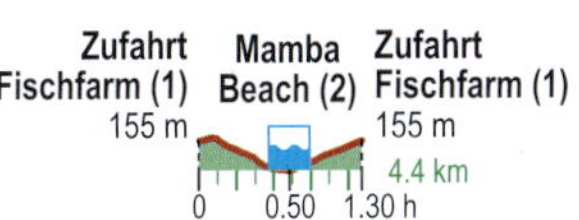

Von der Taverna Panorama nach Sikia

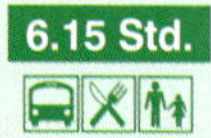

Aussichtsreiche Höhenwanderung im Süden Sithonias

Die einfache, aber lange Wanderung verläuft auf dem zentralen Gebirgskamm, der sich längs durch Sithonia zieht, hier im Süden der Halbinsel aber nur noch Höhen von gut 200 Metern erreicht. Während der Tour haben wir herausragende Ausblicke nach Osten zur Halbinsel Athos mit dem 2033 Meter hohen gleichnamigen Berg. Nach Westen schauen wir über Kassandra und können bei guter Sicht bis zum Olymp sehen.

Sikia ist durch seine küstenferne Lage von den großen Touristenströmen bislang noch weitgehend verschont worden und hat sich eine gewisse Ursprünglichkeit bewahrt. Sehr empfehlenswert ist die Taverna Panorama am Start bzw. Ziel der Wanderung, wo man von der Terrasse bei Speis und Trank einen einmaligen Ausblick auf Kalamitsi und den Berg Athos hat.

Ausgangspunkt: Taverna Panorama an der Ringstraße auf halbem Weg zwischen Porto Koufo und Kalamitsi.

Höhenunterschied: 510 m.

Anforderungen: Die Wanderung verläuft fast ausschließlich auf breiten Schotterpisten. Sie erfordert weder besonderen Orientierungssinn noch Schwindelfreiheit oder Trittsicherheit. Allerdings ist sie sehr lang und fast gänzlich schattenlos und wird deshalb nicht als leicht eingestuft.

Markierung: Keine.

Einkehr: Zahlreiche Tavernen und Kafenia in Sikia; Taverne am Ausgangspunkt.

Bei guter Sicht zeigt sich der Kamm des mächtigen Olympmassivs auf dem Festland.

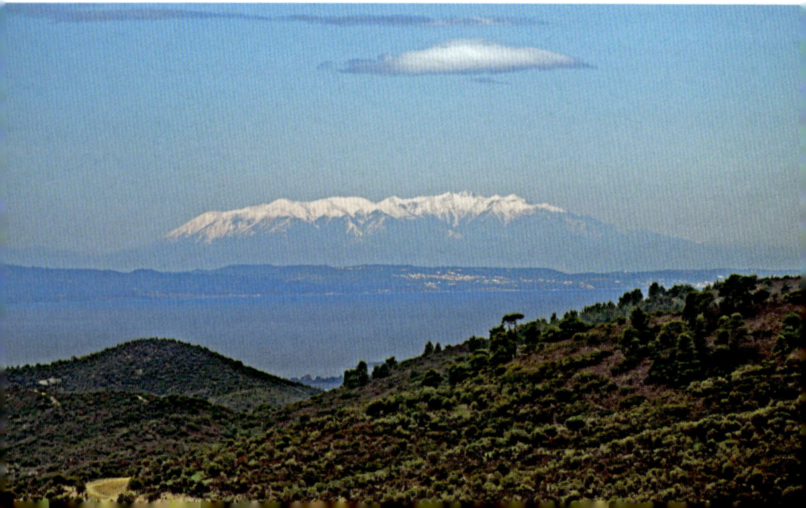

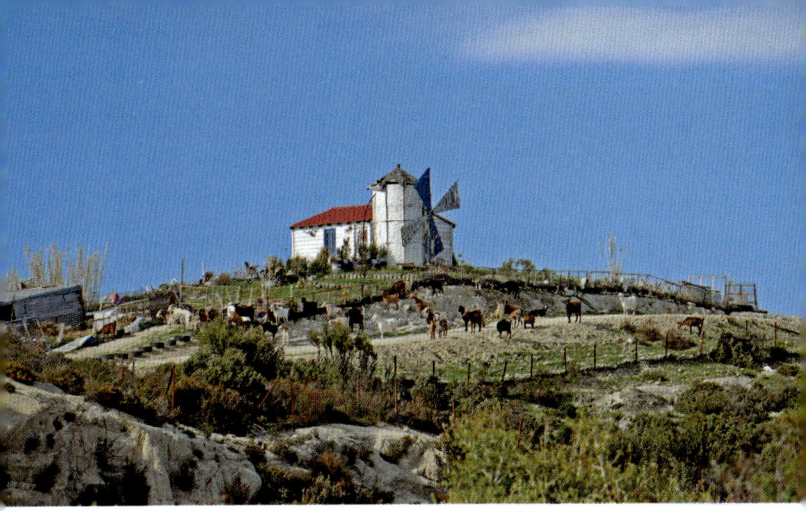

Kurz nach dem Start passieren wir an einer Schäferei diese Windmühle.

Wir starten an der **Taverna Panorama (1)** und gehen entlang der Ringstraße Richtung Porto Koufo. Zum Glück können wir die Hauptstraße schon nach 250 m wieder rechts auf eine Schotterpiste verlassen. Wir folgen zunächst der Rechtskurve und passieren dann einen Ziegenstall, den eine alte **Windmühle (2)** krönt. Danach gelangen wir auf das Gelände einer großen aufgelassenen **Müllkippe (3)**. Der Abfall ist inzwischen zwar zugeschüttet, dennoch liegt noch überall Plastikmüll herum. Bald lassen die fantastischen Ausblicke und die einsame Landschaft die Müllkippe wieder vergessen.
Unser Weiterweg führt auf der Schotterpiste geradeaus am Gewässer vorbei. Wir ignorieren alle links und rechts abgehenden Wege und passieren einen größeren verlassenen **Ziegenstall**, ein hässliches und ziemlich ramponiertes Wellblechensemble. 250 m weiter kommen wir an einen **Aussichtspunkt (5)**, von dem aus wir gut in die flache Ebene bei Sarti und auf den Berg Athos blicken können.
Etwa 50 m weiter gabelt sich die Piste. Wir halten uns rechts und erreichen bald mit 290 m den höchsten Punkt der Wanderung. Links etwas erhöht

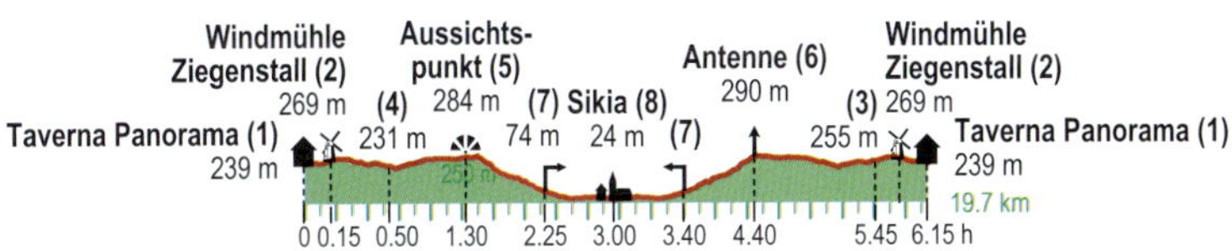

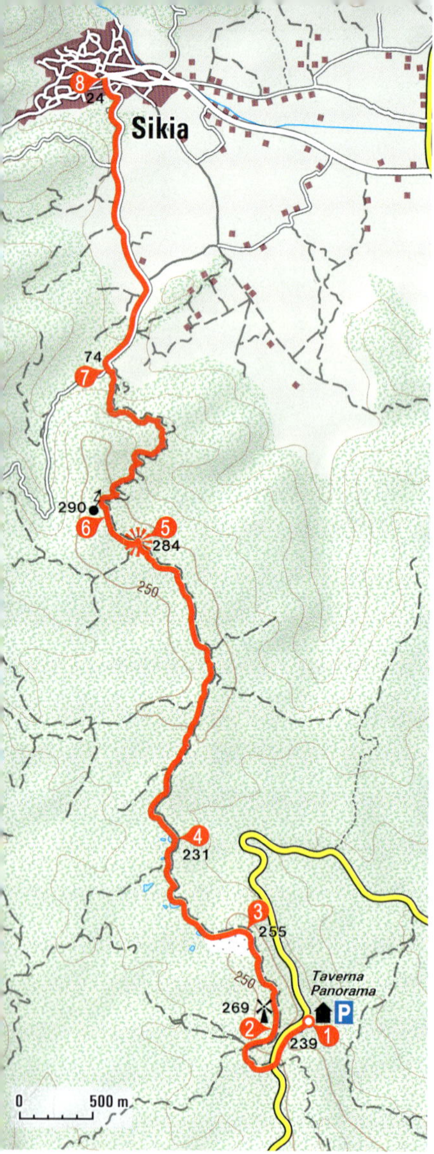

steht eine **Antenne (6)** und kennzeichnet die Stelle. Etwa 100 m weiter verlassen wir den Kammweg und gehen rechts die Schotterpiste abwärts, ohne nicht noch einen letzten Blick nach Westen auf den Olymp zu werfen.

Der Abstieg ist stellenweise steil, bietet aber hervorragende Blicke auf Sarti und die bis zum

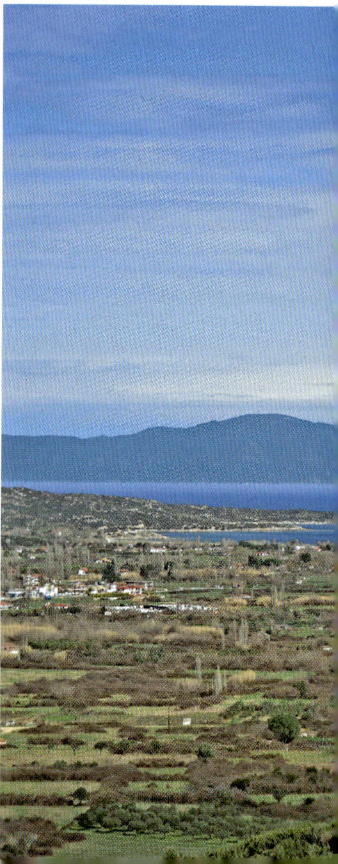

Meer reichende Ebene sowie auf den Berg Athos. Etwa 900 m hinter der Abzweigung halten wir uns an der Gabelung links. Etwas später passieren wir einen weiteren **Ziegenstall** und stoßen schließlich auf die von links aus Toroni kommende **Pistenstraße (7)**.

Wir gehen nach rechts und folgen der Straße, die bald eine feste Decke bekommt, ins Zentrum von **Sikia (8)**, wo wir uns in einer der zahlreichen Tavernen für den Rückweg stärken können.

Den Rückweg zur **Taverna Panorama (1)** treten wir auf derselben Route an. Oder wir bestellen uns ein Taxi, das uns zurückbringt.

Die weite Ebene bei Sikia, im Hintergrund die Halbinsel Athos.

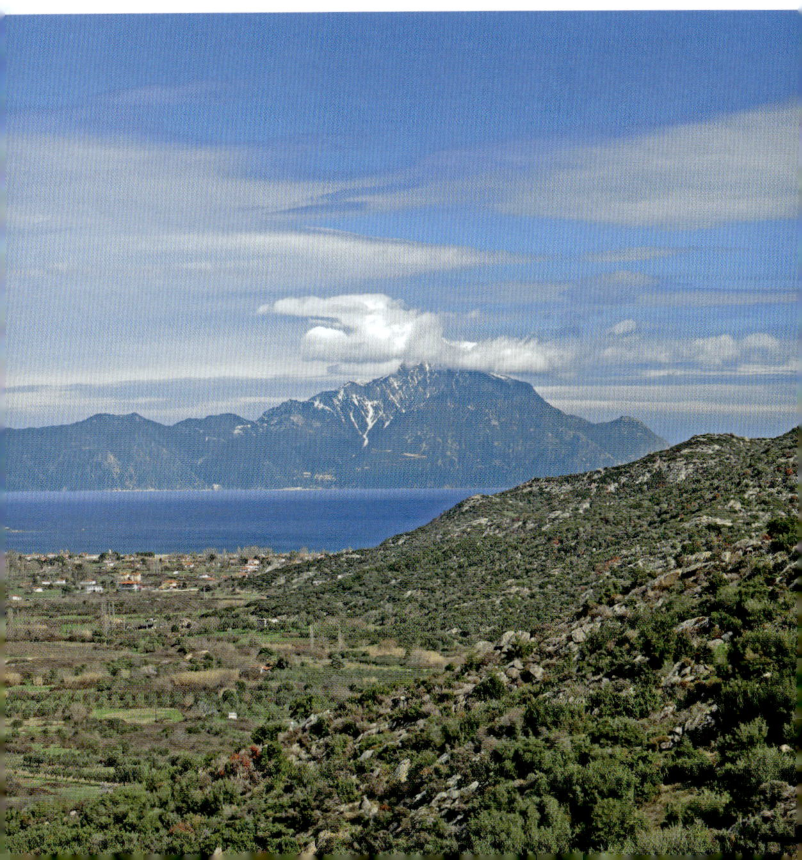

21 Sikia

2.15 Std.

Aussichtsreiche Rundtour hoch über Sikia

Die leichte Rundtour verläuft durch die Berge im Norden von Sikia und bietet atemberaubende Ausblicke auf den Ort und die umgebende Landschaft. Wir wandern zu einem schönen Aussichtspunkt, wo wir auf Felsen eine gute Rastmöglichkeit finden. Kinder finden hier einfache Möglichkeiten, um zwischen Felsen zu klettern. Ein Abstecher zu einem Sendemast auf einem Bergsporn öffnet uns einen Blick auf den Strand von Sikia, der sich breit in einer großen Bucht erstreckt.

Ausgangspunkt: An der Zufahrtsstraße nach Sikia, an der Betonbrücke über einen meist ausgetrockneten Fluss, etwa 50 m vor einem Supermarkt (»Carrefour«). Hier finden wir an der Asphaltstraße oder an der Staubstraße zu Beginn der Wanderung Parkmöglichkeiten.
Höhenunterschied: 280 m.

Anforderungen: Die einfache Tour verläuft zum größten Teil auf Erdstraßen. Sie erfordert weder Schwindelfreiheit noch Trittsicherheit, die Orientierung ist einfach. Der Weg ist überwiegend schattenlos.
Markierung: Keine.
Einkehr: Unterwegs keine; zahlreiche Tavernen und Kafenia in Sikia.

Von den Bergen haben wir einen wunderbaren Blick auf Sikia.

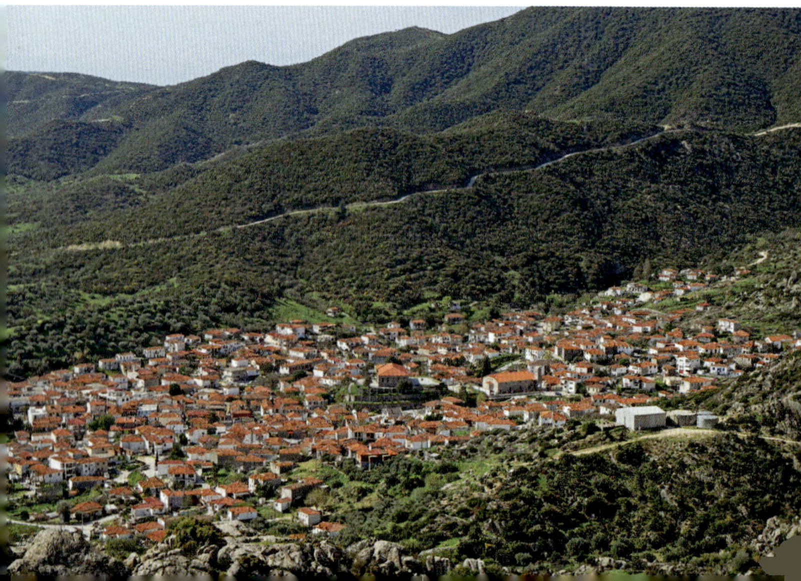

Wir beginnen die Wanderung östlich von **Sikia** an der **Brücke (1)** über den meist trockenen Fluss und folgen dahinter der Staubstraße. An der ersten Abzweigung nach etwa 100 m halten wir uns leicht links. Die Piste führt durch eine bizarre, mit Phrygana bewachsene Felslandschaft aufwärts, und je höher wir kommen, desto schöner wird der Blick auf Sikia, das eingebettet wie in einem riesigen Amphitheater am Fuß der Berge liegt.

Nach gut 1 km erreichen wir unmittelbar vor einer **betonierten Furt** eine **Verzweigung (2)** nach rechts, der wir – stellenweise steil – aufwärts folgen. Der Weg ist betoniert und bringt uns auf einen **Bergrücken (3)**. Hier finden wir nach links wenige Schritte entfernt eine wunderbare Rastmöglichkeit auf Felsen mit außergewöhnlichem Blick auf Sikia und die Umgebung. Nach rechts gelangen wir auf der Schotterpiste nach etwa 300 m zu einem **Antennenmast (4)**, von dem wir einen schönen Blick auf den Strand von Sikia haben.

Zurück am **Bergrücken (3)** führt unser Wanderweg weiter geradeaus auf der Schotterpiste jetzt leicht abwärts. Nach etwa 250 m müssen wir aufpassen. Nach links, noch vor der Rechtskurve und dem Ziegenstall zweigt ein schmaler **Pfad (5)** ab, der uns aufwärtsführt, bis wir auf eine Wiese stoßen. Wir folgen der Fahrspur am linken (südlichen) Rand der Wiese bis zu ihrem Ende und wandern dahinter weiter bis zu einer **Kreuzung (6)** mit einer breiten Schotterpiste. Rechts unten können wir einen größeren Ziegenstall erkennen.

An der Kreuzung wenden wir uns nach links, durchqueren wenig weiter eine betonierte, normalerweise trockene Furt und gelangen kurz hinter einem **Bildstock** an eine mit einigen **Platanen (7)** bewachsene Stelle, eine der wenigen schattigen Plätze während der Wanderung. Wir setzen unseren Weg fort und genießen die Aussicht Richtung Süden auf Sikia.

Bald haben wir die vom Hinweg bekannte **Verzweigung (2)** an der **Furt** erreicht und wandern auf demselben Weg zu unserem Ausgangspunkt am Ortsrand von **Sikia (1)** zurück.

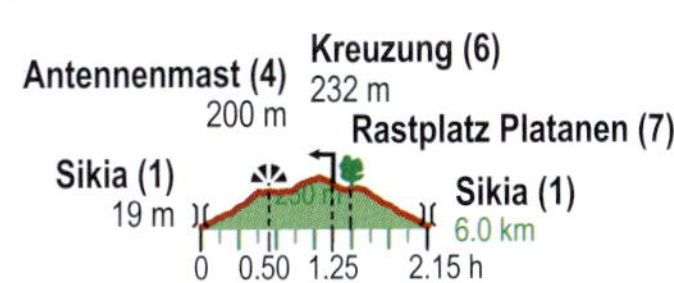

22 Von Sikia nach Sarti

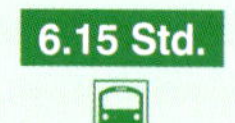

Wanderung über das Zentralgebirge im Süden Sithonias

Die lange Streckenwanderung führt über das im Süden schon abflachende Gebirge zwischen den beiden großen Orten Sikia im Landesinneren und Sarti an der Ostküste der Halbinsel. Die Tour verläuft durchweg auf unbefestigten Erdpisten und bietet an zahlreichen Stellen herausragende Ausblicke. Im mittleren Teil der Tour haben wir die Möglichkeit, zwischen zwei Varianten zu wählen: Die Hauptstrecke bringt uns durch ein liebliches, sanfthügeliges Tal. Auf der Alternativroute können wir über den Paklara wandern, den mit knapp 600 Metern fünfthöchsten Berg Sithonias.

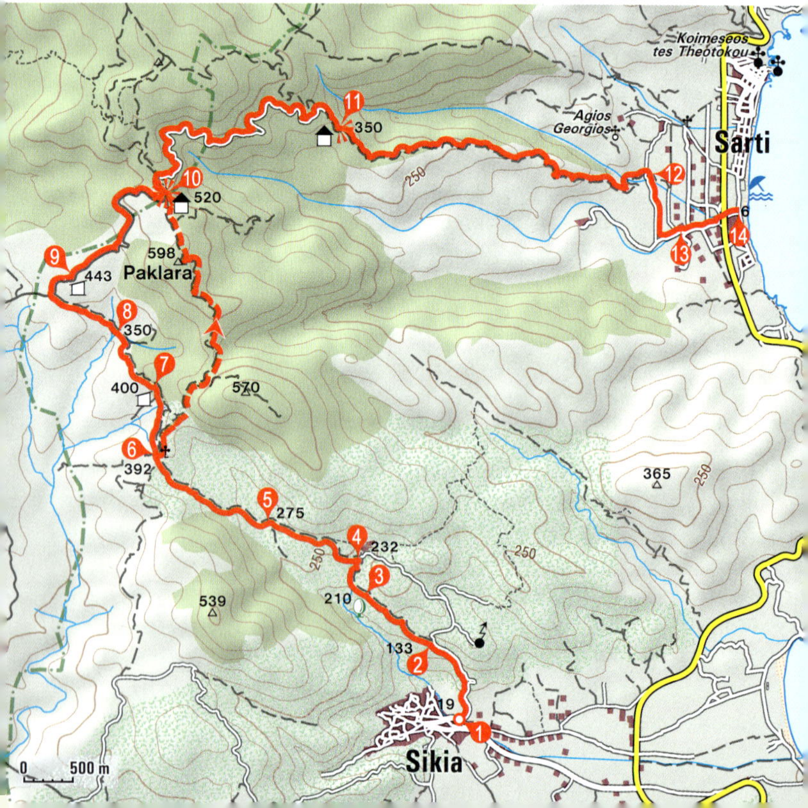

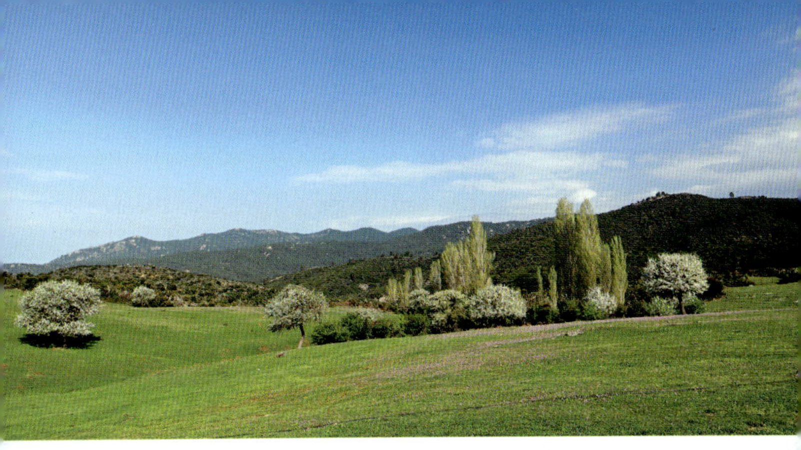

Die Wanderung führt durch ein liebliches Hochtal.

Ausgangspunkt: An der Zufahrtsstraße nach Sikia, an der Betonbrücke über einen meist ausgetrockneten Fluss etwa 50 m vor einem Supermarkt (»Carrefour«). Hier finden wir an der Asphaltstraße oder an der Staubstraße zu Beginn der Wanderung Parkmöglichkeiten.
Endpunkt: Sarti Beach, südlich der Altstadt von Sarti. Von dort ist die Rückfahrt per Bus oder Taxi nach Sikia möglich.
Höhenunterschied: 650 m.
Anforderungen: Die Tour verläuft zur Gänze auf Erdstraßen. Sie erfordert weder Schwindelfreiheit noch Trittsicherheit. Allerdings ist etwas Orientierungssinn notwendig, um sich bei den zahlreichen unbeschilderten Verzweigungen nicht zu verlaufen. Der Weg ist überwiegend schattenlos.
Markierung: Nur sehr vereinzelt Wegweiser.
Einkehr: Unterwegs keine; zahlreiche Tavernen und Kafenia in Sikia und Sarti.

Wir beginnen die Wanderung am Ortsrand von **Sikia** an der **Brücke (1)** über das in der Regel ausgetrocknete Flussbett und folgen dahinter der Staubstraße. An der ersten Abzweigung nach etwa 100 m halten wir uns leicht links. Die Piste führt mit schönem Blick auf Sikia, das eingebettet wie in einem riesigen Amphitheater am Fuß der Berge liegt, aufwärts.
Nach gut 1 km erreichen wir unmittelbar vor einer **betonierten Furt** eine **Abzweigung (2)** nach rechts (siehe Tour 21). Wir gehen weiter geradeaus, ebenso wie 150 m weiter, wo eine Erdstraße nach links abzweigt.
Der Weg führt durch eine bizarre, mit Phrygana bewachsene Felslandschaft weiter aufwärts. Nach links bieten sich immer wieder ausgezeichnete Blicke auf Sikia. Auf einer Höhe von gut 200 m können wir etwas verschnaufen. Der Weg verläuft nun für eine Weile mehr oder weniger eben und wir erreichen unter größeren **Platanen (3)** die erste schattige Stelle. Gleich dahinter passieren wir einen **Bildstock** und schon bald steigt der Weg wieder an. Wir passieren eine weitere betonierte Furt und erreichen kurz dahinter eine **Kreuzung (4),** nach rechts blicken wir auf einen großen Ziegenstall.

Wir halten uns hier links und wandern weiter aufwärts, bis wir in ein kleines **Tal (5)** absteigen, wo wir zwei im Sommer ausgetrocknete Bäche durch eine Furt queren. Hier finden wir wieder ein schattiges Plätzchen unter alten Platanen.

Etwa 450 m hinter dem zweiten Bach queren wir erneut ein Bachbett und steigen dahinter aufwärts auf eine Anhöhe, wo wir eine größere **Kreuzung (6)** mit einem **Bildstock** erreichen. Hier haben wir zwei Möglichkeiten. Wir können geradeaus weiter der relativ neu geschobenen breiten Erdstraße folgen, oder alternativ der alten schmaleren Erdstraße rechts. Die gut 1 km kürzere Alternativroute auf der alten Piste führt über den Berg Paklara und bietet schöne Aussichten, während die Hauptroute im zweiten Teil durch ein liebliches Tal verläuft, wo man unter einigen Laubbäumen schattige Plätzchen für eine Rast findet.

Variante: Wer die kürzere Alternative bevorzugt, hält sich an der Kreuzung rechts und folgt der alten, schmaleren Piste. An der Gabelung nach etwa 900 m gehen wir links. Der Weg führt dahinter zunächst ein kurzes Stück abwärts, um dann zum 598 m hohen Paklara anzusteigen, einen der höchsten Berge Sithonias. Die Piste führt etwas östlich am Gipfel vorbei und dahinter wieder abwärts. Wir passieren einen Ziegenstall und stoßen auf eine von links kommende, breite Erdpiste, auf der die Hauptroute verläuft, der wir weiter geradeaus folgen.

Auf der Hauptroute folgen wir der breiten Erdpiste geradeaus in nördlicher Richtung. Wir passieren einen großen **Ziegenstall (7)** und gehen dahinter in ein Tal, wo wir einen breiteren Bach überqueren. Die über das Gewässer führende Brücke ist zerstört, zum Glück führt das **Bachbett (8)** nur selten Wasser und wir kommen trockenen Fußes auf die andere Seite.

Die breite Piste steigt nun wieder an und wir erreichen eine Gabelung, an der wir uns rechts halten. Vorbei an einem weiteren **Ziegenstall** wandern wir durch ein sanftwelliges, wunderschönes **Hochtal (9)**. Laubbäume auf den Wiesen spenden Schatten. Wir überqueren erneut ein Bachbett, die Landschaft ist jetzt wieder von Phrygana und Felsen geprägt, und stoßen auf eine von rechts kommende Piste, auf der die Alternativstrecke verläuft.

Wir gehen weiter links. Wenige Meter nach der Vereinigung beider Routen zweigt rechts ein Weg aufwärts zu einem größeren **Unterstand (10)** ab. Ein wunderbarer Platz für eine Rast im Schatten mit grandioser Aussicht. Wieder

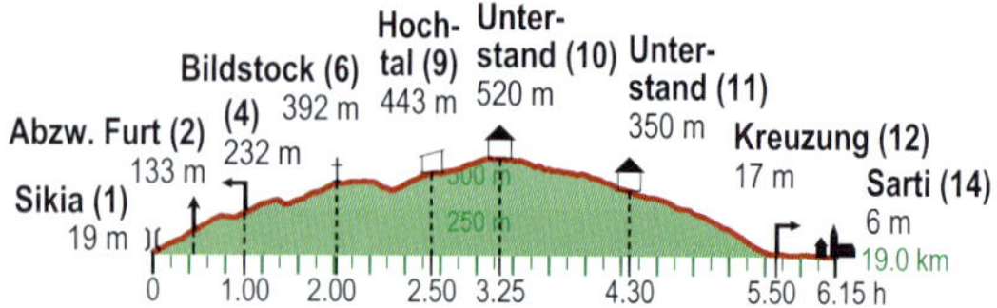

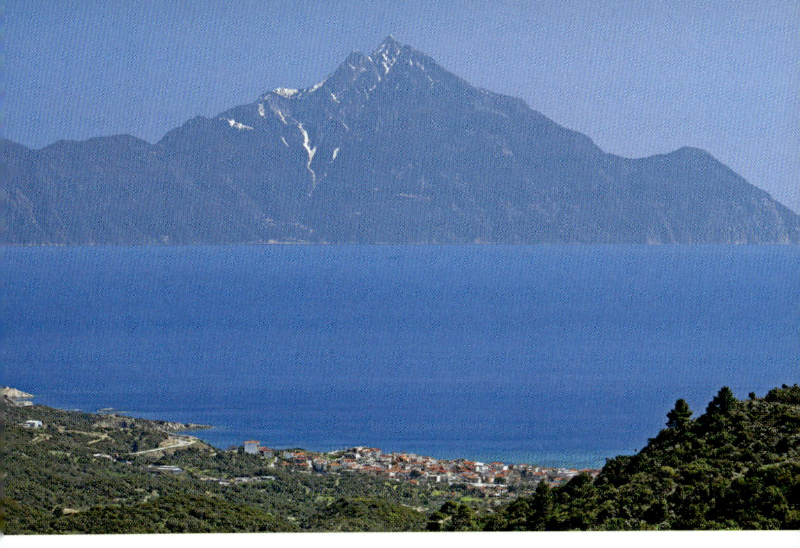

Am Ende des Weges haben wir einzigartige Ausblicke auf Sarti und den Berg Athos.

zurück auf der Piste wandern wir in nördlicher Richtung weiter und zweigen gleich an der nächsten Gabelung rechts Richtung Sarti ab. Der Weg führt nun bis zum Ziel abwärts und bietet fantastische Blicke auf Sarti und hinüber zur Halbinsel Athos mit dem Heiligen Berg. Wir passieren mehrere Furten, wo uns größere Bäume etwas Schatten spenden, und gelangen an eine Abzweigung nach links, an der wir uns weiter auf dem Hauptweg rechts halten. Gut 200 m danach erreichen wir einen weiteren **Unterstand (11)** – auch dies eine schöne, schattige Rastmöglichkeit mit herausragender Aussicht.

Ab hier entspricht der Routenverlauf dem Rückweg von Tour 24: Wir folgen der Erdstraße, mit herrlichem Blick auf die Bucht von Sarti und weiter über den Golf bis zum Athos, zunächst sanft, dann steiler abfallend. Der Erdstraße treu bleibend ignorieren wir einen Feldweg-Abzweig rechts und passieren danach ein Haus in einem eingezäunten Grundstück. Vorbei an einer trockengefallenen Quelle mit zwei Wasserhähnen, einem großen Bildstock und einer Viehtränke erreichen wir nach zwei Serpentinen eine **Wegkreuzung (12)**.

Wir nehmen den Weg nach rechts und überqueren gleich darauf eine meist trockene, kleine Furt. Etwa 700 m weiter biegen wir links ab und folgen einem Bach rund 300 m, über eine Straße hinweg, bis zu einer **Furt (13)**. Auf dieser queren wir nach rechts und gehen auf der Straße halb links. Schließlich unterqueren wir die Ringstraße und erreichen geradeaus weiter den Strand von **Sarti (14)**.

23 Sarti

1.30 Std.

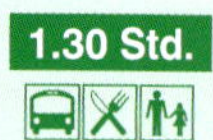

Kurze Rundwanderung im Hinterland von Sarti

Die leichte Rundtour führt in einem Bogen durch das kultivierte Hinterland von Sarti und auf einer längeren Passage entlang des Strandes des beliebten Badeortes. Wir wandern zu einer Kapelle, von der wir einen besonders guten Überblick über den in einer Ebene liegenden Ort haben, bis hinüber zur östlichsten Halbinsel Athos mit dem Heiligen Berg.

Ausgangspunkt: Am Sportgelände südlich der Altstadt von Sarti. Hier stehen ausreichend Parkmöglichkeiten zur Verfügung, außerhalb der Saison kann man auch an der Strandstraße parken.

Höhenunterschied: 50 m.

Anforderungen: Die einfache Wanderung verläuft am Strand, auf gepflasterten Straßen und zum größten Teil auf Schotterpisten und erfordert weder Schwindelfreiheit noch Trittsicherheit. In der Altstadt ist ein wenig Orientierungssinn erforderlich, um sich nicht in dem Gewirr der Gassen zu verlaufen. Der Weg ist stellenweise schattig.

Markierung: Keine.

Einkehr: Zahlreiche Tavernen und Kafenia in Sarti.

Tipp: Der lange Sandstrand ist bei Badegästen und Wassersportlern sehr beliebt.

In **Sarti** gehen wir vom **Sportgelände (1)** Richtung Altstadt (Norden) und gleich dahinter rechts Richtung Strand. Nun können wir entweder auf der Promenade oder direkt am Strand weiterwandern. Hinter einer Fußgängerbrücke passieren wir einen großen **Platz (2)**, auf dem auch ein Parkplatz sowie Spielgeräte für Kinder zu finden sind.

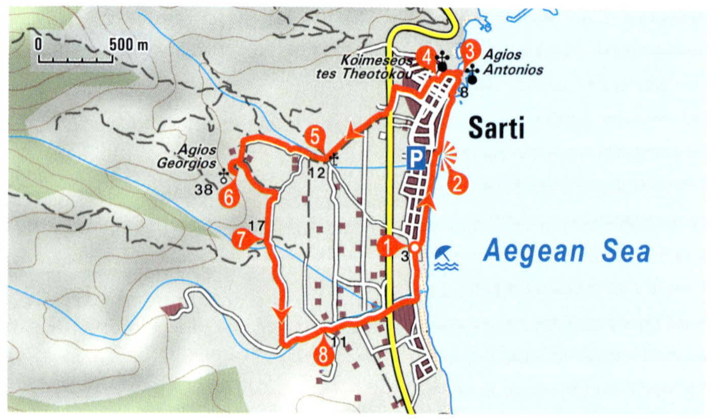

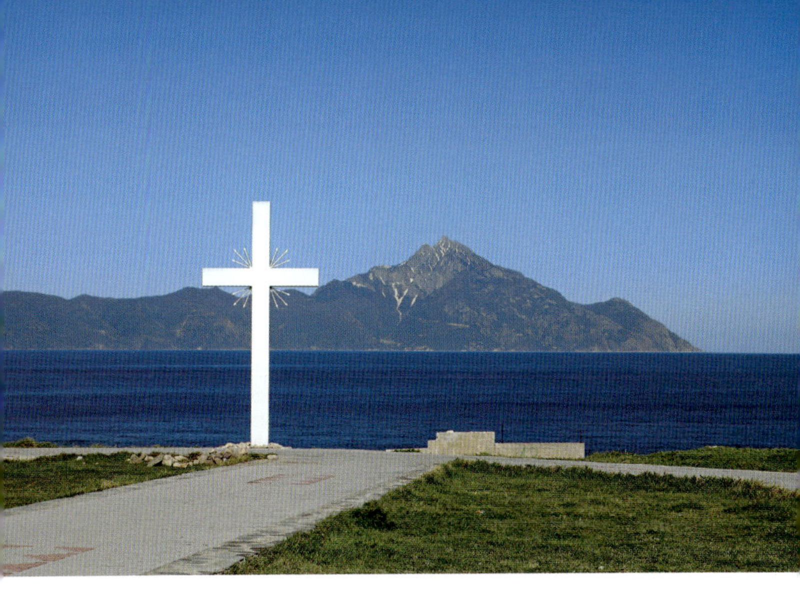

Fotogene Aussicht vom Kap im Norden von Sarti über den Golf von Agion Oros auf den Berg Athos.

Wir gelangen jetzt in den Bereich der Altstadt, die durch zahlreiche schmale, rechtwinklig zueinander verlaufende Gassen mit schönem Pflaster und sehenswerten Häusern geprägt ist. Am Ende des Strandes beschreibt die Straße eine Linkskurve. Nach rechts können wir einen kurzen Abstecher zu einem Platz auf einem **Kap (3)** oberhalb der Kirche **Agios Antonios** machen. Mit dem großen, weißen Kreuz im Vordergrund bildet der Berg Athos ein schönes Motiv.

Wieder zurück an der Straße gehen wir Richtung Westen weiter und an der Kreuzung nach 50 m links. Knapp 100 m weiter halten wir uns rechts und passieren die Kirche **Koimeseos tes Theotokou (4)**. Dahinter gehen wir an der ersten Kreuzung links, bis wir am Ende der Gasse auf die Zufahrtsstraße zur Ringstraße treffen. Dort halten wir uns rechts und biegen nach knapp 200 m links auf eine Staubstraße ein, die uns zur Ringstraße bringt. Auf dieser gehen wir ein kurzes Stück nach links und biegen dann rechts auf die Schotterpiste ab, die zur Kapelle Agios Georgios führt. Wir folgen der Piste entlang zahlreicher Kleingärten, in denen vor allem Gemüse angebaut wird, aber auch Schafe

Agios Antonios Kap (3) 8 m
(5)
Agios Georgios (6) 38 m
Sarti (1) 3 m
(8)
Sarti (1)
6.2 km
0 0.20 0.50 1.15 1.30 h

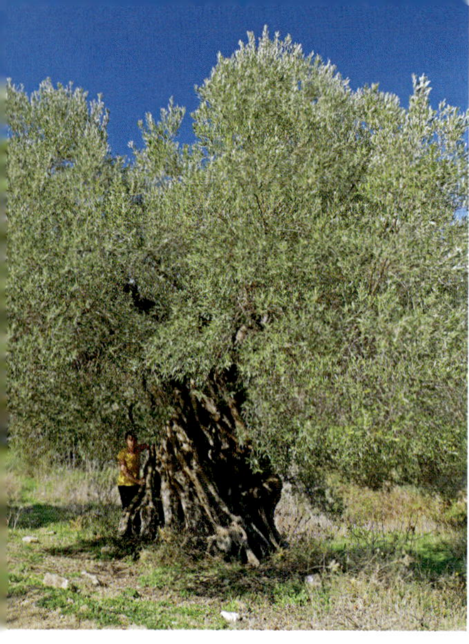

Uralte knorrige Olivenbäume stehen entlang des Weges bei Agios Georgios.

und Hühner werden gehalten. An einem **Bildstock** gelangen wir an eine **Kreuzung (5)**, an der wir geradeaus nun durch Olivenanpflanzungen weitergehen. An der Gabelung etwa 450 m weiter an einer Häusergruppe halten wir uns links.
Wenig weiter kommen wir vor einem imposanten, leer stehenden Herrenhaus, das im Verfall begriffen ist, an eine Abzweigung nach links, die wir nehmen. An der nächsten Gabelung gehen wir dann zunächst rechts (der Wanderweg verläuft links weiter) hinauf zur Kapelle **Agios Georgios (6)**. Von ihrem Vorplatz haben wir einen herausragenden Blick über Sarti auf das Meer bis hinüber zum Athos. Eindrucksvoll sind auch die uralten, knorrigen Oliven, die in der Nähe des Gotteshauses stehen und uns noch ein Stück auf dem weiteren Weg begleiten.
Wieder zurück an der Gabelung wandern wir rechts auf der Piste weiter, die später in einen Pfad übergeht. Am Ende des Pfades treffen wir auf eine Schotterpiste, die wir nach rechts gehen. Zwischen den Olivenpflanzungen finden wir nun auch Flächen mit Rebstöcken. Etwa 350 m weiter erreichen wir eine **Kreuzung (7)**. Rechts geht es auf die Westseite Sithonias nach Parthenonas, links führt der Weg nach Sarti.
Wir gehen aber noch weiter in südlicher Richtung (nicht links) und queren wenige Meter weiter eine meist ausgetrocknete **Furt**. An der nächsten Gabelung halten wir uns links und wandern bis zum Ende der Piste, wo wir an eine breitere, unbefestigte Straße stoßen, auf der wir nach links gehen. Hinter der Straße finden wir einen mit alten, teilweise mächtigen Platanen bestandenen Bach und während der Regenzeit üppiger grüner Vegetation.
Nach 250 m halten wir uns rechts und queren den Bach durch eine **Furt (8)**, hinter der wir uns links halten und in östlicher Richtung auf die Ringstraße von **Sarti** zugehen. Dort angekommen, unterqueren wir sie durch den **Fußgängertunnel**, der parallel zum Bach verläuft und gelangen dahinter auf die Strandstraße, auf der wir nach links bis zu unserem Ausgangspunkt am **Sportgelände (1)** zurückgehen.

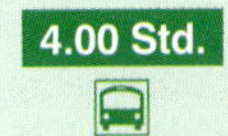
4.00 Std.

Zu einem Aussichtspunkt hoch über Sarti

24

Aussichtsreiche Wanderung westlich von Sarti

Die leichte Wanderung führt in die Hänge des Gebirges westlich von Sarti. Sie bietet unvergleichliche Aussichten auf Sarti, den Golf des Agion Oros und die Halbinsel Athos mit dem Heiligen Berg. Wer will, kann die Wanderung bis Sikia oder sogar über den Itamos bis nach Parthenonas fortsetzen.

Ausgangspunkt: Fußgängerbrücke im südlichen Ortsteil von Sarti, etwa 200 m südlich des Sportgeländes. In der Nähe gibt es zahlreiche Parkmöglichkeiten.
Höhenunterschied: 380 m.
Anforderungen: Die einfache Wanderung verläuft zum größten Teil auf Erdstraßen. Sie erfordert weder Schwindelfreiheit noch Trittsicherheit oder besonderen Orientierungssinn. Der Weg ist überwiegend schattenlos, am Ziel befindet sich ein schattiger Unterstand.
Markierung: Keine.
Einkehr: Unterwegs keine; zahlreiche Tavernen und Kafenia in Sarti.
Tipp: Die Tour kann vom Unterstand (WP 4) aus als Streckenwanderung auf der Route von Tour 22 in entgegengesetzter Richtung nach Sikia verlängert werden (ca. 4.30 Std. ab WP 4), oder entsprechend Tour 25 nach Parthenonas (ca. 6.30 Std. ab WP 4).

Der Weg führt bis zum Aussichtspunkt immer leicht aufwärts.

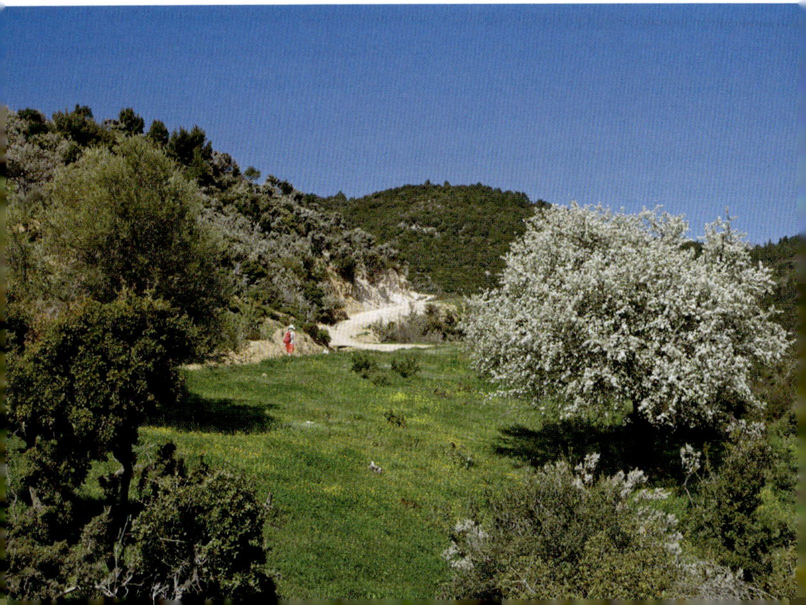

Wir starten beim **Sarti Beach** an der **Fußgängerbrücke (1)** über den Bach nahe am Strand im südlichen Teil Sartis, etwa 200 m südlich des Sportgeländes, und gehen in westlicher Richtung auf die Ringstraße zu, die wir durch die **Unterführung** unterqueren. Dahinter folgen wir der Straße weiter am Bach entlang bis zu einer **Furt (2)**. Hier überqueren wir ihn und wandern noch etwa 300 m weiter am Bach entlang, bis wir rechts auf eine Erdstraße abbiegen, die uns nach etwa 700 m kurz hinter einer kleinen, meist trockenen **Furt** zu einer **Wegkreuzung (3)** bringt. Ein Schild weist nach links nach Parthenonas.

Wir folgen dieser Richtung, passieren gleich an einer **Viehtränke** einen großen Bildstock und eine Quelle. Allerdings fließt schon seit längerer Zeit kein Wasser mehr aus den beiden Hähnen. Wir folgen der Erdstraße, die bald aufwärtsführt und ein Haus in einem eingezäunten Grundstück passiert. Etwa 800 m hinter dem Haus zweigt nach links ein Feldweg ab. Wir halten uns hier rechts und bleiben auf dem Hauptweg in der offenen, mit Phrygana bewachsenen Landschaft. Kurz dahinter haben wir den steilsten Abschnitt überwunden und es geht leichter aufwärts. Bald bietet sich uns ein wunderbarer Blick hinunter nach Sarti und weiter über den Golf bis zum Athos, wo der mächtige Heilige Berg bei guter Sicht zum Greifen nahe scheint. Bis zu unserem Ziel, das nun nicht mehr weit ist, werden wir diesen Blick nicht mehr aus den Augen verlieren.

Den Umkehrpunkt unserer Wanderung erreichen wir auf einer kleinen Kuppe. Hier steht an einer Zisterne (mit Wasserhahn) und einem kleinen Ziegenstall ein großer **Unterstand (4)** mit betoniertem Boden und Ziegeldach. Ein

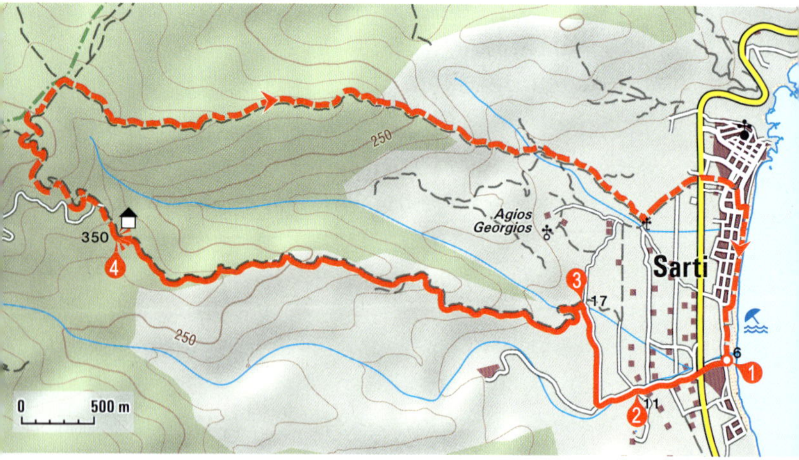

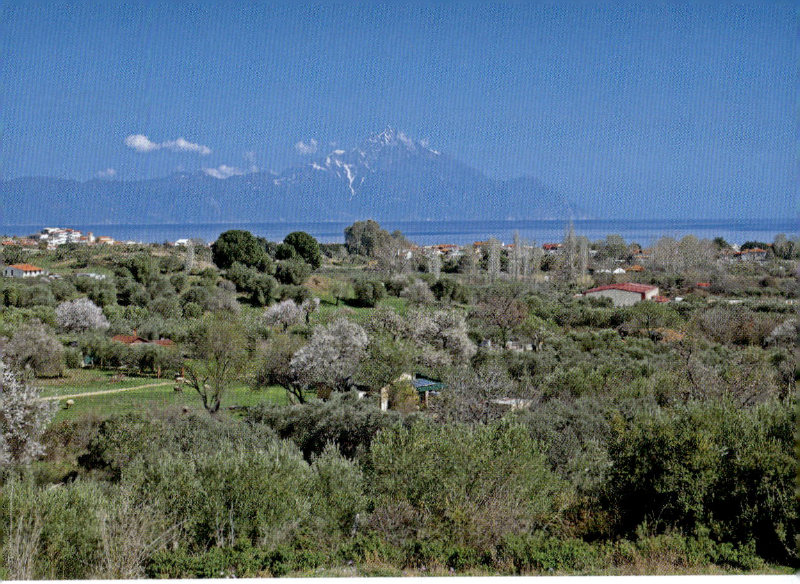

Westlich oberhalb von Sarti eröffnet sich ein wunderbares Panorama über die Ebene und den Golf des Agion Oros bis zum Berg Athos.

ausgezeichneter Platz für eine Rast mit überragender Aussicht, auch wenn wir keine Bänke und Tische vorfinden und auf dem Beton Platz nehmen müssen. Ungewöhnlich viele Eidechsen leisten uns Gesellschaft.

Den Rückweg nach **Sarti (1)** treten wir auf derselben Route an.

Variante: Wer die Wanderung zu einer Rundtour erweitern will, geht am Unterstand entsprechend Tour 25 bis WP 5 weiter auf der Schotterpiste. Nach etwa 200 m an einer Abzweigung uns rechts haltend geht es steil und aussichtsreich aufwärts, bis wir nach etwa 1,3 km auf eine spitze Gabelung treffen. Hier scharf rechts abzweigend, und an der Kreuzung nach etwa 600 m abermals rechts führt der Weg abwärts. An dessen Ende links haben wir nach gut 6 km die Hauptstraße von Sarti erreicht, überqueren sie Richtung Strand und kommen an diesem entlang südwärts zum Ausgangspunkt zurück.

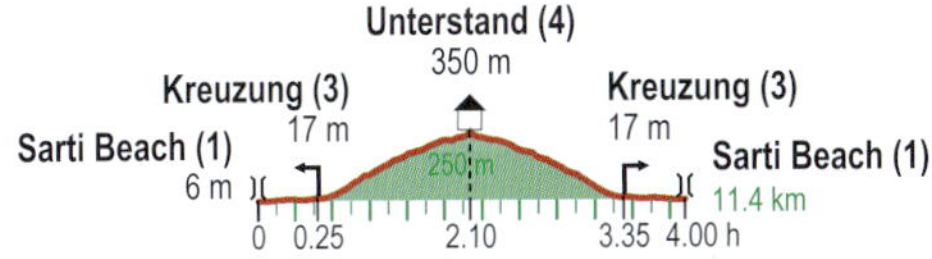

25 Von Sarti nach Parthenonas

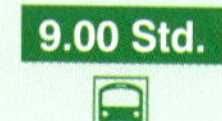

Anspruchsvolle Wanderung über die höchsten Berge Sithonias

Die lange, anstrengende Streckenwanderung führt von Sarti an der Ostküste auf den Hauptkamm des sich von Nord nach Süd durch Sithonia ziehenden Gebirges und endet in Parthenonas auf seiner Westseite. Mit dem Itamos (817 m), Astrapokameno (808 m), Psilos (753 m) und Dragoudeli (689 m) wandern wir über die vier höchsten Erhebungen der Halbinsel. Die Tour bietet an vielen Stellen einzigartige Ausblicke.

Ausgangspunkt: Fußgängerbrücke im südlichen Ortsteil von Sarti, etwa 200 m südlich des Sportgeländes.
Endpunkt: Ortsmitte von Parthenonas. Rückfahrt nur mit Taxi möglich, nächste Busstation ist Neos Marmaras (5,5 km).
Höhenunterschied: 1150 m.
Anforderungen: Die Tour verläuft zum größten Teil auf Erdstraßen. Sie erfordert weder Schwindelfreiheit noch Trittsicherheit, jedoch ein wenig Orientierungssinn, um sich im Gewirr der zahlreichen Wege und Brandschneisen nicht zu verlaufen. Die Wanderung führt zum großen Teil durch Wälder, wo wir am Wegrand immer wieder schattige Plätze finden.
Markierung: Nur sehr vereinzelt Hinweisschilder.
Einkehr: Unterwegs keine; Tavernen und Kafenia in Sarti und Parthenonas.
Tipp: Buchen Sie rechtzeitig eine Unterkunft in Parthenonas oder Neos Marmaras – es sei denn, Sie haben eine Rückfahrmöglichkeit nach Sarti.

Die Wanderung verläuft vom südlichen **Sarti Beach (1)** bis zum **Unterstand (4)** wie in Tour 24 beschrieben.
Von dort folgen wir weiter der Schotterpiste und erreichen nach etwa 200 m eine Abzweigung. Links geht es weiter nach Sikia. Wir halten uns hier rechts und gehen steil aufwärts. Bei unserem Aufstieg bietet sich nach rechts ein fantastisches Panorama: Unten am Meer liegt Sarti in einer großen Bucht und dahinter ragt majestätisch der Heilige Berg Athos auf. Nach etwa 1,3 km kommen wir zu einer spitzen **Gabelung (5),** an der scharf rechts ein Weg abzweigt, der nach Sarti hinabführt (siehe Variante Tour 24).

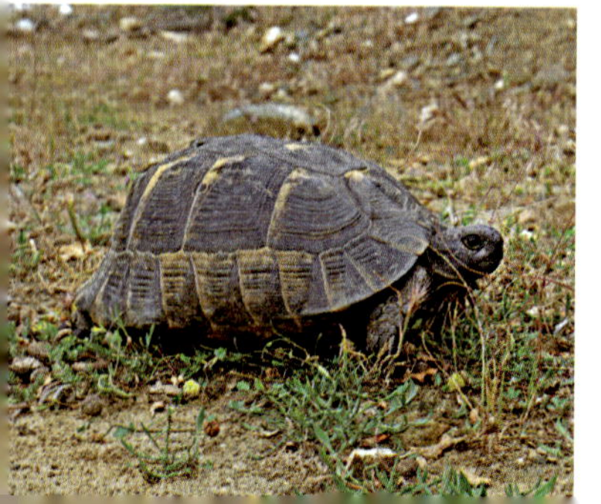

Wir aber bleiben an der Abzweigung auf der Staubstraße und gehen weiter aufwärts auf den flachen Gipfel des **Dragoudeli (6)**, wo wir auf eine Lichtung stoßen. Wir befinden uns jetzt auf dem Hauptkamm des Gebirges. Am Ende der Lichtung zweigt links ein Weg ab, wir ge-

Nicht selten begegnet man unterwegs Landschildkröten.

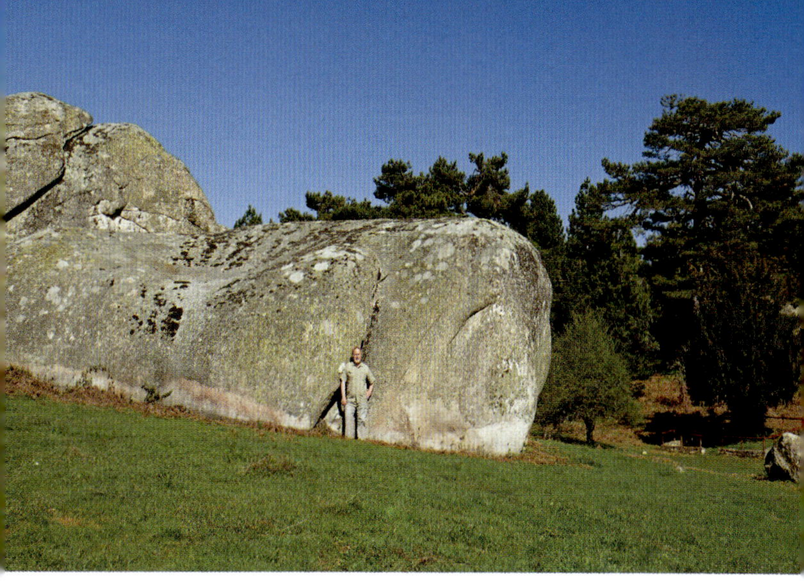

Imposante Felsformationen am Itamosbaum.

hen weiter geradeaus und folgen dem Hinweis Richtung Parthenonas. Nur wenige Meter weiter stoßen wir auf eine breite, relativ neu geschobene Erdpiste. Sie verläuft bis zum äußersten Norden der Halbinsel bei Nikiti stets mehr oder weniger auf dem Kamm des Gebirges.

Wir folgen der Staubpiste in nordwestlicher Richtung, erreichen auf einer unbezeichneten **Hügelkuppe (7)** eine Kreuzung, an der wir geradeaus weitergehen und alle rechts und links abzweigenden Wege ignorieren. Neben der Straße, die sich bald Richtung Westen wendet, finden wir jetzt mehr und mehr formschöne, rund geschliffene Felsen, die ein gutes Fotomotiv abgeben. An einer Abzweigung nach links schwenkt die breite Erdstraße wieder in nördliche Richtung. Kurz dahinter gelangen wir an eine große, rechts liegende Lichtung auf einer Hochebene. Ein großes **Felsgebilde** wirkt von der Seite mit einiger Fantasie wie ein riesiger Adlerkopf. Rechts davon steht, durch einen Holzzaun auf einer Mauer geschützt, der sogenannte **Itamosbaum (8)**, eine mehrere Hundert Jahre alte Eibe mit einem Stammumfang von über 5 Metern. Hier finden wir bei trockenem Wetter mehrere gute Rastmöglichkeiten.

Wir setzen unsere Wanderung auf dem Kammweg fort und erreichen nach knapp 600 m eine **Abzweigung (9)** nach links.

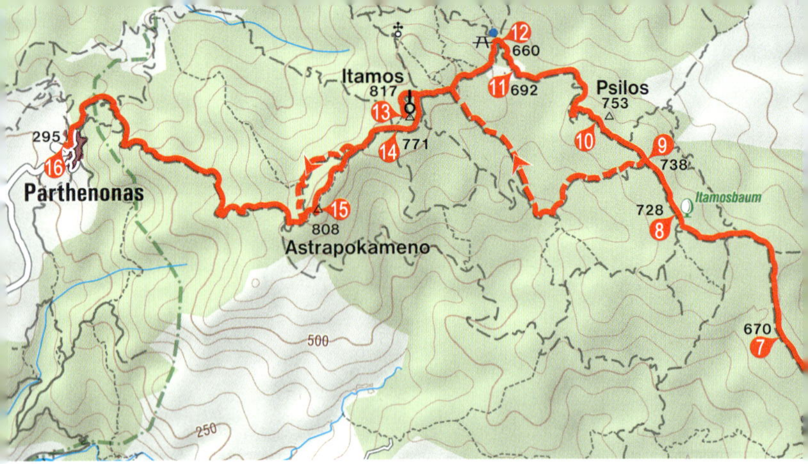

Variante: Wer genug von der Wanderung auf dem breiten Kammweg hat, kann hier alternativ auch links gehen, allerdings auf Kosten von 160 Höhenmetern, die anschließend wieder aufgestiegen werden müssen. Der Weg stößt kurz vor dem Itamos wieder auf die Hauptroute. Achtung: an der Gabelung nach 2 km rechts halten!

Geradeaus führt der Weg nun kaum merklich aufwärts auf den **Psilos (10)**. Durch den hohen Wald ist jede Fernsicht ausgeschlossen. Wir bleiben auf dem Kammweg, der jetzt wieder abwärtsführt und stoßen nach etwa 1,7 km auf eine teilweise bewirtschaftete **Lichtung (11)**, auf der mehrere kleine Häuser stehen. Wir folgen dem Kammweg über die Lichtung und stoßen etwa 150 m dahinter auf eine scharf links abzweigende Piste, auf der unser Wanderweg weiter verläuft. Zunächst können wir aber noch wenige Schritte weiter geradeaus gehen und gelangen dann nach rechts an einen großen **Rastplatz (12)** mit mehreren Bänken und Tischen, einer Quelle und einem schönen Blick nach Westen auf das Meer.

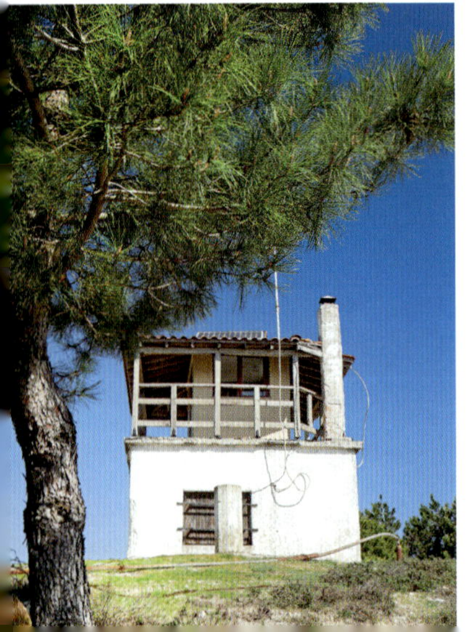

Feuerwachturm auf dem Gipfel des Itamos.

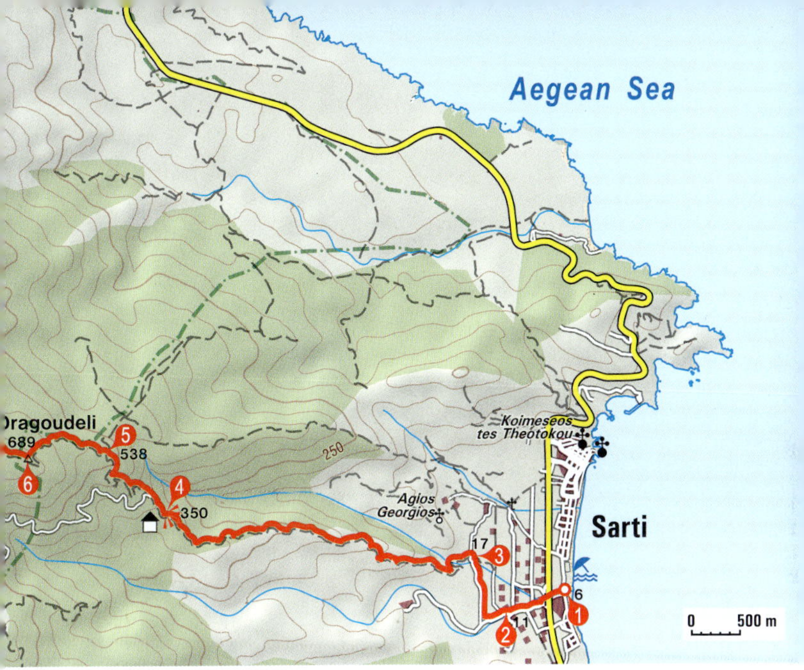

Wieder zurück auf unserer Route wandern wir an der Abzweigung nun in südwestlicher Richtung und stoßen in einer Rechtskurve auf die von links kommende Variante. Wir folgen der Erdstraße, die nach knapp 300 m unterhalb des Itamos auf eine Abzweigung stößt, die von rechts kommt. Wir gehen geradeaus weiter. Nach wenigen Metern zweigt nach links ein Weg ab. Auf ihm gelangen wir später nach Parthenonas.

Zunächst halten wir uns aber noch geradeaus und steigen die letzten Höhenmeter hinauf auf den **Itamos (13)**, den höchsten Gipfel Sithonias (817 m). Oben erwartet uns ein Wachhaus der Feuerwehr, von dessen Rundgang wir einen grandiosen Blick nach Athos, Kassandra und weit ins Hinter-

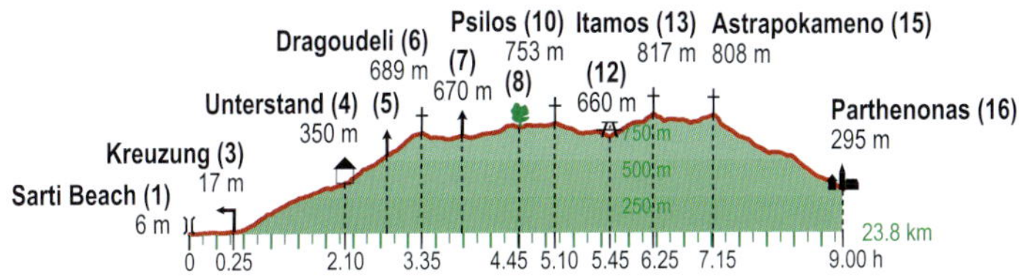

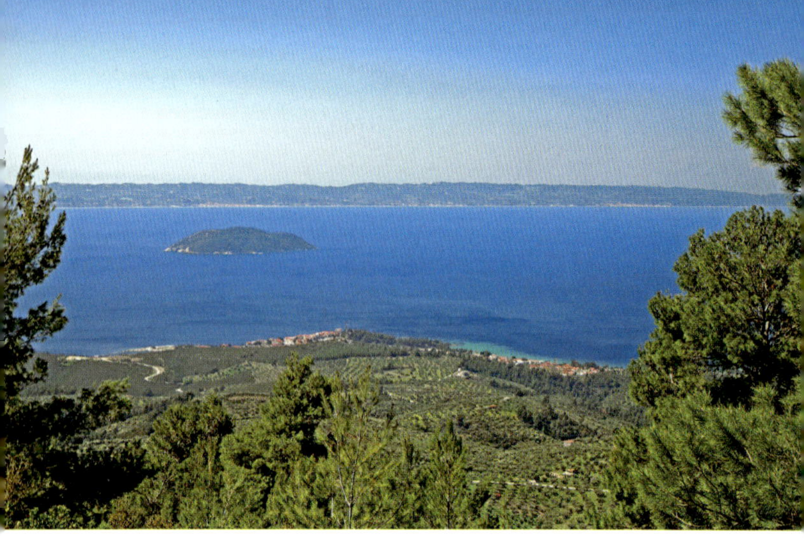

Beim Abstieg fällt der Blick auf Neos Marmaras, die Schildkröteninsel und im Hintergrund Kassandra.

land der Chalkidiki haben. Bei klarer Sicht können wir auf dem Athos einzelne Klöster erkennen.

Der weitere Weg nach Parthenonas verläuft auf der in Tour 14 ab WP 9 beschrieben Route: Vom Gipfel gehen wir bis zur Abzweigung zurück, halten uns dort rechts und an der ersten Gabelung nach wenigen Metern ebenfalls rechts. Wir gelangen an eine größere Lichtung, rechts liegt ein eingezäuntes Grundstück. Gleich dahinter treffen wir auf eine **Kreuzung (14)**, wo wir dem Weg geradeaus weiter folgen, der uns nach 400 m an eine Gabelung bringt. Links geht es aufwärts auf den aussichtsreichen Kammweg über den **Astrapokameno (15)**.

Variante: Wer sich den Gipfelan- und abstieg (etwa 60 Höhenmeter) ersparen möchte, geht an der Gabelung rechts. Nach etwas mehr als 1 km trifft dieser Weg wieder auf den vom Berg kommenden.

Der Abstieg vom Astrapokameno ist relativ steil und stellenweise stark erodiert. Wir treffen dann auf die Umgehungsvariante und knapp 300 m weiter an eine T-Kreuzung, an der wir rechts gehen.

Nun folgt ein Abschnitt durch eine einzigartige Landschaft mit bizarren Felsformationen und wunderbaren Ausblicken. Wir bleiben auf dem Weg, der streckenweise nur noch sanft abwärtsführt, bis er in eine breite Erdpiste mündet, auf der wir uns nach links wenden. Nach 400 m erreichen wir die Abzweigung, die rechts abwärts nach **Parthenonas (16)** führt.

1.00 Std.

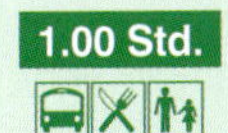

Kap Ksipharas bei Vouvourou 26

Strandwanderung entlang einmaliger Buchten

Die leichte Wanderung führt durch mehrere paradiesische Buchten am Kap Ksipharas im Osten von Vouvourou. Es ist sicher nicht übertrieben, wenn man sagt, dass einige dieser Buchten zu den schönsten der Chalkidiki, ja sogar ganz Griechenlands gehören. Leider ist das auch anderen nicht verborgen geblieben, und so hat man die wunderschönen Strände selbst außerhalb der Saison nur selten für sich allein.

Ausgangspunkt: Kleiner, schattiger Parkplatz im östlichen Teil des Ortes Vouvourou. Die Zufahrt ist ausgeschildert (»Karidi Beach«). Sie liegt etwa 300 m östlich eines großen Supermarktes. Sollte kein Platz mehr vorhanden sein, können wir die Staubstraße noch etwa 200 m weiterfahren, wo wir an einen weiteren, allerdings schattenlosen Parkplatz gelangen.

Höhenunterschied: 50 m.

Anforderungen: Die leichte Wanderung verläuft an Stränden, auf Schotterwegen und Asphaltstraßen. Die Orientierung ist einfach, Schwindelfreiheit und Trittsicherheit sind nicht erforderlich. Schattige Plätze gibt es nur wenig.

Markierung: Keine.

Einkehr: Zahlreiche Tavernen und Kafenia entlang des Wanderweges.

Tipps: 1) Badesachen nicht vergessen. 2) Vor allem während der Saison sollte man möglichst früh am Ausgangspunkt sein, da der Platz schon lange kein Geheimtipp mehr und schnell belegt ist. Wenn dort kein Platz mehr ist, kann man auch entlang der Ortsstraße parken.

Ausflugsschiff bei Vouvourou.

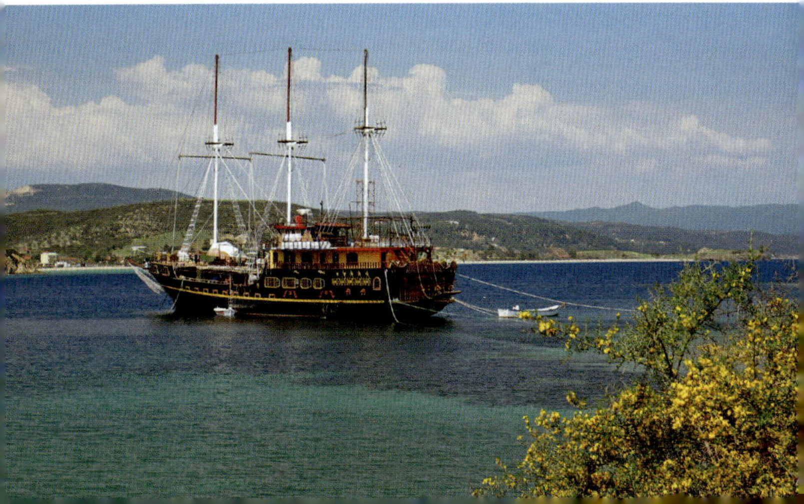

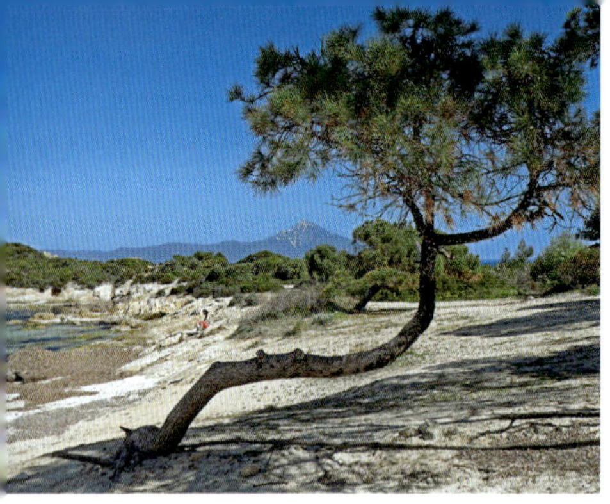

Am Strand bei Vouvourou, im Hintergrund der Berg Athos.

Wir gehen die Zufahrt zum **Parkplatz (1)** am **Karidi Beach** einige Schritte zurück bis zur Einfahrt zur Anlage der Karidi Beach Apartments. Gegenüber zweigt ein kleiner Pfad ab, der nach wenigen Metern zu einer Asphaltstraße führt, die hinter einer niedrigen Mauer liegt. Am Ende der Straße gehen wir rechts. Wir folgen der Straße um eine Linkskurve herum bis zu einem kleinen Parkplatz, hinter dem wir gleich links abwärts an einer Villa in herrlicher Strandlage vorbei zu unserer ersten **Bucht** gehen. Der wunderbare Sandstrand, der an beiden Enden von malerischen Felsen begrenzt wird, verführt zum Bleiben.

Aber es gibt noch mehr. Wir wandern bis zum Ende des Strandes und können dort um die felsige Landzunge herum kraxeln oder wir queren sie gleich und sind nach wenigen Schritten in der nächsten **Bucht** des Karidi Beach. Auch diese bietet einen atemberaubenden Anblick. Von ihr könnten wir direkt zu unserem Parkplatz gehen.

Wir wollen aber noch weiter und gehen auch in dieser Bucht bis zu ihrem Ende. Erneut können wir wieder um die felsige Landzunge kraxeln. Einfacher geht es, wenn wir gleich zu einem Pfad aufsteigen, der etwas oberhalb der Bucht entlangführt. Diese zeigt uns nun ein neues Gesicht: kein Sand mehr, sondern eine **Felsbucht** mit von der Brandung glatt geschliffenen Felsen. Eingezwängt zwischen ihnen finden wir auch hier von Zeit zu Zeit kleinere Sandbuchten.

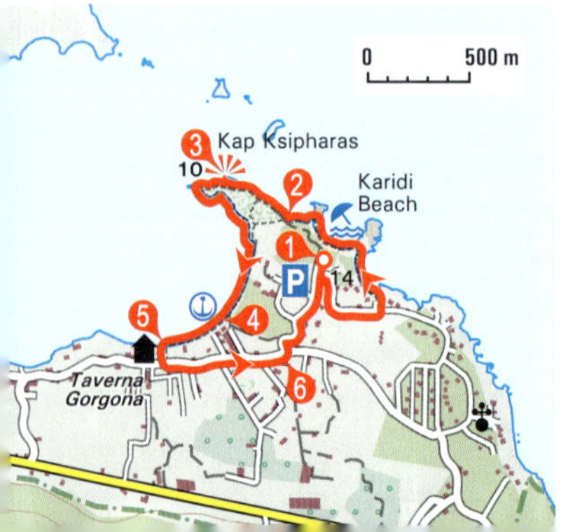

Schließlich gelangen wir an einen **Parkplatz (2)**. An seinem Ende folgen wir dem breiten, unbefestigten Weg, der etwas oberhalb des Strandes in westlicher Richtung verläuft. Nach rechts führen von Zeit zu Zeit Pfade an den Strand.

An einer T-Kreuzung haben wir die Möglichkeit, nach wenigen Metern zur **Nordspitze** vom **Kap Ksipharas (3)** zu gelangen. Hier finden wir mehrere Sitzmöglichkeiten auf Stei-

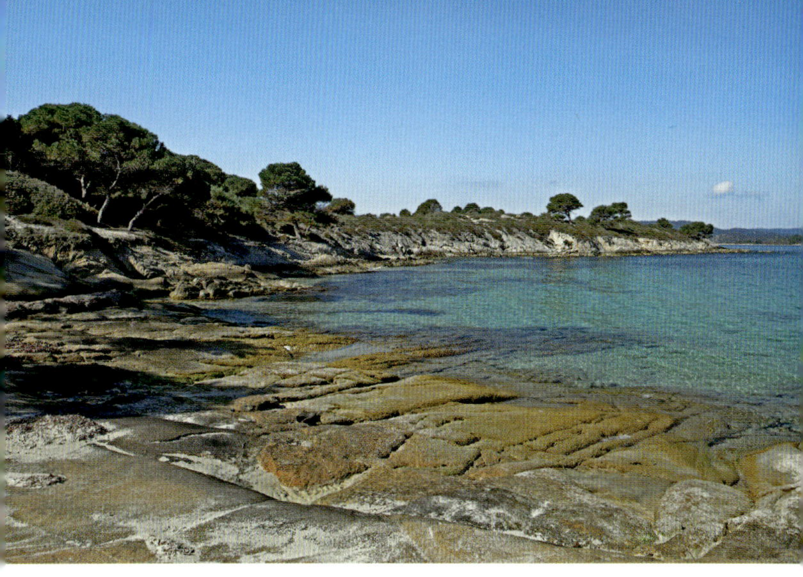

Die kleinen Buchten bei Vouvourou sind teils felsig, teils sandig.

nen oder Felsen in einmaliger Umgebung. Ein wunderbarer Platz mit schönem Blick auf das Meer und die vorgelagerten Inseln. Wieder zurück an der T-Kreuzung gehen wir dort jetzt geradeaus. Kurz bevor wir an den Südstrand gelangen, können wir noch den Weg nach rechts einschlagen, der an die **Westspitze** des Kaps führt. Auch dies ein weiterer wunderschöner Platz.

Von hier gehen wir an die Südseite der Bucht, die ein völlig anderes Bild bietet: eine lang gezogene, halbkreisförmige Sandbucht. Vielleicht nicht so spektakulär wie die anderen, dafür locken hier aber zahlreiche Bars und Tavernen. Wir wandern am Strand entlang, passieren bald die ersten Tavernen und Kafenia und gelangen an den Anleger eines **Motorboot- und Kajakverleihs (4)**. Wir können hier schon den Strand verlassen und zur Ortsstraße gehen oder noch ein Stück am Wasser weiterwandern.

Vor der Strandtaverne **Gorgona (5)** mit großem Parkplatz verlassen wir dann aber den Strand und gehen zur Ortsstraße von **Vouvourou**, wo wir uns nach links wenden. Vorbei an der Touristinformation, mehreren Tavernen und einem großen Supermarkt erreichen wir links die **Zufahrt zum Karidi Beach (6)**. Hier nach links ist es nur noch eine kurze Wegstrecke bis zu unserem **Ausgangspunkt (1)**.

Kap Ksipharas (3) **Taverna Gorgona (5)**
Karidi Beach (1) 10 m 7 m **Karidi Beach (1)**
14 m 4.2 km
0 0.25 1.00 h

Athos

Während Kassandra noch relativ flach ist und Sithonia bereits Höhen von über 800 Metern erreicht, ist der Athos, der östliche Finger der Chalkidiki, ein größtenteils bewaldetes Gebirgsmassiv. Im äußersten Süden steigt er mit dem Heiligen Berg bis zu einer Höhe von über 2000 Metern auf. Die gut 40 Kilometer lange und bis 10 Kilometer breite Halbinsel hat eine Fläche von 332 Quadratkilometern. Sie hat im Norden eine relativ schmale Stelle, bei Nea Roda, wo der Perserkönig Xerxes, ähnlich wie Kassandros auf Kassandra, einst einen Kanal gebaut hat, der heute aber nur noch zu erahnen ist.
Für Reisende ist freier Zugang zur Halbinsel nur im Norden möglich. Hinter Ouranoupoli, der »Himmelsstadt«, liegt die Grenze zur Mönchsrepublik. Sie gehört zwar zum griechischen Staatsgebiet, hat aber eine teilweise autonome Verwaltung. Während im Mittelalter etwa 40.000 Mönche mehr als 300 Klöster bewohnten, leben heute um die 2000 Mönche in 20 Klöstern. Die Klosterordnung, Regeln und Gesetze für das Leben in der Mönchsrepublik, ist zum Teil mehr als 1000 Jahre alt. So ist z. B. der Besuch nur Männern über 18 Jahre gestattet, für Frauen sogar absolut tabu. Ihnen ist selbst das Anlanden untersagt. Auch Männer können die »Mönchsrepublik« nicht einfach spontan besuchen. Sie erhalten nur Zugang, wenn sie im Voraus eine Aufenthaltserlaubnis beantragt haben und diese genehmigt wurde.

Oberhalb von Ierissos reicht die Sicht über Ouranoupoli bis zum Berg Athos (Tour 28).

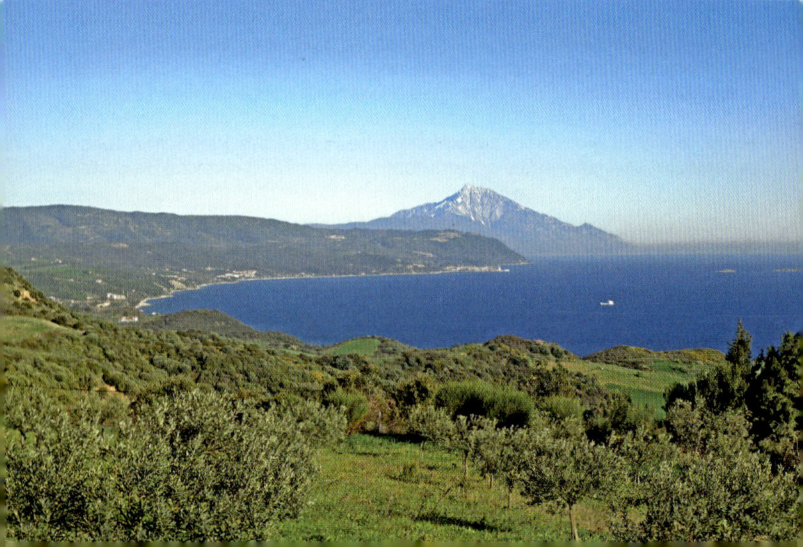

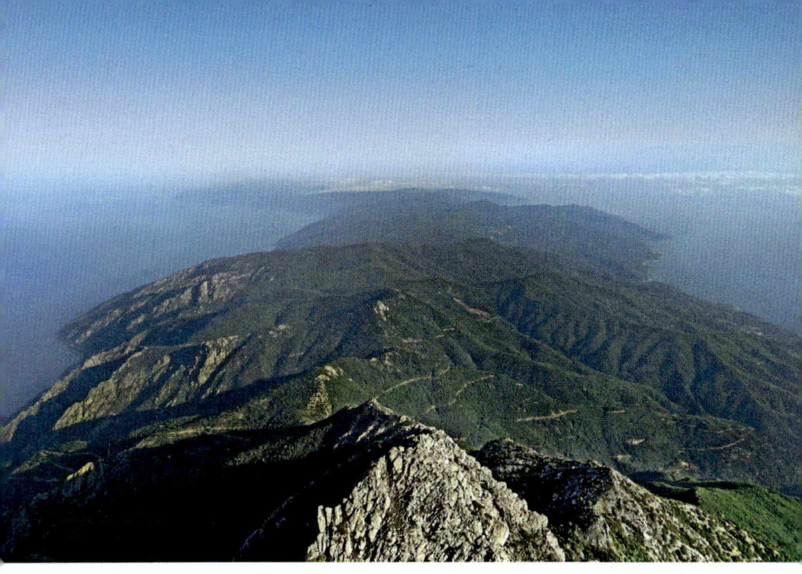

Atemberaubendes Panorama vom 2033 m hohen Athos-Gipfel (Tour 37).

Für alle, die während ihres Urlaubs auf der Chalkidiki einen ersten Eindruck von der ursprünglichen Schönheit des Athos erhalten wollen, sind im Folgenden einige Wanderungen im nördlichen, frei zugänglichen Teil der Halbinsel beschrieben. Sie ermöglichen auch einen Blick über den Zaun hinein in das »verbotene Land«. Für diejenigen, die mit einer Aufenthaltsgenehmigung in der Tasche den von Mönchen bewohnten Teil besuchen möchten, werden im Anschluss wichtige Tipps und Hinweise (siehe S. 146) gegeben sowie vier Touren (34–37) beschrieben.

Obwohl uns einige Regeln antiquiert erscheinen, hat der Fortschritt auch vor der Mönchsrepublik nicht Halt gemacht. Das gilt auch für die Infrastruktur. Die meisten Klöster sind heute durch Straßen miteinander verbunden, viele der alten Fuß- und Karrenwege sind verschwunden. Entweder wurden sie direkt durch die neuen Straßen ersetzt oder sie verfallen, weil sie nicht mehr genutzt werden.

Das gilt noch nicht für den äußersten Süden zwischen der Skite Agia Anna auf der Westseite und dem Kloster Megistis Lavra auf der Ostseite. Hier gibt es noch keine Straßen, die alten Verbindungswege sind erhalten und werden noch genutzt – ein ideales Wandergebiet. Die hier vorgestellten Touren beschränken sich daher auf diese Region und lassen sich ideal zu einer kurzen Pilgerreise kombinieren, welche die Besteigung des höchsten Berges der Chalkidiki, des Athos (2033 m), einschließt.

27 Pyrgos Chiliadous

3.30 Std.

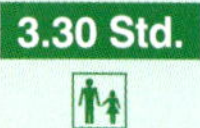

Wanderung um das Kap Arkouda zu einer abgelegenen, einsamen Bucht

Ausgangspunkt der Tour ist der kilometerlange Strand von Pyrgos Chiliadous, auf dem man wegen seiner Größe auch in der Hochsaison noch ein ruhiges Plätzchen findet. Die aussichtsreiche Wanderung führt hoch oberhalb vom Kap Arkouda zu einer abgelegenen, wunderschönen Sandbucht, über der nur eine Handvoll Häuser stehen.

Ausgangspunkt: Strand von Pyrgos Chiliadous an der Maori Beach Bar.
Höhenunterschied: 400 m.
Anforderungen: Die leichte, meist schattenlose Wanderung verläuft zum größten Teil auf Erdstraßen. Die Orientierung ist einfach, Schwindelfreiheit und Trittsicherheit sind nicht erforderlich.
Markierung: Keine.
Einkehr: Unterwegs keine; Strandbar am Ausgangspunkt.
Tipp: Neben dem weitläufigen Strand in Pyrgos Chiliadous bietet vor allem die abgelegene Bucht am Ziel besonders gute Strand- und Bademöglichkeiten. Deshalb Badesachen nicht vergessen.

Von der **Maori Beach Bar (1)** gehen wir auf der Piste am **Strand** von **Pyrgos Chiliadous** entlang in südwestlicher Richtung. Nach knapp 300 m erreichen wir ein kleines, felsiges Kap, das wir auf der Piste oberhalb umgehen. Etwa 150 m weiter halten wir uns an den beiden dicht aufeinanderfolgenden Abzweigungen jeweils links und gelangen wieder an den Strand, bis wir vor einem Haus an eine **Abzweigung (2)** von der Strandpiste kommen.

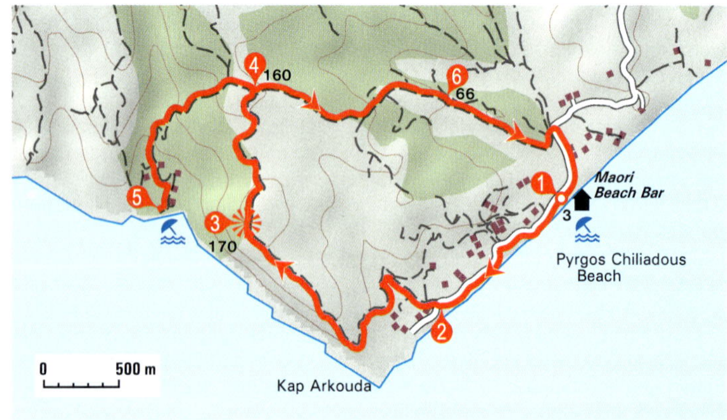

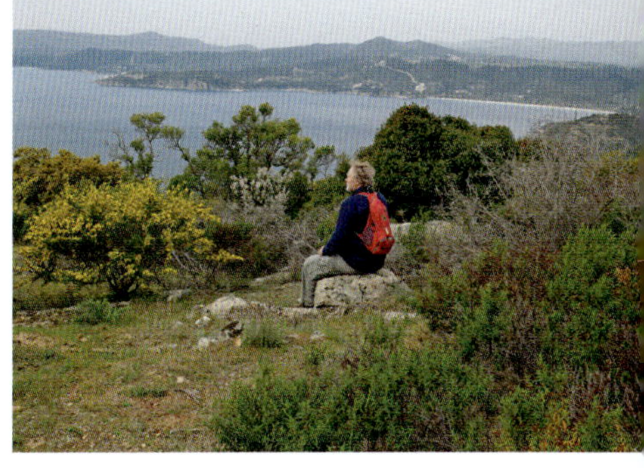

Rast auf Felsen mit weitem Ausblick.

Wir halten uns rechts und folgen dem Weg bis zu einer scharfen Linkskurve nach etwas mehr als 200 m. Hier verlassen wir den Weg und gehen links neben dem meist trockenen und stark zugewachsenen Bachbett in den **Olivenhain**. Wir wandern immer am rechten Rand entlang durch den Hain, bis wir an seinem Ende auf eine Erdstraße stoßen. Hier müssen wir möglicherweise etwas nach der Straße Ausschau halten, da durch viele hochwachsende Wildkräuter der Weg nicht ohne Weiteres zu sehen ist.

Wenn wir die Straße erreicht haben, ist die Orientierung für den Rest des Weges leicht. Wir gehen auf der schon lange nicht mehr befahrenen Erdstraße durch Phrygana links aufwärts und haben bei guter Sicht nach links einen schönen Blick auf den Heiligen Berg. Oberhalb des **Kaps Arkouda** schwenkt der Weg in nordwestliche Richtung und wird stellenweise sehr breit, da er gleichzeitig als Brandschneise dient. Im Westen können wir nun in die Bucht von Kambos sehen, die von einer Landzunge begrenzt wird, auf der der bei Touristen sehr beliebte Ort Pyrgadikia liegt.

Knapp 100 m vor dem voraus bereits zu sehenden Gipfel sollten wir unser Augenmerk nach links richten. Durch eine Lücke der dort wachsenden Sträucher erreichen wir nach wenigen Schritten einen ausgezeichneten **Rastplatz auf Felsen (3)** mit einem wunderbaren Ausblick. Zurück auf der Erdstraße erreichen wir in kurzer Zeit mit knapp 190 m den höchsten Punkt unserer Tour.

Von dort wandern wir steil abwärts in ein kleines Tal, wo wir an einem Getreidefeld vorbeikommen. Der anschließende Anstieg ist moderat. Etwa 500 m hinter der Talsohle stoßen wir an eine **Verzweigung (4)**. Rechts führt der Weg zurück zu unserem Ausgangspunkt. Wir wenden uns aber zunächst nach links. Für etwa 100 m bis zu einer Abzweigung, die nach links führt, verläuft die Erdstraße noch aufwärts. Von nun an geht es bis zu unserem eigentlichen Ziel nur noch abwärts.

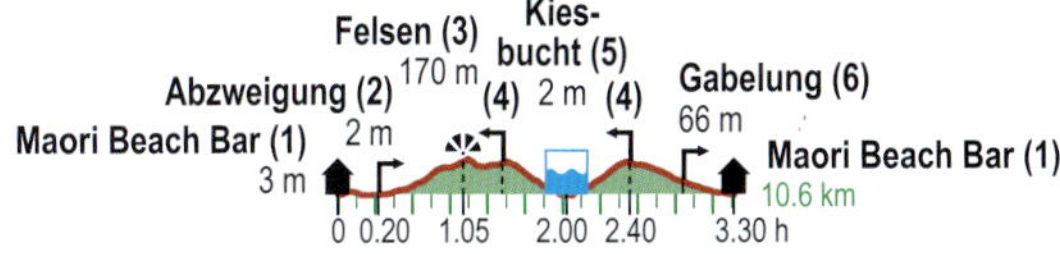

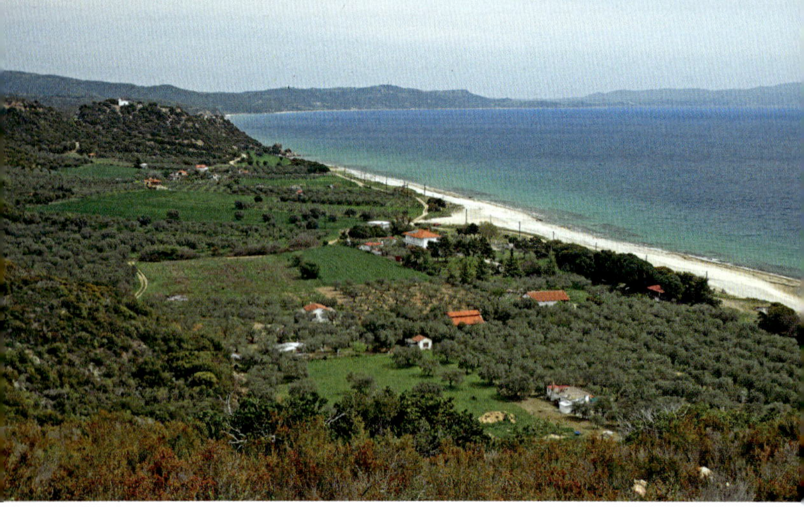

Nur wenige Häuser liegen am Strand von Pyrgos Chiliadous.

An dieser Abzweigung gehen wir geradeaus weiter und halten uns 100 m weiter an der nächsten Abzweigung links. Wir folgen dem Weg, der stellenweise steil abwärts verläuft, bis wir nach gut 1 km vor einem Haus erneut an eine Abzweigung geraten, die scharf nach rechts führt. Hier halten wir uns links und wandern zwischen einigen Häusern auf großen Grundstücken bis zum **Kiesstrand (5)** hinunter. Eine wunderbare Bucht, die sehr abgelegen ist und die wir uns, wenn überhaupt, nur mit wenigen anderen teilen müssen. Wer will, kann über die Felsen im Westen der Bucht in eine zweite, kleinere klettern, die noch abgelegener ist.

Bis zur **Verzweigung (4)** verläuft der Rückweg auf derselben Route, nur jetzt wohl oder übel aufwärts. Aber zum Glück sind nur etwa 170 Höhenmeter zu bewältigen. An der Wegverzweigung angekommen, gehen wir links. (Natürlich ist auch der Rückweg auf der schon vom Hinweg bekannten Route möglich. Diese ist aber fast 2 km länger.)

Entlang von Getreidefeldern, Olivenhainen und durch Phrygana wandern wir abwärts und ignorieren alle links und rechts abzweigenden Wege. Einzig etwa 1,5 km hinter der Verzweigung müssen wir an einer **Gabelung (6)** aufpassen. Hier verzweigt sich die Straße in einem spitzen Winkel und man könnte verleitet werden, nach links zu gehen. Dieser Weg führt aber nicht zum Ziel. Wir halten uns deshalb rechts und wandern weiter abwärts, bis wir unmittelbar hinter einer fast immer trockenen Furt auf die asphaltierte Zufahrtsstraße zum Strand treffen. Dort gehen wir rechts und erreichen knapp 500 m weiter unseren Ausgangspunkt an der **Maori Beach Bar (1)**.

2.45 Std.

Im Süden von Ierissos 28

Auf einen Aussichtsberg zwischen dem Golf von Ierissos und dem Golf des Agion Oros

Ausgangspunkt ist der etwa 3500 Einwohner zählende Ort Ierissos, der 1932 durch ein Erdbeben komplett zerstört wurde. Der aussichtsreiche Wanderweg verläuft am Rand eines sanften Tales hinauf auf einen Hügelkamm im Süden von Ierissos, von dem wir einzigartige Ausblicke über die Landenge sowohl nach Süden (Golf des Agion Oros) als auch nach Norden (Golf von Ierissos) haben. Am Start bzw. Ziel können wir noch einen Blick auf die Ruinen des antiken Akanthos zu werfen, dem Vorgänger von Ierissos.

Ausgangspunkt: An der Hauptstraße Richtung Nea Roda im Osten des Ortes Ierissos, an der Abzweigung zum »Ancient Akanthos« (braunes Hinweisschild).
Höhenunterschied: 220 m.
Anforderungen: Die leichte, meist schattenlose Wanderung verläuft überwiegend auf Erdstraßen. Die Orientierung ist einfach, Schwindelfreiheit und Trittsicherheit sind nicht erforderlich.
Markierung: Keine.
Einkehr: Nur am Ende der Tour zahlreiche Tavernen und Kafenia in Ierissos.
Tipp: Wenn wir die Hauptstraße noch etwa 300 m weiter Richtung Nea Roda gehen, gelangen wir an den Strand und dort an eine Werft, die noch mit traditionellen Handwerkstechniken die hölzernen Kaikis baut, die als Fischer- oder Ausflugsboote noch immer begehrt sind. Da die Boote überwiegend unter freiem Himmel gebaut werden, kann man die Bootsbauer gut bei ihrer Arbeit beobachten.

In Ierissos werden heute noch auf traditionelle Weise die hölzernen Kaikis gebaut.

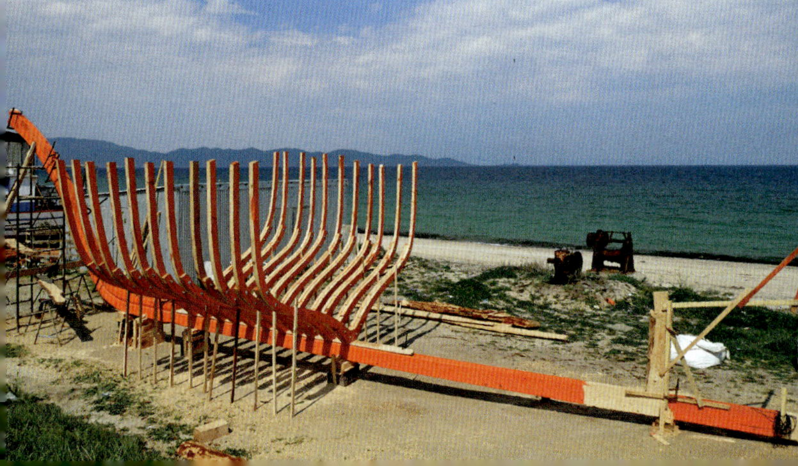

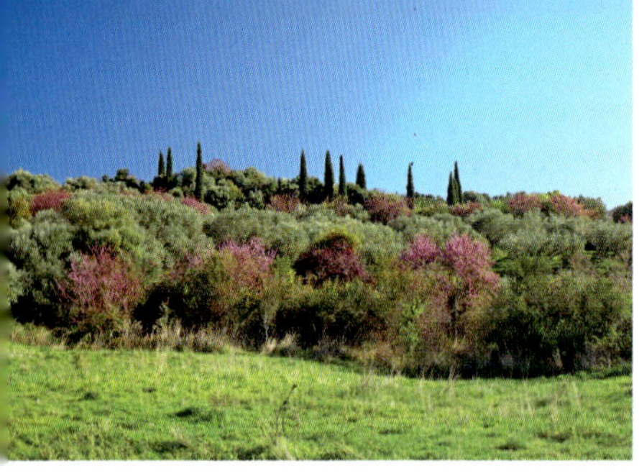

Im Frühjahr setzen Judasbäume violette Farbtupfer in die Landschaft.

Am Ortsrand von **Ierissos (1)** gehen wir an der Abzweigung von der Hauptstraße an der Schule vorbei Richtung »Ancient Akanthos«. In der folgenden Rechtskurve bleiben wir auf dem Weg, links aufwärts geht es zum Ausgrabungsgelände, dem wir am Ende der Wanderung einen Besuch abstatten können. Gut 50 m weiter halten wir uns an der Gabelung links und folgen nun der Piste zwischen eingezäunten Gärten, Getreidefeldern und vereinzelten Rebhängen aufwärts, ohne auf die links und rechts abzweigenden Wege zu achten. Zu unserer Linken haben wir einen schönen Blick auf den mit Phrygana und einzelnen, herausragenden Zypressen bewachsenen Hang. Im Frühjahr wird das Bild noch von kräftig violett blühenden Judasbäumen ergänzt.

Wir wandern bis zu einer **Gabelung (2)** etwas unterhalb der nach Xiropotamo führenden Asphaltstraße und gehen dort geradeaus weiter bis zu dieser Straße. Von hier sehen wir zum ersten Mal den Golf auf der anderen Seite der Landenge und unter uns an der Küste den kleinen Ort Xiropotamo. Atemberaubend schön ist der Blick auf Sithonia und Amouliani sowie auf Athos mit dem alles überragenden Heiligen Berg. Leider ist die Luft nur selten klar, sodass man den Berg, wenn überhaupt, nur schemenhaft erkennen kann.

Wir gehen entlang der kaum befahrenen Asphaltstraße nach rechts und haben in Richtung Norden einen ebenso schönen Ausblick auf das Tal vor uns, auf Ierissos und den gleichnamigen Golf. 500 m weiter zweigt links – wir sind schon an den sichtbaren Sendemasten vorbei – eine Erdstraße ab. Auf dieser führt uns ein kurzer Abstecher hinauf

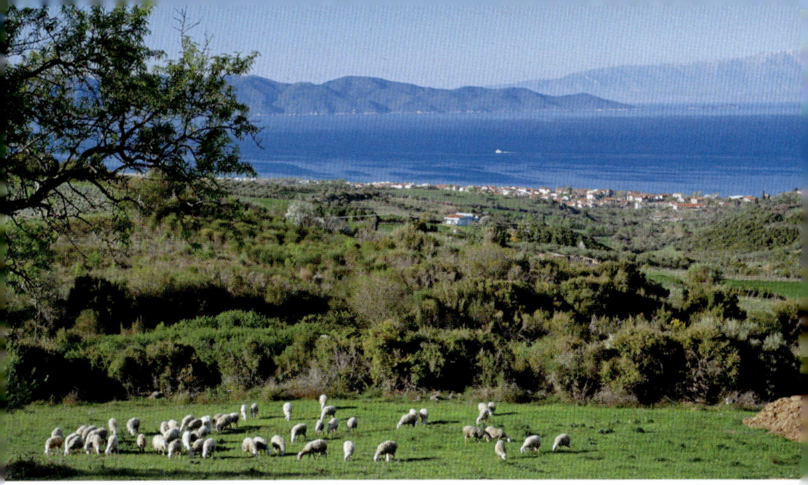

Schafweide mit Aussicht auf die Bucht von Ierissos.

auf den Hügel zu den Masten. Von dem 187 m hohen, namenlosen **Berg (3)** können wir erneut wunderbare Panoramen genießen.

Zurück an der Asphaltstraße führt der Wanderweg entlang dieser weiter, begleitet von fantastischen Ausblicken nach Süden und nach Norden. Nach 550 m, gleich hinter einer großen **Solaranlage (4)**, biegen wir rechts auf einen Erdweg ab, dem wir bis zu seinem Ende folgen. Dort gehen wir links genau in nördlicher Richtung mit schönem Blick auf Ierissos.

Nach etwa 800 m erreichen wir gleich hinter einem eingezäunten Grundstück mit Haus eine **Kreuzung (5)**, an der wir uns links halten. Wir wandern an einem größeren Haus vorbei, folgen dahinter der Linkskurve und biegen nach der kleinen Hofstelle (mit Ziegenstall) rechts ab. Voraus an der Hauptstraße ist ein Discounter (»Lidl«) zu sehen.

Wir erreichen die Hauptstraße und wandern rechts in das Zentrum von **Ierissos**. Nach 400 m an der Kreuzung mit einer Verkehrsampel – möglicherweise die einzige Ampel auf Athos – gehen wir nach rechts, wo wir bald wieder an unseren **Ausgangspunkt (1)** stoßen.

Wer jetzt noch Lust hat, sollte einen Blick auf das Ausgrabungsgelände des antiken **Akanthos** werfen. Sehenswert ist das durch ein Regendach geschützte Wohnhaus. Wer noch ein Stück weiter auf den **Hügel (6)** geht, wird mit einer schönen Aussicht und schattigen Rastmöglichkeiten belohnt und findet sogar eine Wasserstelle.

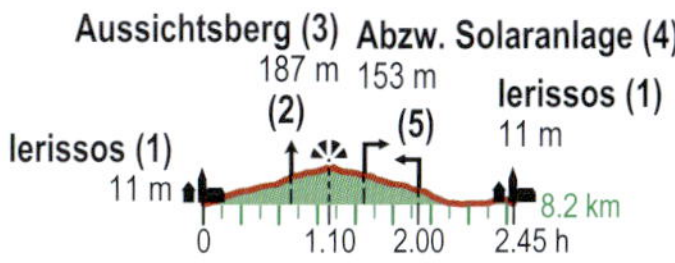

29 *Von Tripiti nach Develiki*

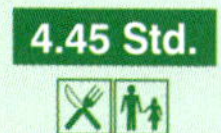

Wanderung entlang feiner Sandstrände zu zwei kleinen Dörfern

Der Weg führt von dem winzigen Fährhafen Tripiti, wo die Fähre nach Amouliani ablegt, über das kleine Dorf Xiropotamo bis nach Develiki. Während Xiropotamo eine dichte Bebauung mit Häusern in kleineren Gärten aufweist, ist Develiki eher ein Streudorf mit Gebäuden auf großen Grundstücken, die von Olivenplantagen geprägt sind. Beide Orte eint, dass sie noch nicht vom Massentourismus überlaufen sind und dass sie über wunderbare, kilometerlange Sandstrände verfügen. Wir folgen auf der Wanderung immer dicht der Küstenlinie und haben meist die Wahl zwischen einer Erdstraße oder dem Strand.

Ausgangspunkt: Parkplatz am Hafen von Tripiti.
Höhenunterschied: 170 m.
Anforderungen: Die schattenlose Wanderung verläuft zum größten Teil auf Erdstraßen und entlang des Strandes. Die Orientierung ist einfach, Schwindelfreiheit und Trittsicherheit sind nicht erforderlich.
Markierung: Keine.
Einkehr: Taverne am Fähranleger und in Develiki, während der Saison auch Taverne in Xiropotamo.
Tipp: Die langen Sandstrände bieten auch für Kinder gute Bademöglichkeiten.

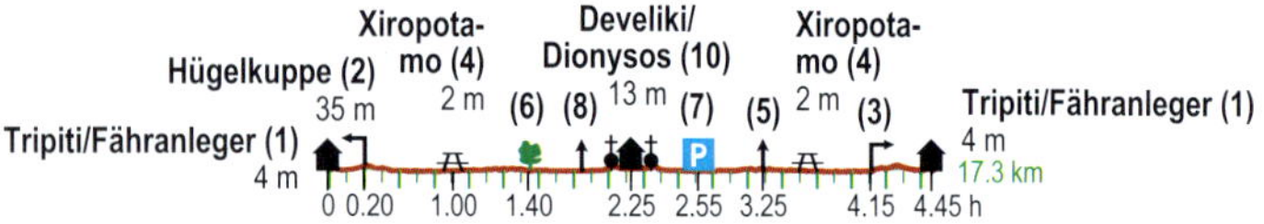

Tripiti/Fähranleger (1) 4 m – Hügelkuppe (2) 35 m – Xiropotamo (4) 2 m – (6) – (8) – Develiki/Dionysos (10) 13 m – (7) – (5) – Xiropotamo (4) 2 m – (3) – Tripiti/Fähranleger (1) 4 m

0 – 0.20 – 1.00 – 1.40 – 2.25 – 2.55 – 3.25 – 4.15 – 4.45 h

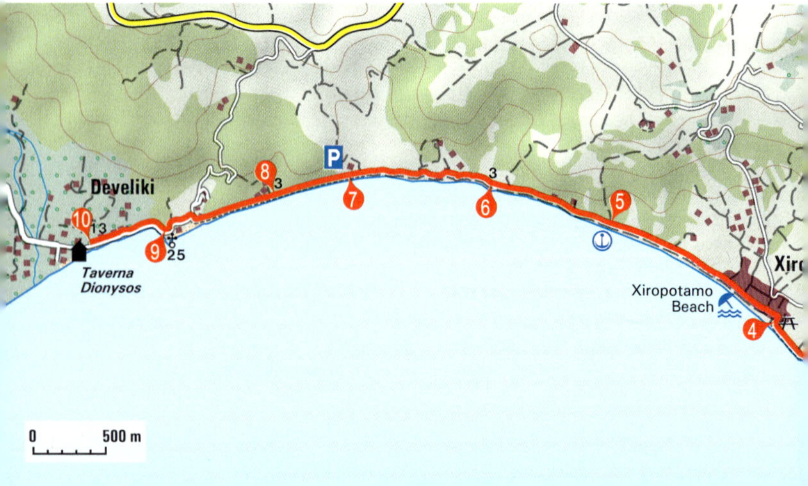

17.3 km

Develiki
Taverna Dionysos
Xiropotamo Beach
0 500 m

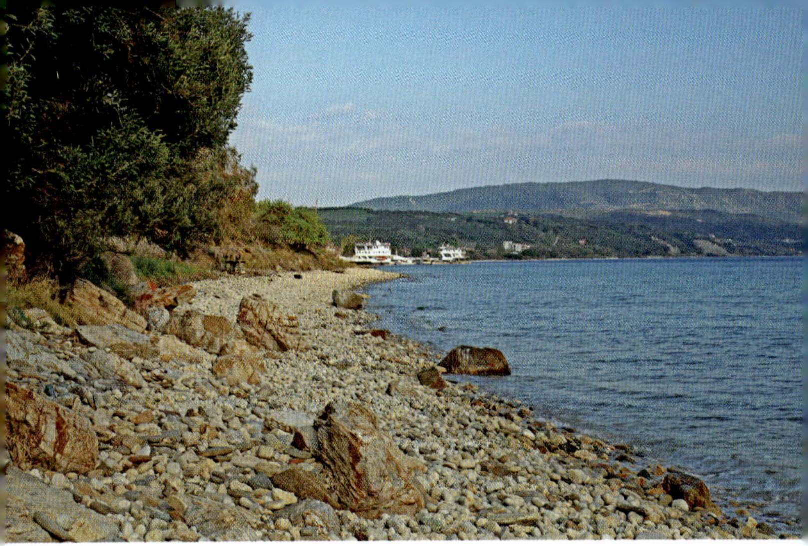

Blick auf den Fähranleger von Tripiti, den Ausgangspunkt der Tour.

Wir starten am **Fähranleger (1)** von **Tripiti** und gehen wenige Schritte aufwärts zur Hauptstraße. Dort wenden wir uns nach links und biegen gleich in der leichten Rechtskurve links auf einen asphaltierten Weg ab, der wenig weiter in einen Erdweg übergeht. Wir passieren ein leer stehendes Gebäude, einen ehemaligen Nachtclub, und müssen 150 m weiter links auf einen weiteren unbefestigten Weg abbiegen. Kurz dahinter durchqueren wir ein meist ausgetrocknetes Bachbett und steigen dann hinauf auf eine **Hügelkuppe (2)**, wo wir an eine asphaltierte Gabelung stoßen.

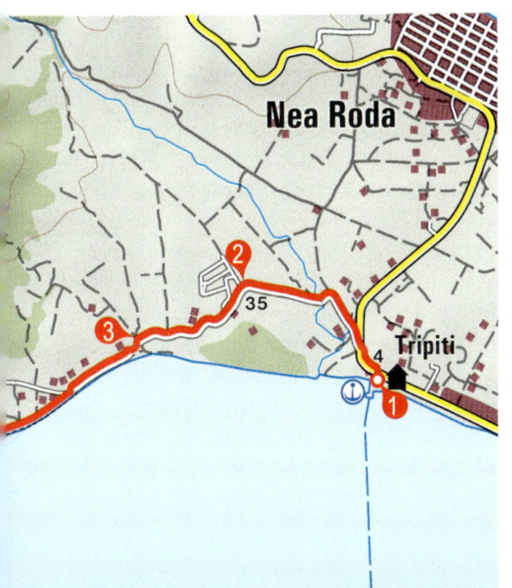

Wir halten uns links abwärts. Rechts können wir in der Vegetation einige Wege und Straßen erkennen, die zu einer geplanten aber nicht vollendeten Siedlung gehören. An einigen Apartmentanlagen vorbei führt der Weg zunächst abwärts und steigt dann erneut auf eine **Hügelkuppe** an. Wir gehen den

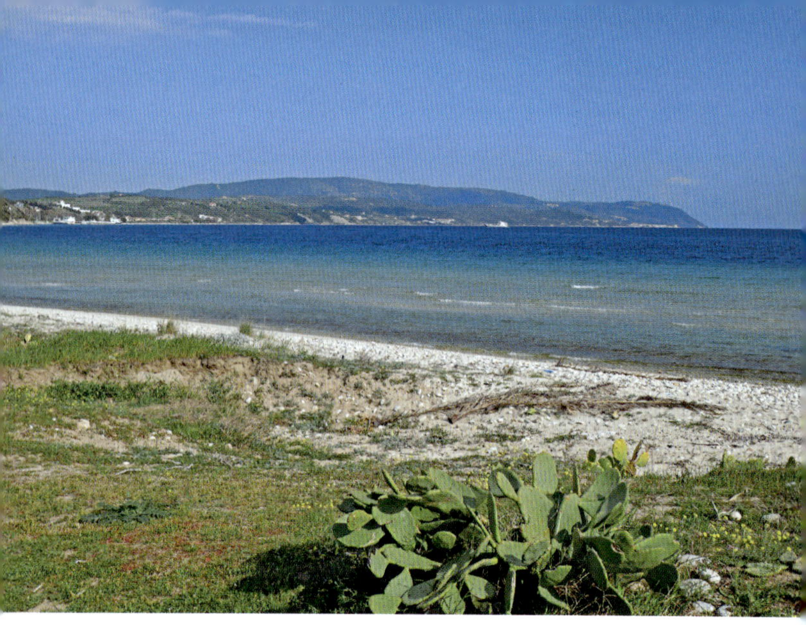

Der Wanderweg nach Develiki führt dicht am Strand entlang.

Weg abwärts und an der **Gabelung (3)** kurz vor dem Strand links. Dort folgen wir dem Weg, der unmittelbar am Strand verläuft, in südwestlicher Richtung, vorbei an einem gepflegten Wochenendhaus mit einem ausrangierten Eisenbahnwagen. Nach Osten haben wir einen schönen Blick auf den Fähranleger von Tripiti und Ouranoupoli, im Süden sehen wir Amouliani und dahinter im Südosten bei guter Sicht den mächtigen Berg Athos.
Nach etwa 350 m führt der Feldweg vom Strand fort. Wir können hier weiter am Strand entlangwandern, gehen um ein sanft geschwungenes Kap herum und erreichen dahinter den schönen **Strand von Xiropotamo (4)**, wo wir auf einem Spielplatz Bänke und Tische für eine Rast finden.
Vom Spielplatz gehen wir auf der Erdstraße oder direkt am Strand Richtung Westen weiter. Bald endet die Bebauung und rechts liegen landwirtschaftlich genutzte Flächen. Wir passieren einen eingezäunten **Lagerplatz (5)** für Sportboote und etwas weiter einige dicht am Strand stehende Häuser. Knapp 500 m hinter den Häusern gelangen wir an eine Stelle, wo wir unter schattigen Laubbäumen eine **Rastmöglichkeit (6)** am Strand finden.
Wir wandern weiter immer dicht am Ufer entlang. Von Zeit zu Zeit zweigen Erdstraßen ins Landesinnere ab. Wir passieren erneut eine Häusergruppe und wandern an Feldern vorbei. Am Ende der Felder stoßen wir auf einen

größeren **Parkplatz (7)** direkt am Strand. Knapp 600 m weiter kommen wir an eine **Apartmentanlage (8)**, die in einem Tal liegt.

Wir gehen zwischen Meer und Steilküste weiter, bis nach etwa 500 m die Küste wieder flacher wird und wir nochmals auf eine Apartmentanlage stoßen. Hier müssen wir nun den Strand verlassen, wenn wir nicht über Felsen um ein kleines Kap herumklettern wollen. Wir wandern wenige Schritte zur Erdstraße und wenden uns dort nach links aufwärts auf eine Höhe von immerhin 25 m. Auf dem »Gipfel« finden wir eine kleine **Kapelle (9)** mit Bänken davor. Eine ausgezeichnete Rastmöglichkeit mit hervorragender Aussicht, von der man bei klarer Sicht bis zum Heiligen Berg Athos schauen kann.

Unser Ziel ist nun ganz nah. Wir wandern wieder abwärts und sind nach wenigen Metern wieder am Strand und an den ersten Häusern von **Develiki**. Die **Taverne Dionysos (10)** erreichen wir nach etwa 500 m.

Nachdem wir uns gestärkt haben, gebadet oder gesonnt, treten wir den Rückweg nach **Tripiti (1)** auf derselben Route an.

Immer wieder bieten sich schöne Blicke auf das kristallklare, azurblaue Wasser mit dem Berg Athos im Hintergrund.

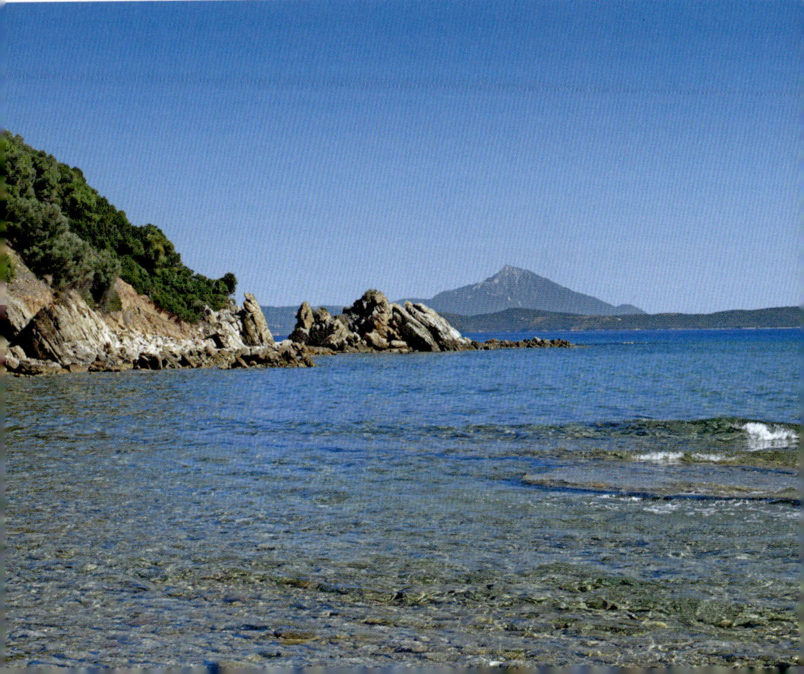

30 Amouliani

1.15 Std.

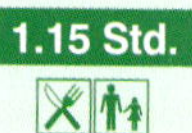

Wanderung vorbei an einem Salzsee zu einer wundervollen Sandbucht

Die etwa 5 Quadratkilometer große Insel im nördlichen Golf des Agion Oros liegt nur knapp 3 Kilometer vom Festland entfernt. Sie hat etwas mehr als 600 ständige Einwohner, deren Zahl sich im Sommer um ein Vielfaches erhöht. Die kurze Rundwanderung führt vom Fähranleger auf Amouliani quer über die Insel bis zur Alykes-Bucht, einer traumhaft schönen, sehr sauberen Sandbucht mit kristallklarem Wasser. Der Weg führt vorbei an einem Salzsee, an dem früher durch Verdunstung Salz gewonnen wurde. Am Südufer des Sees sind noch heute einige Vertiefungen zu sehen, die ehemaligen Salzpfannen. Die Tour kann inklusive der An- und Abfahrt mit der Fähre und einem Strandaufenthalt bequem an einem Tag gemacht werden.

Ausgangspunkt: Fähranleger auf Amouliani im gleichnamigen Ort.
Höhenunterschied: 40 m.
Anforderungen: Die leichte, schattenlose Wanderung verläuft zum größten Teil auf Erdstraßen und entlang des Strandes. Die Orientierung ist einfach, Schwindelfreiheit und Trittsicherheit sind nicht erforderlich.
Markierung: Stellenweise blauer Dreizack auf weißen Tafeln sowie roter Punkt auf gelbem Quadrat.
Einkehr: Zahlreiche Tavernen und Kafenia in der Nähe des Fähranlegers, während der Saison auch in der Alykes-Bucht.
Hinweise: Die Überfahrt von Tripiti dauert etwa 15 Minuten und kostet ca. 2,50 € pro Person und Strecke. Im Sommer verkehren die Fähren alle 30 Minuten, außerhalb der Saison weniger. Fahrpläne unter www.ammoulianilines.gr.
Tipps: 1) Der feine Sandstrand in der breiten Alykes-Bucht bietet gute Bademöglichkeiten, auch für Kinder. 2) Wer auf der Insel übernachten will, sollte unbedingt im Voraus reservieren. Das gilt sowohl im Sommer als auch in der übrigen Zeit.

Wir beginnen unsere Rundtour am **Fähranleger Amouliani (1)** und wandern auf der Hauptstraße vorbei an Tavernen und Geschäften südwärts. An der ersten Kreuzung nach 250 m (rechts geht es nach Karagatsia) wandern wir geradeaus weiter, ebenso wie an der, die 100 m später folgt. An der nächsten Kreuzung, erneut 100 m weiter, finden wir einen **Transformator (2)** oben zwischen

Einzige Verbindung nach Amouliani ist die Fähre von Tripiti.

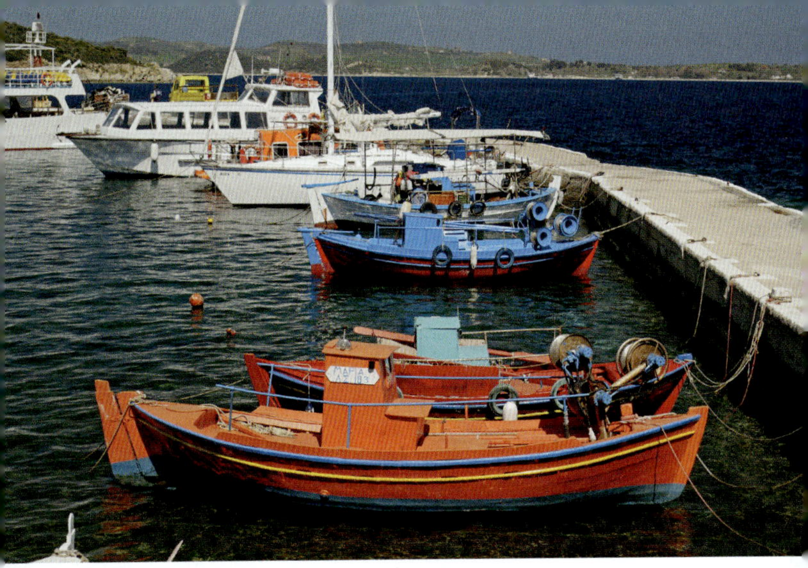

Fischerboote im kleinen Hafen von Amouliani.

zwei Holzmasten. Hier halten wir uns rechts und folgen dem Weg vorbei an einem besonders großen **Bildstock** und der Schule des Inselhauptortes.

An der folgenden Kreuzung gehen wir geradeaus auf den unbefestigten Weg. Wir passieren ein Sand- und Kieslager und wandern schließlich durch Gärten und Olivenhaine an das Nordende des **Salzsees (3)**, der zahlreichen Wasservögeln eine Heimat bietet. Der Wanderweg führt dicht am Ufer des Sees, der sich etwa 500 m von Nord nach Süd erstreckt, entlang. An seinem Südende erreichen wir eine asphaltierte Straße. Hier können wir noch mehrere Salzpfannen sehen, Vertiefungen im Boden, in denen das weiße Gold gewonnen wurde.

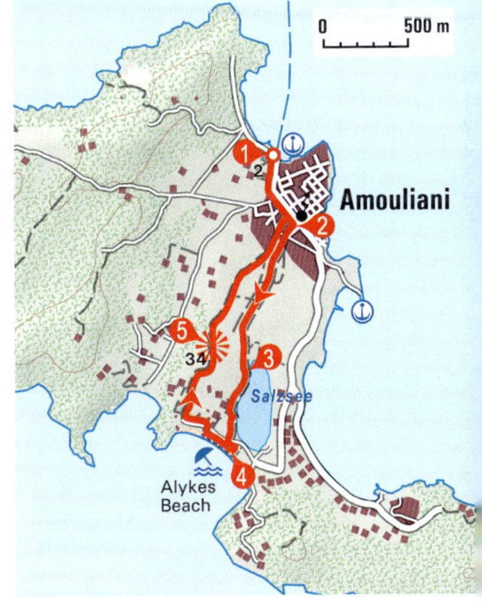

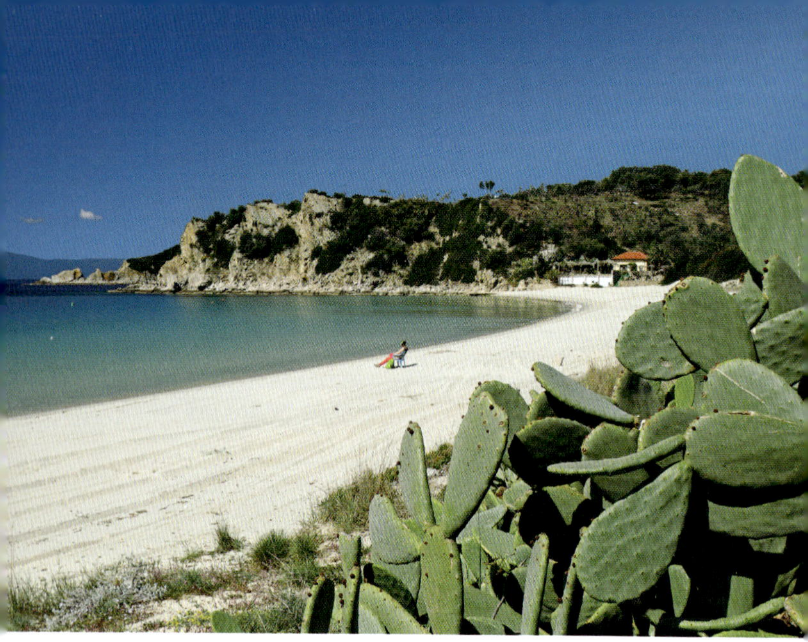

Außerhalb der Saison ist man in der Alykes-Bucht oft allein.

Hinter der Straße erstreckt sich die **Bucht von Alykes (4)** mit ihrem herrlichen, sauberen Sandstrand. Rechts vom Parkplatz liegt der große Campingplatz, auf dem viele Dauercamper ihr Domizil gefunden haben. Wir suchen uns ein schönes Plätzchen und können uns am Strand und im Wasser vergnügen.

Für den Rückweg gehen wir hinter dem Campingplatz wieder zur Asphaltstraße und folgen ihr nach links in westlicher Richtung. An ihrem Ende halten wir uns rechts und bleiben auf der Erdstraße, die uns auf eine **Hügelkuppe (5)** führt, von der wir einen schönen Blick Richtung Norden auf die Ortschaft Amouliani haben.

Wir folgen weiter dem Weg, der am Ortsrand wieder auf die vom Hinweg bekannte Strecke stößt. Dort wenden wir uns nach links und haben in kurzer Zeit unseren Ausgangspunkt am **Fähranleger (1)** erreicht. Bis zur Abfahrt der Fähren können wir uns noch im Städtchen **Amouliani** in einer der zahlreichen Tavernen oder in einem Kafenion stärken.

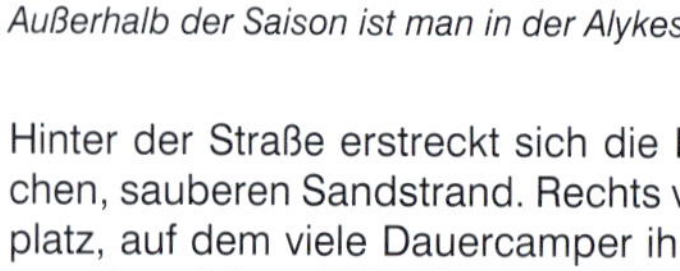

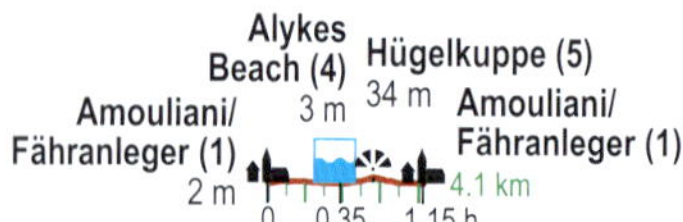

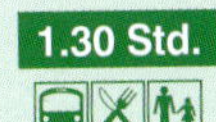

Nea Roda

Rundwanderung im Westen des Ortes

Nea Roda wurde 1923 von ca. 40 Familien gegründet, die vor der türkischen Herrschaft aus dem Dorf Roda in Kleinasien geflohen waren. Der Ort mit seinem rechtwinkligen Straßengrundriss ist seitdem permanent gewachsen und zählt heute gut 1000 Einwohner, die dort ständig leben. Im Sommer schwillt die Einwohnerzahl auf 6000 an. Bei den Touristen besonders beliebt ist der breite Sandstrand zwischen dem eigentlichen Ort und dem kleinen Hafen. Unsere Rundwanderung führt uns zunächst vorbei am Hafen an der Küste entlang und dann weiter landeinwärts zurück. Mit etwas Glück können wir unterwegs Wasserschildkröten beobachten.

Ausgangspunkt: Parkplatz am Friedhof im Osten des Ortes Nea Roda.
Höhenunterschied: 100 m.
Anforderungen: Die einfache, meist schattenlose Wanderung verläuft vorwiegend auf Erdstraßen. Schwindelfreiheit und Trittsicherheit sind nicht erforderlich, nur etwas Orientierungssinn ist vorteilhaft.
Markierung: Keine.
Einkehr: Zahlreiche Tavernen und Kafenia in Nea Roda; in der kleinen Bucht im Sommer eine Strandbar.
Tipp: Neben dem ausgezeichneten Sandstrand an Start und Ziel, der im Sommer recht voll sein kann, bieten sich auch die beiden weiter westlich gelegenen Sandbuchten für einen Strandaufenthalt und ein Bad an.

Nea Rodas Kirche Agios Nikolaos hat ihren Platz unmittelbar oberhalb des Hafens.

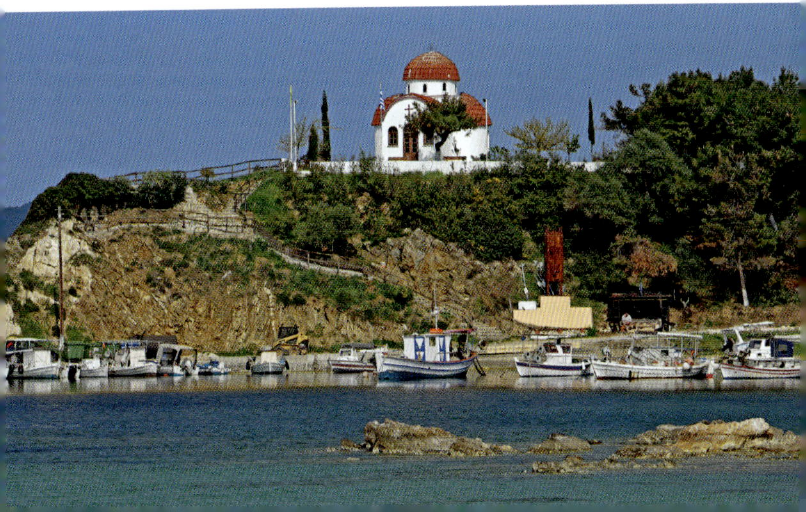

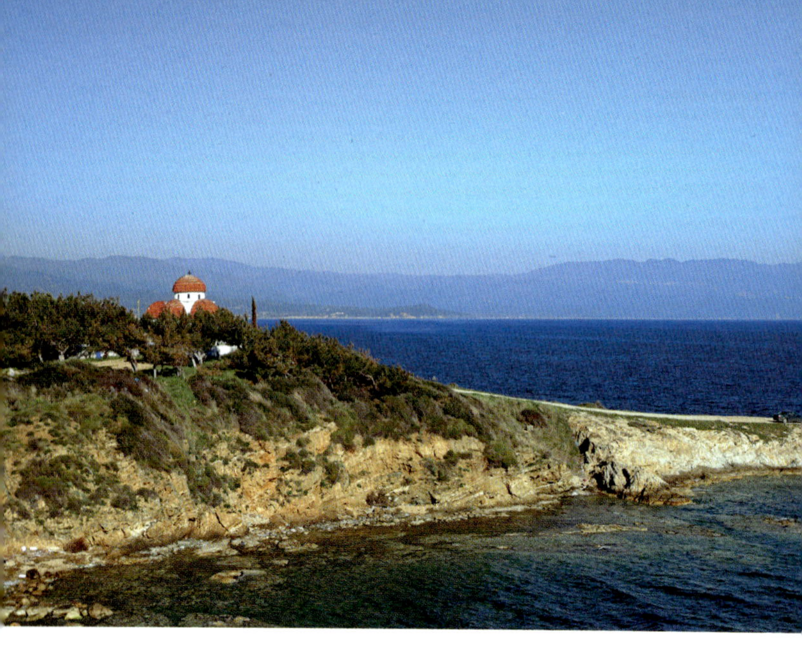

Die Kirche von Nea Roda liegt schön auf einem ins Meer ragenden Felssporn.

Vom **Parkplatz (1)** gehen wir am breiten Sandstrand zum kleinen **Fischerhafen** von **Nea Roda**, wo wir auf einem schönen Fußweg an die Asphaltstraße unterhalb der Kirche gelangen. Von dort steigen wir die Stufen zur **Kirche (2)**, die der Heiligen Jungfrau und dem heiligen Nikolaus geweiht ist, hinauf. Von oben haben wir einen schönen Blick auf den Hafen und den Ort, mehrere Bänke laden zum Sitzen ein. Das Gotteshaus, das meist unverschlossen ist, beherbergt in ihrem Inneren eine Ikone der Heiligen Jungfrau, die die Flüchtlinge damals aus ihrer Heimat in Kleinasien mitgebracht hatten. Wir verlassen den Kirchplatz auf der gegenüberliegenden Seite durch ein Tor und folgen dem Erdweg nach rechts. An der ersten Gabelung halten wir uns links und bleiben auf dem Weg entlang der Steilküste. Etwa 400 m weiter gelangen wir erneut an eine Gabelung. Auch hier gehen wir links, um an den kleinen Sandstrand mit Strandbar in der **Voulitsa-Bucht (3)** unterhalb uns zu kommen.

Wir verlassen die Bucht auf der nach Südwesten führenden Piste und wandern am Ende links oberhalb

Voulitsa Beach (3)
Abzw. Feldweg (5)
Nea Roda (1)
8 m (4) 8 m
Nea Roda (1)
3 m
5.1 km
0 0.25 0.55 1.30 h

wieder an der Steilküste entlang. Schon bald erreichen wir die nächste **Sandbucht (4)**, diesmal eine wesentlich längere, die sich über mehr als 500 m erstreckt. Einen besonders schönen Platz finden wir links nahe am westlichen Ende der Bucht, wo eine kleine Sandzunge fast bis an einen Felsen im Wasser heranreicht. Etwa in der Mitte der Bucht verlassen wir sie auf einer Straße, die nach kurzer Zeit rechts von einem **Bach** begleitet wird, der auch im Sommer nur selten austrocknet. Wenn wir uns hier vorsichtig bewegen, ist die Chance sehr groß, dass wir Sumpfschildkröten beobachten können, die sich am Ufer sonnen. Der Erdweg endet an einer zweispurigen Asphaltstraße, die relativ stark befahren ist. Wir gehen nach rechts, können zum Glück aber schon nach etwas mehr als 200 m in einer Rechtskurve wieder links auf einen **Feldweg (5)** abzweigen. Nach etwa 600 m erreichen wir eine Gabelung, an der wir scharf rechts gehen, bis wir nach 200 m auf eine Piste stoßen, die wir geradewegs auf eine Wiese überqueren. Wir passieren einen **Stall** rechts und gelangen erneut auf einen Feldweg (Achtung, bellende Hunde!), dem wir links in nordwestlicher Richtung folgen. Am Ende des Weges stoßen wir an einem **Neubaugebiet (6)** von **Nea Roda** auf eine Straße, die wir links versetzt überqueren und in das Wohngebiet hineinspazieren. An der folgenden Kreuzung halten wir uns halb links (nicht ganz links) und an der nächsten Möglichkeit rechts, vorbei an Wohnhäusern, bis zum Ende der Straße. Hier wenden wir uns nach links und folgen der Straße ebenfalls bis zu ihrem Ende. Rechts voraus ist nun schon der Friedhof zu sehen, hinter dem wir unseren Ausgangspunkt am **Parkplatz (1)** erreichen.

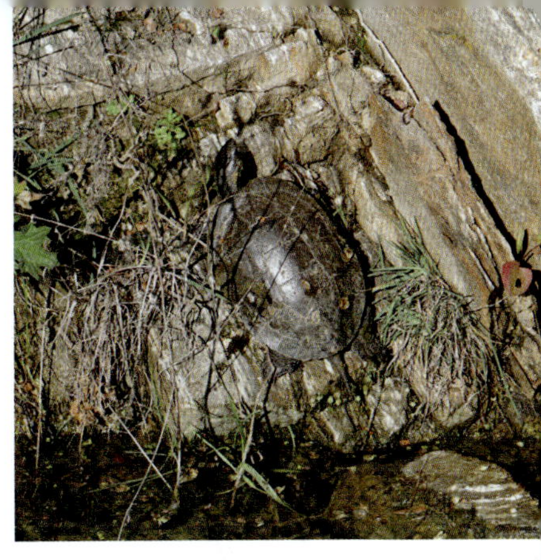

Während der Wanderung bestehen gute Chancen, Sumpfschildkröten zu sehen.

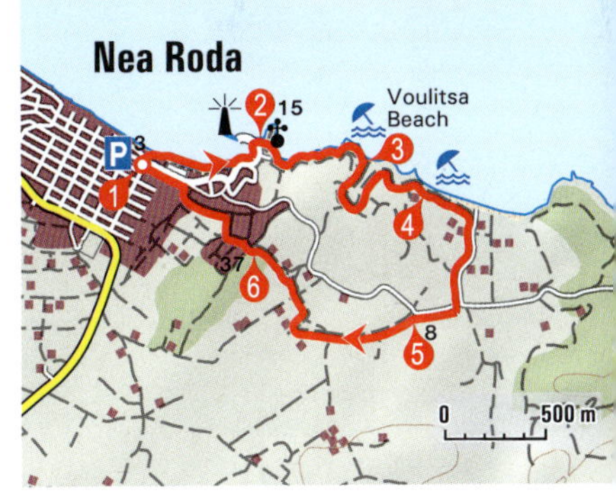

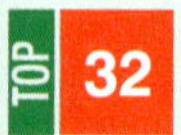

32 Von Ouranoupoli nach Koumitsa

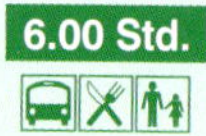

6.00 Std.

Querung der Halbinsel von Nord nach Süd entlang der Grenze zur Mönchsrepublik

Ausgangspunkt ist Ouranoupoli, die sogenannte »Himmelsstadt«. Hier legen im kleinen Hafen direkt am byzantinischen Prosphorios-Turm, dem Wahrzeichen des Ortes, die Fähren zur Mönchsrepublik Athos ab. Der aussichtsreiche Weg führt in einiger Entfernung parallel zur Grenze der Mönchsrepublik über einen Höhenkamm im westlichen Ausläufer des Athos auf die andere Seite der Halbinsel, an den Golf Ierissos. Dort finden wir eine wunderschöne, kilometerlange Sandbucht und können bis zur Grenzmauer zur Mönchsrepublik wandern.

Wer im Frühjahr kommt, kann auf dem schmalen bewachsenen Streifen neben dem Strand zahlreiche Wiedehopfe bei der Nahrungssuche beobachten. Die Wanderung führt auf weiten Strecken durch Wald, aber auch durch Olivenhaine und offene Landschaft.

Der historische Prosphorios-Turm in Ouranoupoli.

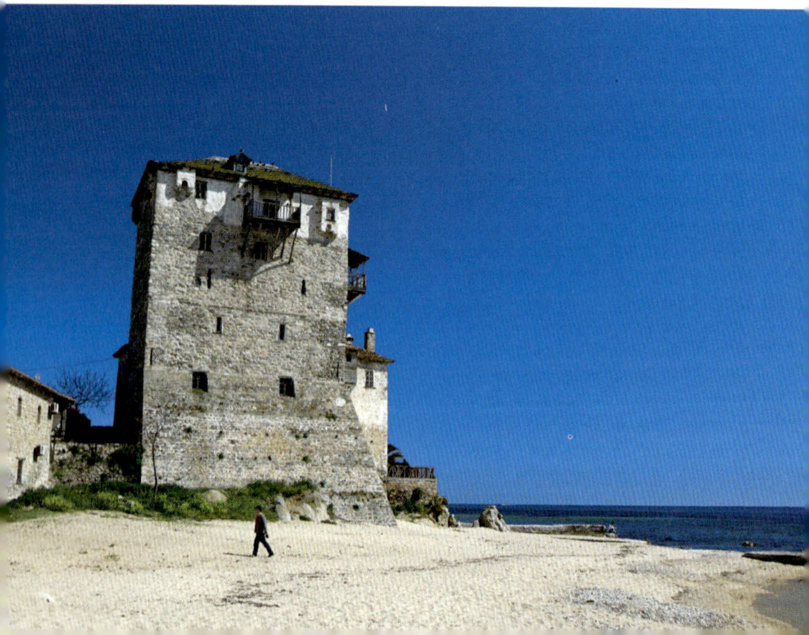

Ausgangspunkt: Platz vor dem Prosphorios-Turm am Hafen von Ouranoupoli.
Höhenunterschied: 440 m.
Anforderungen: Die stellenweise schattige Wanderung erfordert weder Trittsicherheit noch Schwindelfreiheit, doch angesichts der Länge etwas mehr Kondition. Da das Gelände von zahlreichen Wegen und Brandschneisen durchzogen ist, ist allerdings ein wenig Orientierungssinn erforderlich.
Markierung: Keine.
Einkehr: Auf der Strecke keine; in Ouranoupoli zahlreiche Tavernen und Kafenia, in Koumitsa mehrere Strandbars.
Tipp: Koumitsa hat mit über 3 km einen der längsten und schönsten Sandstrände der Chalkidiki, deshalb Strand- und Badesachen nicht vergessen.

In **Ouranoupoli** gehen wir vom Buswendeplatz am **Prosphorios-Turm (1)** entlang der Asphaltstraße in östlicher Richtung. Nach 200 m (die vierte Abzweigung links, noch vor dem großen Parkplatz) biegen wir am **Café Argomento** links ab. Wir passieren einen Sportplatz mit schönem grünem Rasen und dahinter die **Schule (2)**, wo wir uns rechts halten. Der Weg wird steiler und die Asphaltstraße geht in einen Erdweg über. An der gleich folgenden Abzweigung gehen wir rechts, ebenso an der nächsten, die durch einen Zwillingsmast mit Trafo gekennzeichnet ist. Die Bebauung endet und hinter einer Zisterne schwenkt der Weg in

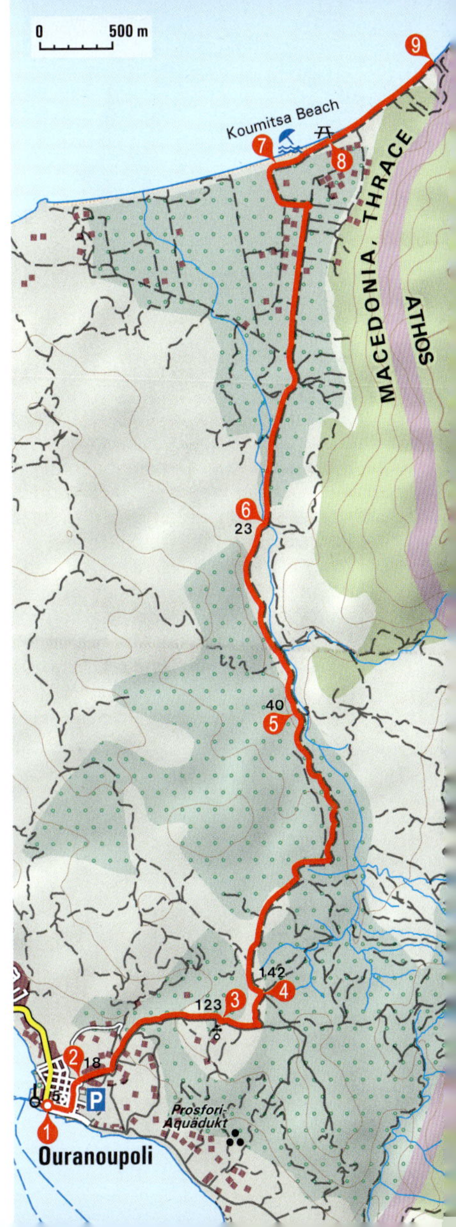

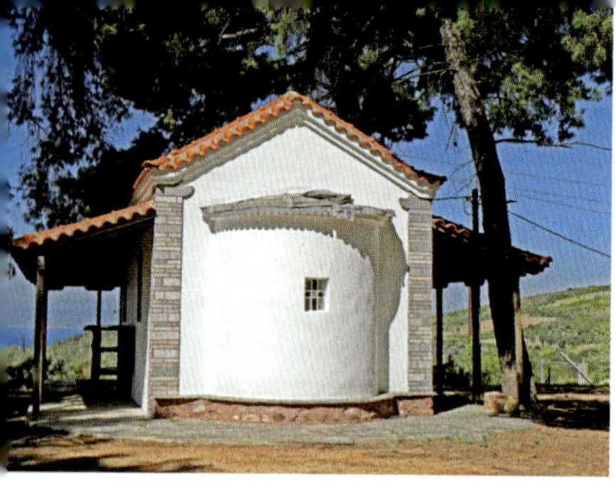

An der Kapelle finden wir einen besonders schönen Rastplatz mit guter Aussicht.

östliche Richtung. Der steilste Anstieg ist fürs Erste überwunden. Wir wandern an kleineren Rebhängen vorbei und stoßen auf einer bewaldeten Hügelkuppe auf eine **Kapelle (3)**. An dieser findet sich ein herrlicher schattiger **Rastplatz** mit Bänken und Tischen, Grillmöglichkeiten und Wasser. Der Blick auf Amouliani mit den vorgelagerten Felsinseln und auf Sithonia ist einmalig. Eine prima Möglichkeit für eine längere Rast.

Hinter dem Rastplatz folgen wir dem Weg zunächst weiter in östlicher Richtung, bis er an einer Gabelung, an der wir links weitergehen, nach Norden schwenkt. Unser Weg steigt nun nochmals steil bergan. Wir passieren zwei Bildstöcke und haben an einem eingezäunten Grundstück, wo wir uns an der **Verzweigung (4)** links halten, die erste Anhöhe erreicht.

Der Weg führt nun in leichtem Auf und Ab weiter. Wir passieren in einem eingezäunten Grundstück einen weißen Container und gehen an der Abzweigung knapp 150 m weiter geradeaus. Bald öffnet sich der Blick nach Osten auf die Hänge der Mönchsrepublik. Wir bleiben auf dem Hauptweg und ignorieren die links und rechts abzweigenden Wege.

Oberhalb von Ouranoupoli bietet sich ein schöner Blick zurück auf Amouliani.

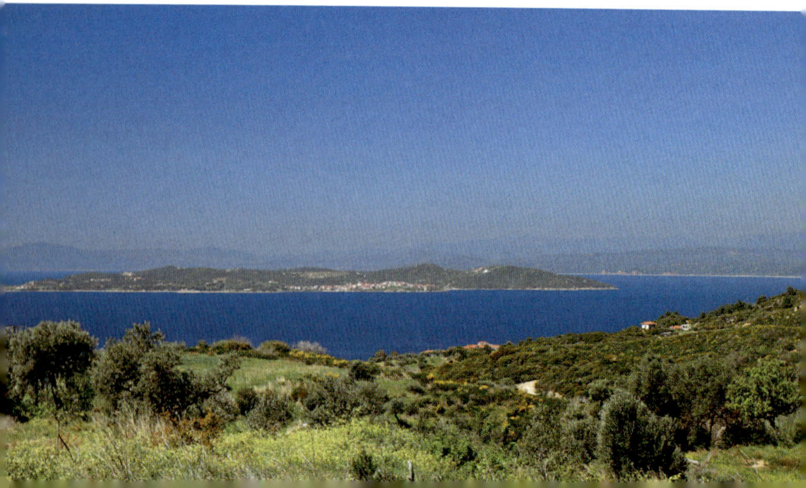

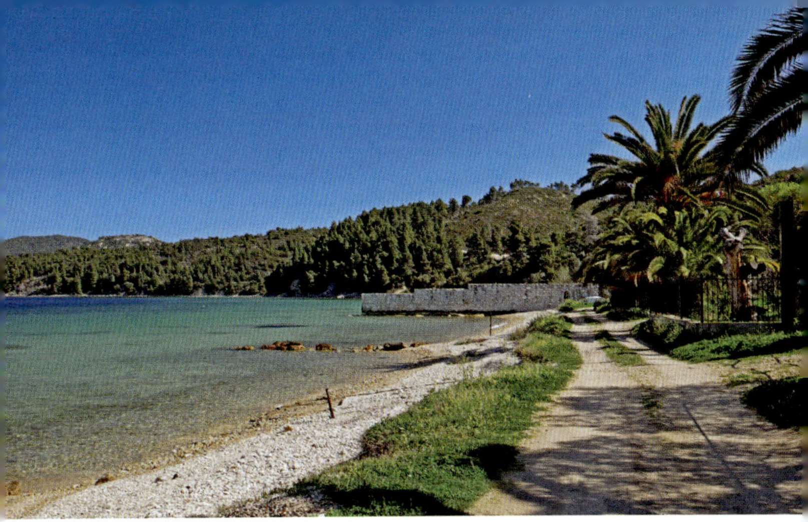

Am Ostende der Bucht bildet diese Mauer die Grenze zur Mönchsrepublik.

Am Rand eines Tales schwenkt die Piste nach Norden und führt relativ steil abwärts in ein kleines, grünes Tal, wo wir an eine erste **Furt (5)** gelangen, die aber meistens trocken ist. Der Weg führt neben einem Bach weiter, erreicht nach etwa 150 m eine zweite und nochmals 200 m weiter an einer Linksabzweigung eine dritte Furt.
Hier wandern wir geradeaus in nördlicher Richtung und gelangen nach etwa 1 km an eine weitere **Furt (6)**, die wir ebenfalls durchqueren. Das Gelände wird nun offener. Unser Weg führt, immer noch in nördlicher Richtung, an Olivenpflanzungen und Getreidefeldern vorbei. Nach 2,3 km gelangen wir an einem Haus an eine Kreuzung. Hier halten wir uns links (Hinweis zum Beach) und folgen dem Weg um eine Rechtskurve herum bis zum kilometerlangen **Sandstrand (7)** von **Koumitsa**, auf den wir in seiner Mitte stoßen.
Wer noch zur 1,5 km entfernten Grenze zur Mönchsrepublik will, hält sich rechts in nordöstlicher Richtung. Dabei passieren wir noch einen schönen schattigen **Rastplatz (8)** mit zahlreichen Bänken und Tischen. Ende ist dann bei der **Grenzmauer (9)**.
Den Rückweg nach **Ouranoupoli (1)** treten wir auf derselben Route an.

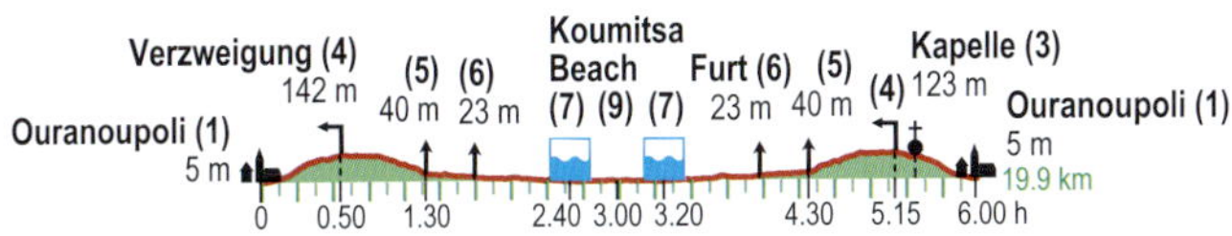

33 Von Ouranoupoli zur Grenze der Mönchsrepublik

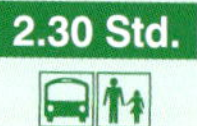

Rundtour im Westen von Ouranoupoli

Die aussichtsreiche Wanderung führt zunächst zum Ausgrabungsgelände eines mehr als 1000 Jahre alten Klosters direkt an der Grenze zur Mönchsrepublik. Anschließend wandern wir auf einem Höhenweg mit einzigartiger Aussicht am Südwesthang eines Berges entlang. Beim Abstieg passieren wir ein noch gut erhaltenes, sehenswertes Aquädukt aus postbyzantinischer Zeit.

Ausgangspunkt: Platz vor dem Prosphorios-Turm am Hafen von Ouranoupoli.
Höhenunterschied: 250 m.
Anforderungen: Die Wanderung, die nur wenig Schatten bietet, verläuft zum größten Teil auf Erdwegen. Die Orientierung ist einfach, Trittsicherheit und Schwindelfreiheit sind nicht erforderlich.
Markierung: Vereinzelt blauer Dreizack.
Einkehr: Unterwegs keine; in Ouranoupoli zahlreiche Tavernen und Kafenia.

In **Ouranoupoli** gehen wir vom Buswendeplatz am **Prosphorios-Turm (1)** entlang der Asphaltstraße in östlicher Richtung auf die Mönchsrepublik zu. Wir passieren den großen, gebührenpflichtigen **Parkplatz (2)**, hinter dem die Asphaltstraße in eine Erdstraße übergeht. Den nächsten Kilometer bleiben wir auf dieser Straße und ignorieren alle links abzweigenden Wege. Wir passieren auch die **Abzweigung (3)** nach links zum Prosfori-Aquädukt (Hinweisschild), an der wir auf dem Rückweg wieder auf die Strandstraße stoßen werden. Von hier gehen wir noch etwa 100 m weiter geradeaus bis zu einer **Infotafel** und Viehtränke.

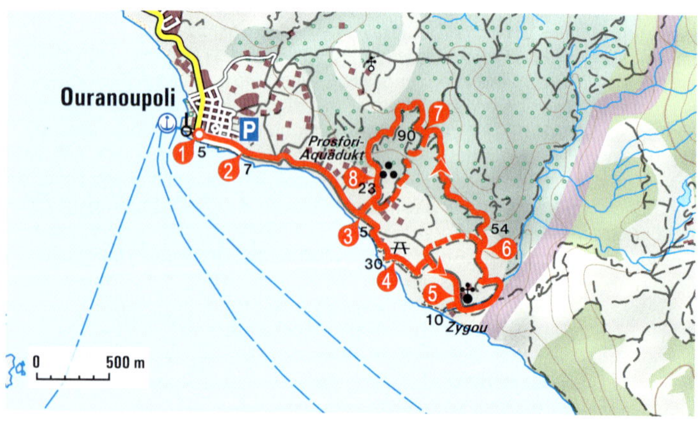

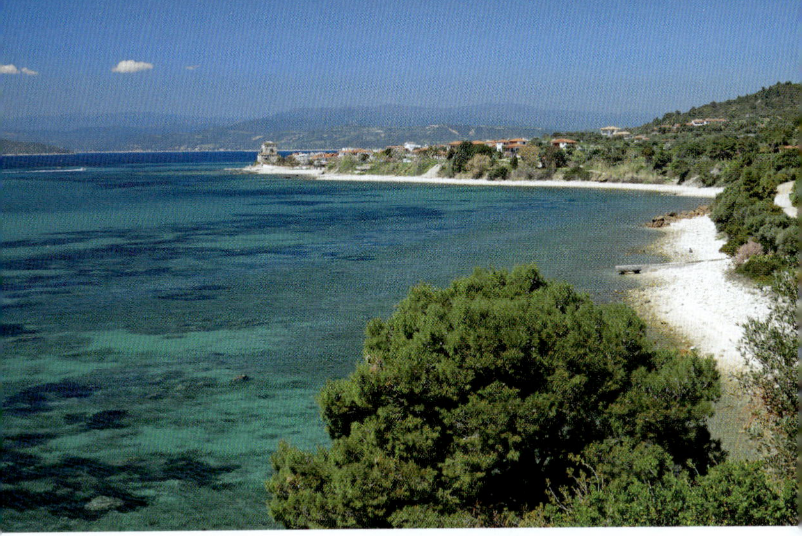

Blick zurück auf den Ausgangsort Ouranoupoli mit dem markanten Prosphorios-Turm.

Zwischen Tränke und Tafel wandern wir einen schmalen Pfad abwärts zum **Strand**, wo wir uns nach links wenden. Nach knapp 100 m halten wir nach einem Weg Ausschau, der links den Hang hinaufführt. Über Stufen und mehreren Serpentinen steigen wir die Uferböschung hinauf. Oben angekommen, gehen wir noch vor dem Haus rechts und dann am rechten Rand der Wiese auf der kaum zu erkennenden Fahrspur weiter, bis wir am Ende der Wiese in einen kleinen, schattigen Nadelwald gelangen, wo wir eine **Rastbank (4)** finden.

Etwa 150 m hinter der Bank kommen wir an eine Gabelung. Der eigentliche Wanderweg führt hier rechts und dann weiter über einen Pfad abwärts zum Strand. Der Pfad ist inzwischen aber so zugewachsen, dass man von dieser Möglichkeit dringend abraten muss. Wir gehen deshalb an der Gabelung links und folgen dem Erdweg abwärts bis zu seinem Ende. Dort wenden wir uns nach rechts und gelangen nach 300 m an das Ausgrabungsgelände des **Klosters Zygou (5)**, das urkundlich erstmals im 10. Jahrhundert erwähnt wird, und wenige Schritte weiter direkt an die **Grenze zur Mönchsrepublik**, die hier von einer Mauer mit einem Zaun darauf gebildet wird. Eine kleine Pforte führt in die Republik, für uns ist der Zutritt aber verboten. Die Einreise für Pilger und

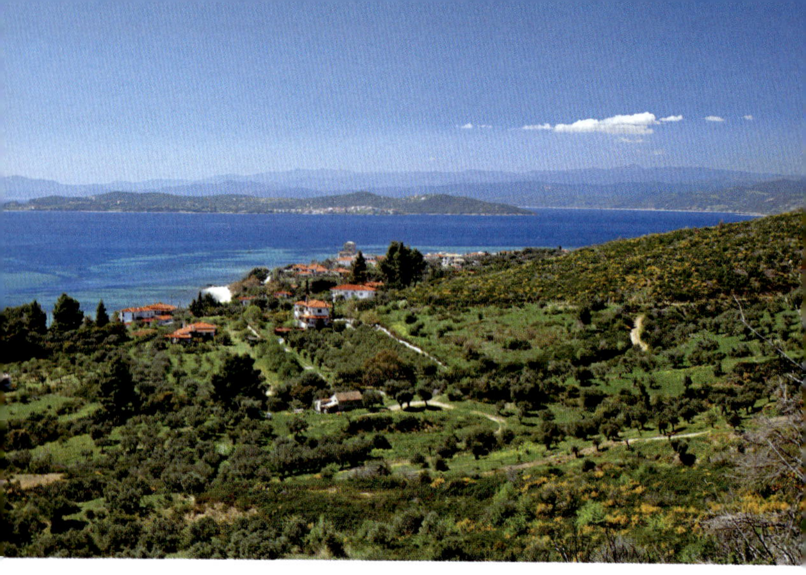

Vom Wanderweg haben wir einen schönen Blick auf Ouranoupoli und Amouliani.

Touristen ist nur Männern und nur per Schiff erlaubt (siehe S. 146). Wenn wir hier etwas Richtung Strand gehen, können wir einen Blick über die Mauer in das verbotene Land riskieren. Zu sehen gibt es bis auf ein verfallenes Gemäuer allerdings nicht viel.

Wir gehen vom Strand wieder zurück und können am Zaun des **Ausgrabungsgeländes** oder in dem meist trockenen Bachbett in nordöstlicher Richtung wandern. Hinter dem Grabungsgelände stoßen wir links auf einen Fahrweg, der nach etwa 200 m an eine Gabelung führt. Hier müssen wir scharf links aufwärtsgehen.

Variante: Falls der Weg neben dem Kloster nicht mehr passierbar sein sollte, gehen wir auf demselben Weg, der uns zum Kloster geführt hat, wieder zurück, dann noch kurz weiter geradeaus. An der ersten Möglichkeit gut 400 m hinter dem Kloster biegen wir dann rechts ab und stoßen nach 350 m wieder auf die Hauptroute.

In der nächsten Rechtskurve haben wir nochmal einen schönen Blick aus der Vogelperspektive auf das Grabungsgelände und wenig später bietet sich uns eine hervorragende Aussicht nach Westen auf Ouranoupoli. Etwa 300 m hinter der Rechtskurve heißt es aufpassen: Hier müssen wir uns an der Gabelung rechts halten und dem etwas unscheinbareren Weg rechts aufwärts folgen, wo wir nach wenigen Metern auf eine **Erdstraße (6)** treffen, auf der o. a. Variante verläuft.

An der gleich folgenden Gabelung halten wir uns links. Wir folgen der Erdstraße und genießen den Blick auf die Küste und den Golf des Agion Oros, auf Amouliani und Sithonia. Der Weg führt am Südwesthang eines kleinen Berges entlang und stößt schließlich auf eine **Kreuzung (7)**. Hier haben wir grundsätzlich zwei Möglichkeiten, um zu unserem Ausgangspunkt zurückzukommen.

Variante: Die links abzweigende Alternative führt auf schnellstem Weg zu WP 3 und zum Rückweg, bietet aber keine Höhepunkte mehr.

Wir gehen deshalb weiter geradeaus und stoßen nach knapp 1 km auf eine sehr breite, frisch geschobene Erdstraße, wo wir uns links weiter abwärts halten. Etwa 200 m hinter der Einmündung gelangen wir an eine Gabelung. Hier gehen wir rechts an der Betonmauer entlang und erreichen 50 m weiter das sehenswerte **Prosfori-Aquädukt (8)**. Dessen Ursprung ist nicht genau bekannt, es wurde aber erst nach dem Untergang des Byzantinischen Reiches Mitte des 15. Jahrhunderts errichtet.

Wir folgen der Piste weiter abwärts, die an der **Küstenstraße (3)** endet. Dort gehen wir nach rechts auf dem vom Hinweg bekannten Weg zu unserem Ausgangspunkt in **Ouranoupoli (1)** zurück.

Das Aquädukt aus postbyzantinischer Zeit ist erstaunlich gut erhalten.

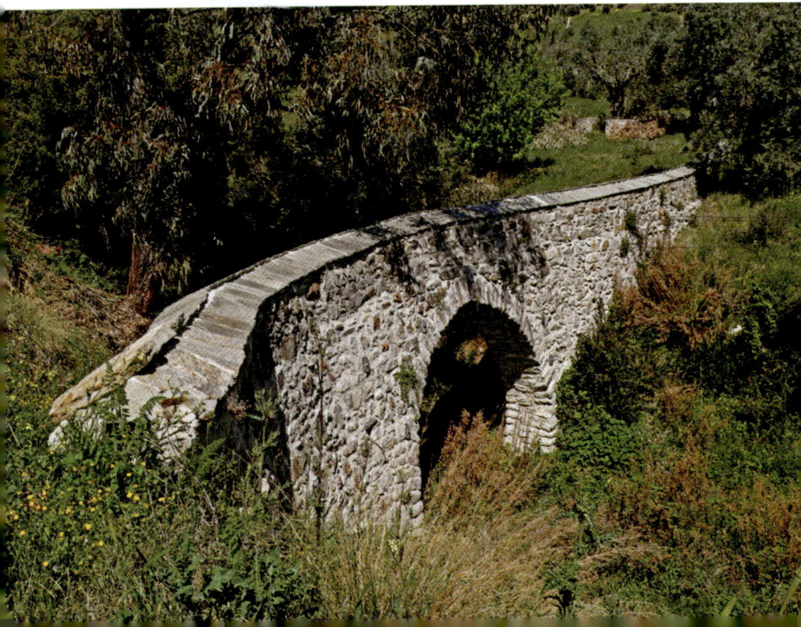

Wichtige Hinweise für Touren in der Mönchsrepublik Athos

Die Touren 34–37 führen durch die orthodoxe Mönchsrepublik Athos. Die Einreise in das halbautonome Gebiet rund um den »Heiligen Berg« Athos ist nicht ohne Weiteres möglich und für Frauen grundsätzlich verboten. Die Einreiseerlaubnis, das sog. »Diamonitirion« (Bild links unten), wird nur Männern, die mindestens 18 Jahre alt sind, auf Antrag ausgestellt. Aber auch Jugendliche in Begleitung eines Erwachsenen erhalten eine Erlaubnis. Allerdings wird pro Tag immer nur einer begrenzten Anzahl von Pilgern (derzeit 120, davon nur 10 Ausländer) die Einreise gestattet, weshalb eine frühzeitige (frühestens 6 Monate) Beantragung der Aufenthaltserlaubnis dringend anzuraten ist. Die Einreise selbst ist nur auf dem Wasserweg von Ouranoupoli möglich. Die Fähren fahren fast jedes Kloster auf der Westseite der Halbinsel an, südlichster Halt ist der Hafen der Skite Kavsokalivia. Wer eine Reise auf den Heiligen Berg plant, muss bedenken, dass die Aufenthaltserlaubnis nur für vier Tage (drei Übernachtungen) gültig ist.

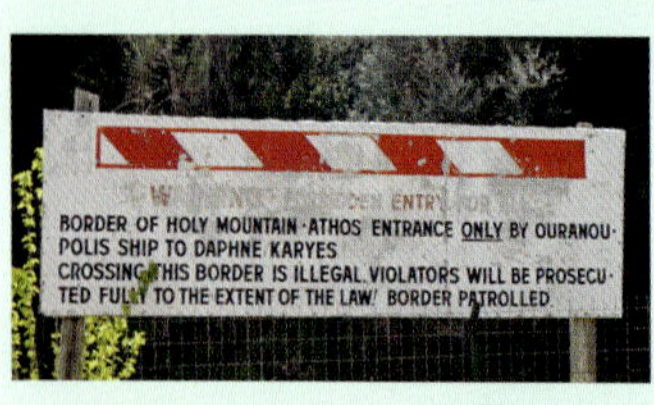

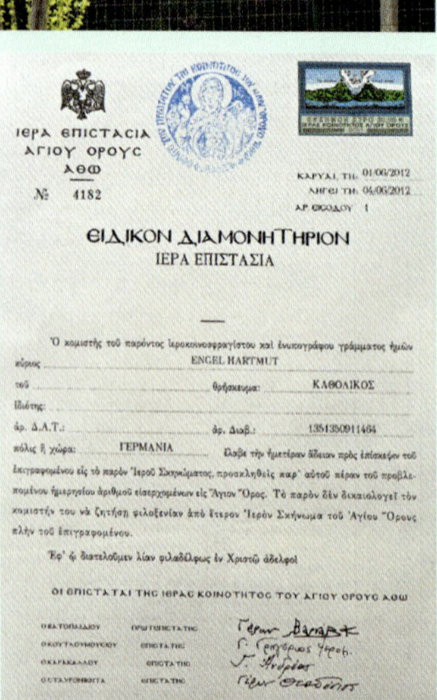

ΙΕΡΑ ΕΠΙΣΤΑΣΙΑ
ΑΓΙΟΥ ΟΡΟΥΣ
ΑΘΩ

№ 4182

ΚΑΡΥΑΙ, ΤΗ: 01/06/2012
ΛΗΓΕΙ ΤΗ: 04/06/2012
ΑΡ. ΕΙΣΟΔΟΥ 1

ΕΙΔΙΚΟΝ ΔΙΑΜΟΝΗΤΗΡΙΟΝ
ΙΕΡΑ ΕΠΙΣΤΑΣΙΑ

Ὁ κομιστὴς τοῦ παρόντος ἱεροκοινοσφραγίστου καὶ ἐνυπογράφου γράμματος ἡμῶν
κύριος ENGEL HARTMUT
τοῦ .... θρήσκευμα: ΚΑΘΟΛΙΚΟΣ
ἰδιότης: ....
ἀρ. Δ.Α.Τ.: .... ἀρ. Διαβ.: 1351350911464
πόλις ἢ χώρα: ΓΕΡΜΑΝΙΑ ἔλαβε τὴν ἡμετέραν ἄδειαν πρὸς ἐπίσκεψιν τοῦ ἐπιγραφομένου εἰς τὸ παρὸν Ἱεροῦ Σκηνώματος, προσκληθεὶς παρ' αὐτοῦ πέραν τοῦ προβλεπομένου ἡμερησίου ἀριθμοῦ εἰσερχομένων εἰς Ἅγιον Ὄρος. Τὸ παρὸν δὲν δικαιολογεῖ τὸν κομιστήν του νὰ ζητήσῃ φιλοξενίαν ἀπὸ ἕτερον Ἱερὸν Σκήνωμα τοῦ Ἁγίου Ὄρους πλὴν τοῦ ἐπιγραφομένου.

Ἐφ' ᾧ διατελοῦμεν λίαν φιλαδέλφως ἐν Χριστῷ ἀδελφοί

ΟΙ ΕΠΙΣΤΑΤΑΙ ΤΗΣ ΙΕΡΑΣ ΚΟΙΝΟΤΗΤΟΣ ΤΟΥ ΑΓΙΟΥ ΟΡΟΥΣ ΑΘΩ

Im Gegensatz zu früher ist die Anmeldeprozedur inzwischen erheblich einfacher geworden. Detaillierte Informationen zu den Regelungen enthält ein vierseitiges Merkblatt des Generalkonsulats der Bundesrepublik Deutschland in Thessaloniki, das man auf deren Website herunterladen kann: www.thessaloniki.diplo.de. Der Link ist etwas versteckt, man findet ihn auf der Startseite unter »Konsularservice«, dort bei »A–B« unter »Besuch des Heiligen Berges Athos«.

Sehr nützliche Hinweise und Informationen, u. a. wichtige Verhaltensregeln, findet man bei der Gemeinschaft der Freunde des Agion Oros Athos e.V., deren Website man unbedingt vor dem Besuch der Mönchsrepublik aufsuchen sollte: www.athosfreunde.de.

Weitere Informationen und Links bietet auch die englischsprachige Seite der Friends of Mount Athos: www.athosfriends.org.

5.30 Std.

Von der Skite Agia Anna zum Kloster Megisti Lavra

34

Wanderung von der Skite Agia Anna zum größten Athos-Kloster

Die aussichtsreiche Wanderung führt auf uralten Eselswegen und Fußpfaden, die teilweise noch das alte Pflaster haben, von der West- zur Ostküste der Halbinsel am Südhang des Berges Athos. Der Weg war früher die Hauptverbindung von den Klöstern auf der Westseite zum Kloster Megisti Lavra auf der Ostseite. Er führt zum größten Teil durch dichten, alten Wald.
Die Skite Agia Anna, die dem Kloster Megisti Lavra untergeordnet ist, ist die älteste und größte Skite auf dem Heiligen Berg. Sie besteht neben den Hauptgebäuden aus mehr als 50 Kellien, die aber nicht mehr alle bewohnt sind. Heute leben hier nur noch wenig mehr als 50 Mönche. In der Kirche werden neben historischen Handschriften zahlreiche Reliquien aufbewahrt, darunter der linke Fuß der heiligen Anna, die die Mutter Marias, der Muttergottes, war.

Ausgangspunkt: Kirchhof der Skite Agia Anna. Erreichbar vom Anleger der Fähre von Ouranoupoli bei der Nea Skite. Von dort steigt man mäßig steil an bis Agia Anna (ca. 1 Std., 1,5 km, 300 Hm).
Endpunkt: Kloster Megisti Lavra.
Höhenunterschied: Anstieg 705 m, Abstieg 840 m.
Anforderungen: Die Strecke, die reichlich Schatten bietet, verläuft zum größten Teil auf alten Fußpfaden und Eselswegen, die zum Teil noch das alte Pflaster aus Naturstein tragen. Die Orientierung ist einfach, Trittsicherheit und Schwindelfreiheit sind nicht erforderlich.
Markierung: An den meisten Verzweigungen Holzwegweiser mit Ortsangaben.
Einkehr: Keine.
Wichtiger Hinweis: Die Tour in der Mönchsrepublik Athos ist nur für männliche Wanderer ab 18 Jahren mit Visum (»Diamonitirion«) möglich. Näheres dazu siehe Infokasten links.

Die Skite Agia Anna ist mit der gleichnamigen Fähre von Ouranoupoli aus erreichbar.

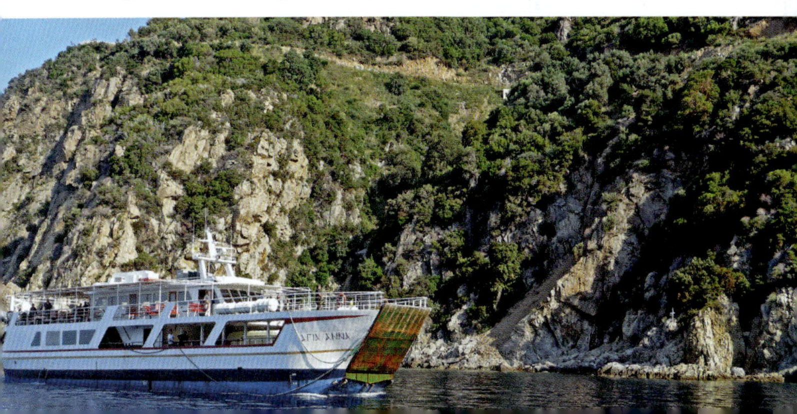

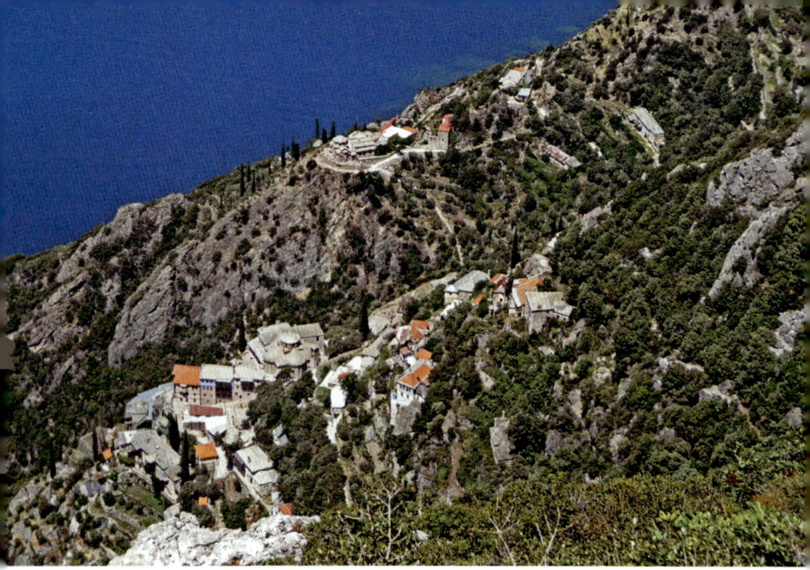

Agia Anna gehört zu den größten Skiten.

Vom Kirchhof der **Skite Agia Anna (1)** gehen wir vorbei am Glockenturm auf den befestigten, teils stufigen Fußweg, der zwischen einzelnen Gebäuden des Mönchsdorfes steil aufwärtsführt. Wir passieren eine **Zisterne**, folgen weiter dem Weg, der sich im Zickzack den Hang hinaufwindet und erreichen eine **Steinhütte (2)** mit Bänken im Innern. Den nach etwa 100 m links abzweigenden Pfad ignorieren wir ebenso wie den, der weitere 150 m links abzweigt. Die steilsten Passagen liegen nun hinter uns und wir erreichen an einem **Holzkreuz (3)** eine offene Fläche im Wald. Von hier haben wir einen fantastischen Blick zu unserem Ausgangspunkt und über die Küste bis zum Kloster Simonos Petra. Im Westen schauen wir auf Sithonia, den mittleren Finger der Chalkidiki. Es geht jetzt nur noch leicht bergauf und nach ca. 650 m gelangen wir an eine Abzweigung,

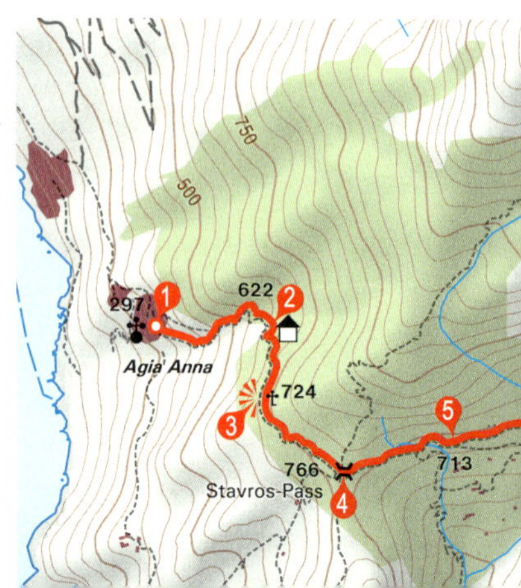

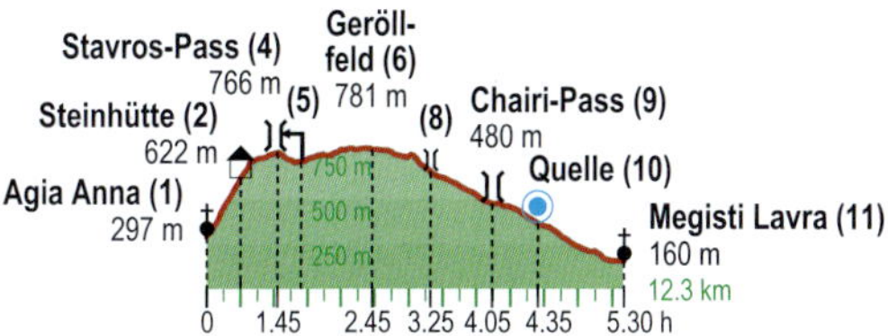

die rechts abwärts nach Katounakia führt. Wir bleiben auf unserem Weg und erreichen nur wenige Schritte weiter an einem Holzkreuz den **Stavros-Pass (4)**, wo sich mehrere Wege kreuzen (stavros = kreuzen). Hier beginnt nach links der Aufstieg auf den Athos-Gipfel (Tour 37). Rechts geht es u. a. zur Skite Agios Vasilios. Der Wegknoten Stavros ist ein beliebter Treffpunkt von Pilgern aus aller Herren Länder, sodass es hier zeitweise sehr lebhaft zugehen kann. (Bei meinem letzten Besuch machte der an sich schöne Platz einen recht vermüllten Eindruck.)

Wir setzen unseren Weg in gerader Richtung, jetzt absteigend, fort und kommen gleich an eine Gabelung. Hier finden wir einen **Wasserhahn**, wo wir unsere Flaschen auffüllen können. Wir bleiben auf dem Hauptweg und ignorieren den rechts

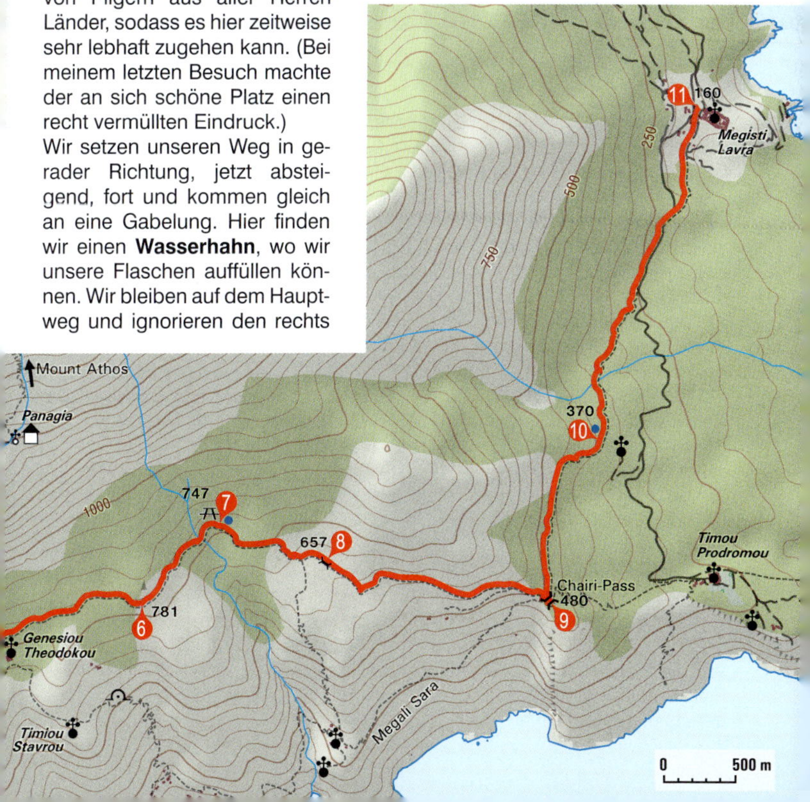

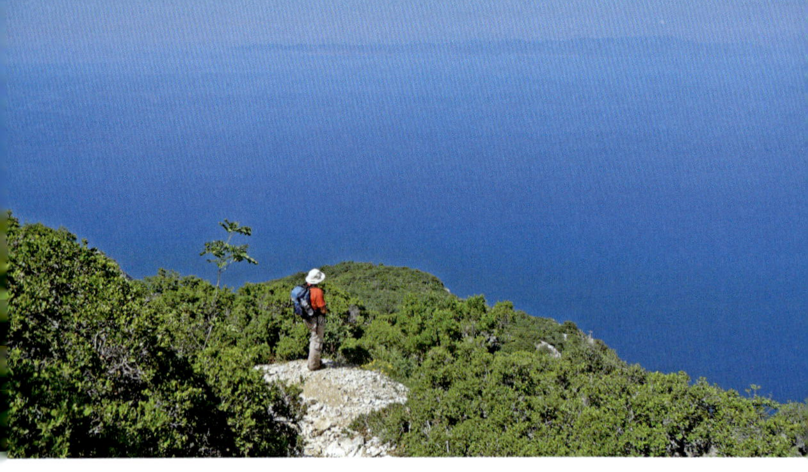

Auf dem Wanderweg bieten sich immer wieder überragende Ausblicke.

abzweigenden Pfad. Auch die nächste Abzweigung rechts nach knapp 450 m Richtung Kerasia beachten wir nicht. An der **Gabelung (5)** 250 m weiter halten wir uns links, rechts geht es Richtung Kavsokalivia (Tour 36).
Die nächsten drei Abzweigungen Richtung Kerasia ignorieren wir. Etwa 600 m hinter der dritten Abzweigung lichtet sich der Wald und der Weg führt ein kurzes Stück durch ein **Geröllfeld (6)**. Dahinter passieren wir einen links stehenden Wassertrog und kommen gut 300 m weiter an einen **Rastplatz (7)** mit Bänken und einer Wasserstelle.
Wir setzen unseren Weg durch den dichten Wald fort und erreichen nach etwas mehr als 700 m an einer **Bank** eine Abzweigung, die rechts nach Agios Nilos und weiter nach Kavsokalivia führt. Etwas weiter überqueren wir auf einer schönen **Steinbrücke (8)** ein meist ausgetrocknetes Bachbett. Gut 500 m weiter finden wir eine Bank. An die hier verlaufende **Wasserleitung** wurde ein Hahn angebracht, eine willkommene Gelegenheit, sich mit frischem Wasser zu versorgen.
Wir wandern weiter abwärts, passieren eine Abzweigung nach rechts und gelangen gut 250 m dahinter an eine Abzweigung, die scharf nach rechts führt. Hier geht es über Megali Sara, das große Geröllfeld, weiter nach Agios Nilos und Kavsokalivia (Tour 35). Wir folgen aber weiterhin dem Hauptweg, der gleich um eine Linkskurve führt, gehen durch ein Holztor, vorbei an einer Ruine mit Steinbank und erreichen nach wenigen Metern an einem **Holzkreuz** auf einem Felsen einen schönen Aussichtspunkt am **Chairi-Pass (9)**. Von hier haben wir einen wunderbaren Blick auf die rumänische Skite Timiou Prodromou und die Südostecke der Halbinsel. Weiter im Norden können wir bereits unser Ziel sehen.

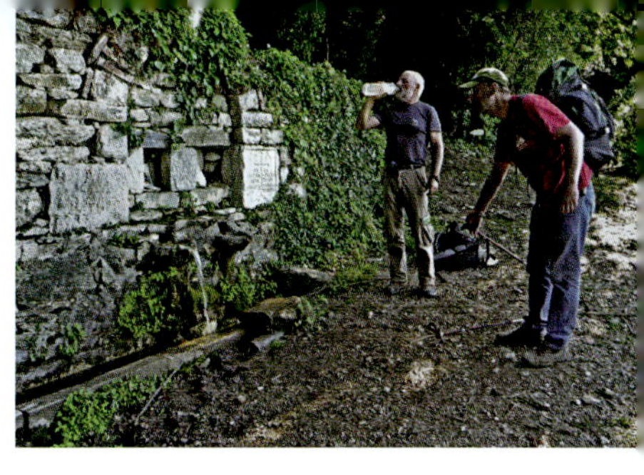

Quelle am Wegrand mit klarem kühlem Wasser.

Wenig weiter kommen wir an eine Gabelung, die rechts zur Skite Timiou Prodromou führt. Wir wenden uns nach links, dem Wegweiser Richtung Megisti Lavra folgend. Nach knapp 1,5 km stößt von scharf rechts ein Pfad auf unseren Weg. Zum Ziel müssen wir weiter geradeaus gehen. Wer Durst hat oder die Wasserflaschen auffüllen möchte, erreicht rechts nach etwa 50 m eine schön gefasste, alte **Quelle (10)** mit Tränke. Wir folgen dem Hauptweg in nördlicher Richtung, passieren an einem meist ausgetrockneten Bachbett eine Stelle, an der die historische Pflasterung zerstört ist und wir auf einen Pfad daneben ausweichen müssen, und treffen schließlich auf die befestigte Straße, die Megisti Lavra mit der Skite Timiou Prodromou verbindet. Auf ihr, nicht auf der alten Straße, die etwas oberhalb liegt, gehen wir nach links. Nach etwa 450 m verlassen wir sie nach rechts auf einen Pfad, der etwas weiter wieder befestigt ist. Vorbei am **Beinhaus** und der Polizei erreichen wir die Klostermauer, der wir bis zum Eingang des **Klosters Megisti Lavra (11)** folgen.

Das 963 gegründete Kloster Megisti Lavra ist das älteste und größte der Mönchsrepublik.

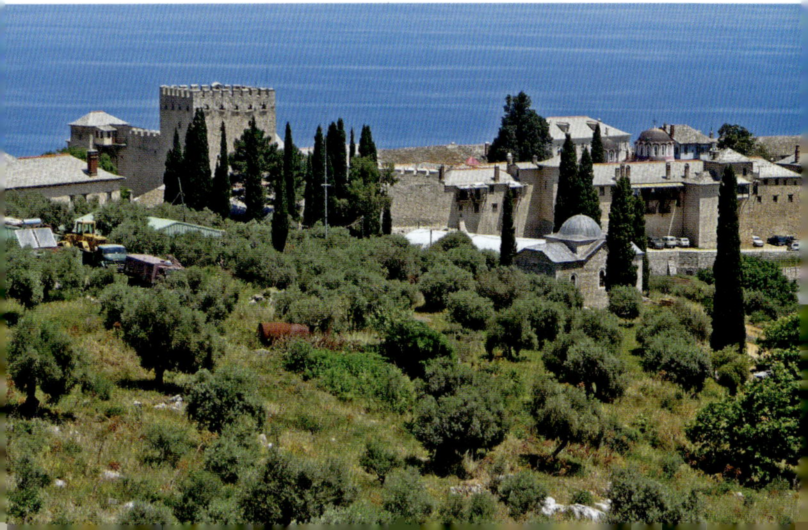

35 Vom Kloster Megisti Lavra zur Skite Kavsokalivia

3.30 Std.

Wanderung vom größten Kloster auf dem Athos zu einer Skite an der Südküste

Die aussichtsreiche Wanderung verläuft auf einem historischen Weg, der die Skiten und Kellien an der Südküste mit dem Kloster Megisti Lavra verbindet. Ein Teil des ursprünglichen Weges ist bei einem Erdbeben Anfang des 20. Jahrhunderts verschüttet worden, als ein Teil der Südwand des Berges Athos abbrach. Dort finden wir heute ein riesiges Geröllfeld, das die Griechen Megali Sara nennen. Die riesige Steinwüste hat eine Nord-Süd-Ausdehnung von fast 1 Kilometer und eine Breite in Ost-West-Richtung von etwa 600 Metern.

Das 963 gegründete Kloster Megisti Lavra ist das älteste und größte auf dem Heiligen Berg. In der Bibliothek lagern mehr als 2000 wertvolle Handschriften, zum Teil noch aus byzantinischer Zeit. Kostbar ist auch die Sammlung von teilweise sehr alten Ikonen. Im Hof ist der Weihwasserbrunnen mit der alten Zypresse sehenswert, die angeblich noch von Athanasios, dem Gründer des Klosters, gepflanzt worden sein soll.

Sonnenaufgang am Kloster Megisti Lavra.

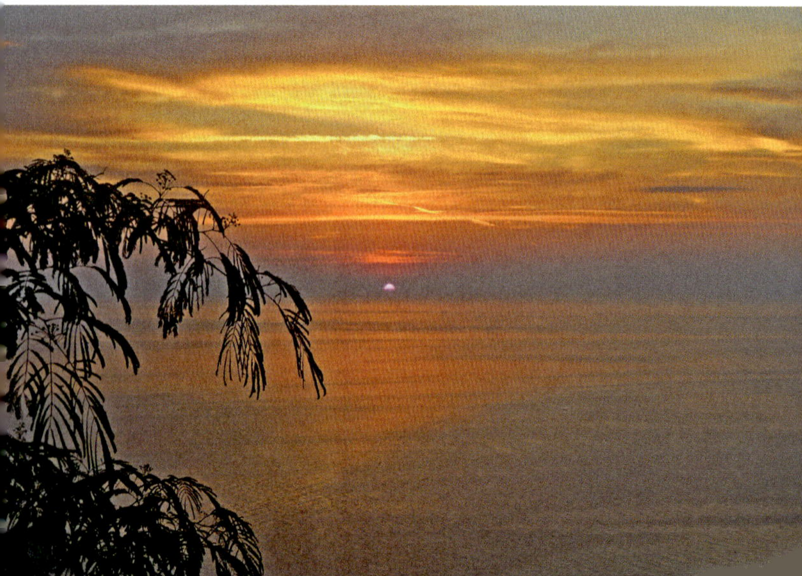

Ausgangspunkt: Kloster Megisti Lavra.
Endpunkt: Skite Kavsokalivia.
Höhenunterschied: 610 m.
Anforderungen: Die oftmals schattige Tour verläuft auf einem historischen Verbindungsweg, stellenweise noch über das alte Pflaster. Ein längerer Abschnitt führt durch ein Geröllfeld. Schwindelfreiheit ist nicht erforderlich, im Geröllfeld aber etwas Trittsicherheit und Orientierungssinn.
Markierung: An vielen Verzweigungen Holzwegweiser mit Ortsangaben.
Einkehr: Keine.
Wichtiger Hinweis: Die Tour in der Mönchsrepublik Athos ist nur für männliche Wanderer ab 18 Jahren mit Visum (»Diamonitirion«) möglich. Näheres dazu siehe Infokasten S. 146.

Vom Ausgang des **Klosters Megisti Lavra (1)** gehen wir nach links entlang der außerhalb liegenden Klostergärten. Wir passieren die **Polizeistation** und das **Beinhaus** und gelangen an eine Abzweigung, wo wir uns rechts halten und auf dem alten Fußweg aufwärtsgehen. Nach etwa 600 m stoßen wir auf die Verbindungsstraße vom Kloster zur Skite Timiou Prodomou, wo wir nach links gehen.

Knapp 500 m weiter, in einer leichten Linkskurve, verlassen wir die Straße nach rechts auf einen Fußweg, den historischen Verbindungsweg vom Kloster Megisti Lavra auf die Süd- und Südwestseite des Heiligen Berges. Wir passieren eine Stelle mit zerstörtem Pflaster und erreichen eine Gabelung, an der es

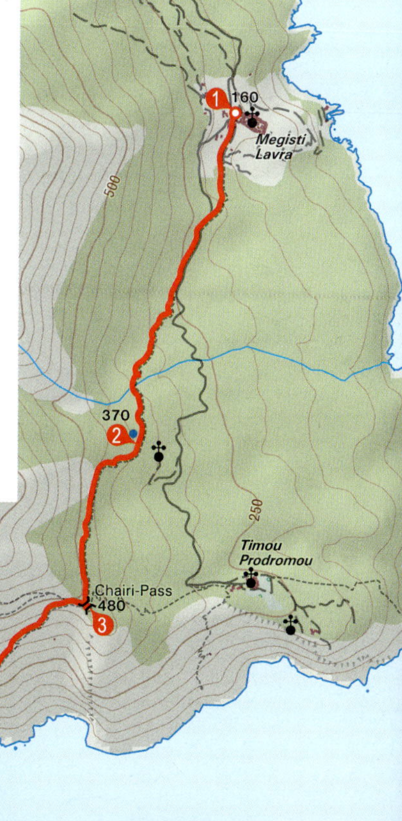

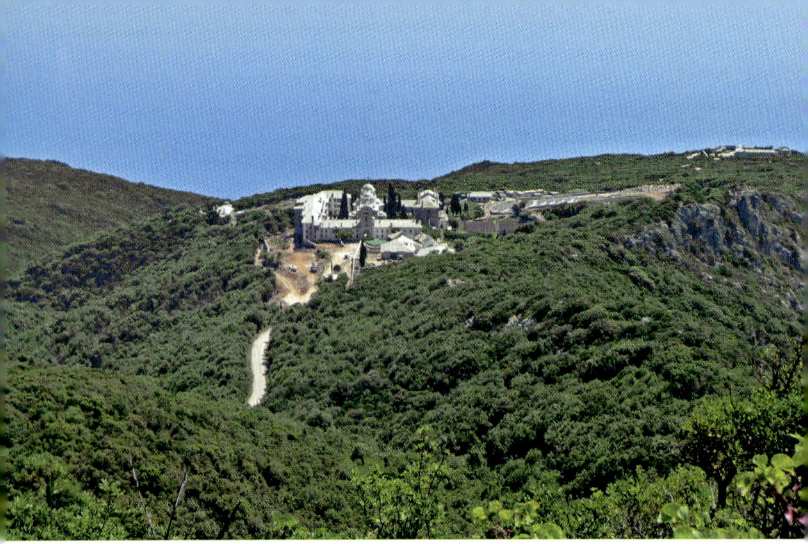

Blick vom Chairi-Pass auf die rumänische Skite Timiou Prodromou.

links abwärts in etwa 50 m zu einer **Quelle (2)** mit Tränke und weiter zur Skite Timiou Prodomou geht. Wir halten uns hier aber rechts und wandern weiter aufwärts, bis von links ein weiterer Weg auf den unseren stößt, der von der Skite Timiou Prodomou heraufführt.

Wenige Schritte weiter erreichen wir an einem **Holzkreuz** auf einem Felsen einen wunderbaren Aussichtspunkt am **Chairi-Pass (3)**. Von hier haben wir einen atemberaubenden Blick auf die Skite Timiou Prodromou und die Südostecke der Halbinsel. Weiter im Norden können wir einen letzten Blick auf unseren Ausgangspunkt werfen.

Rast im schattigen Wald.

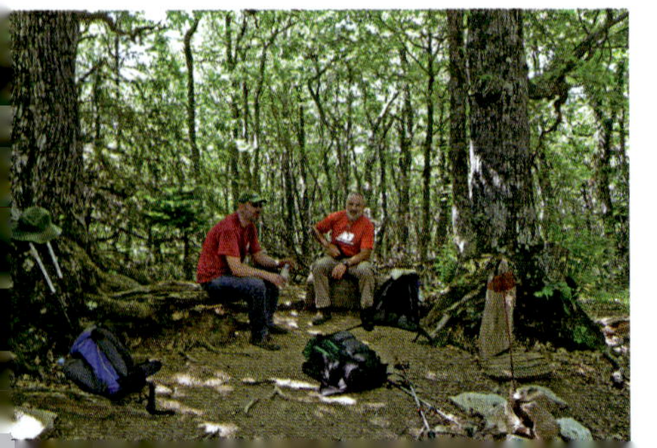

Gleich hinter dem Aussichtspunkt passieren wir eine **Ruine**, gehen durch ein Holztor und gelangen an eine Gabelung. Hier trennen sich die beiden alten Verbindungswege. Rechts geht es auf dem kürzeren Höhenweg zur Skite Agia Anna (Tour 34), links kommen wir nahe an der Südküste über Kavsokalivia ebenfalls nach Agia Anna.

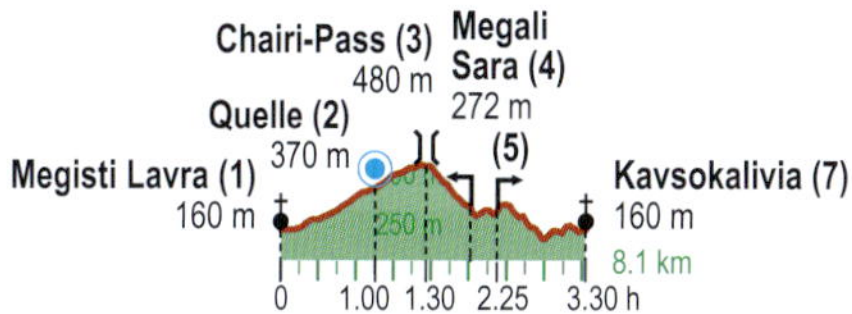

Wir halten uns links abwärts und erreichen nach etwas mehr als 1 km das große Geröllfeld **Megali Sara (4)**. Wir durchqueren die Steinwüste auf einem Pfad, der etwas Trittsicherheit und Aufmerksamkeit erfordert, da er nicht immer sofort im Gelände zu erkennen ist. Am **Ende des Geröllfeldes (5)** wandern wir wieder bergauf bis zu einer **Wegkreuzung (6)**. Hier geht es rechts auf einem stellenweise sehr steilen Pfad zum Höhenweg. Der Weg links führt vorbei an einem Kellion zur Höhle des Agios Nilos.

Wir wandern auf dem mittleren Zweig weiter Richtung Kavsokalivia. Der historische Weg führt über Stufen steil bergab. Wir passieren die Abzweigung zu einem kleinen Hafen und ein **Holzkreuz**. Wenig später können wir die ersten Zellen von **Kavsokalivia (7)** sehen und erreichen bald darauf unser Ziel am Gästehaus der Skite neben der Kirche Agia Triada.

Das ausgedehnte Geröllfeld Megali Sara muss durchquert werden.

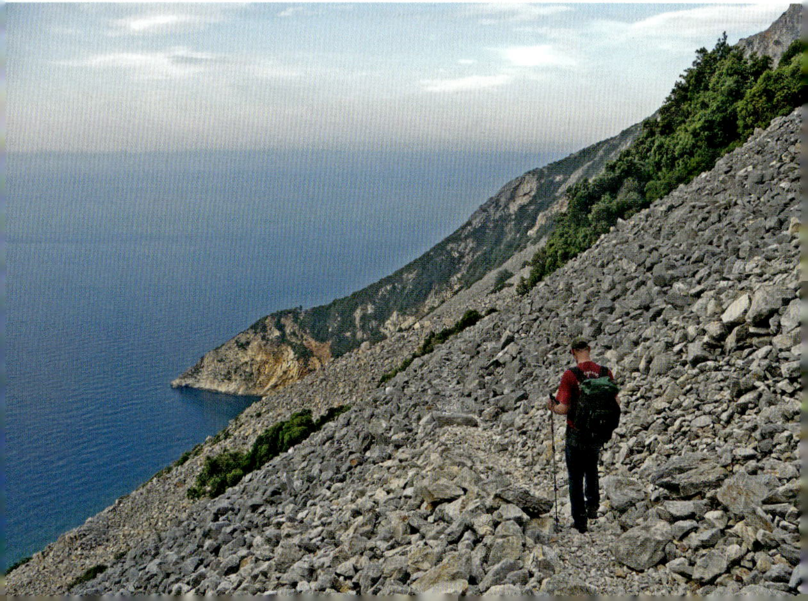

36 Von der Skite Kavsokalivia zum Stavros-Pass

3.00 Std.

Wanderung am Südhang des Berges Athos

Die sehr schöne Wanderung führt von der Kirche der Skite bis zum Stavros-Pass, wo wir die Möglichkeit haben, entweder auf den Athos-Gipfel zu steigen (Tour 37) oder weiter bis zur Skite Agia Anna zu wandern (Tour 34). Der uralte Verbindungsweg verläuft durch eine einmalige naturbelassene Landschaft und bietet immer wieder atemberaubende Ausblicke.
Unser Ausgangspunkt, die Skite Kavsokalivia, liegt in knapp 200 Meter Höhe am steilen Hang des Berges Athos. Ihr Hafen ist der letzte, der von Ouranoupoli aus angelaufen wird. Im Zentrum der aus etwa 40 Kellien bestehenden Skite befindet sich die Kirche Agia Triada (Heilige Dreifaltigkeit), die Mitte des 18. Jahrhunderts erbaut wurde. Das Gästehaus, von dessen Balkon wir einen wunderbaren Blick auf die Ägäis haben, liegt direkt daneben. Die nur noch knapp 50 Mönche, die sehr gastfreundlich sind und die Pilger herzlich willkommen heißen, widmen sich mehrheitlich der Ikonenmalerei.

Die Kirche der Skite Kavsokalivia, im Vordergrund mit dem Balkon das Gästehaus.

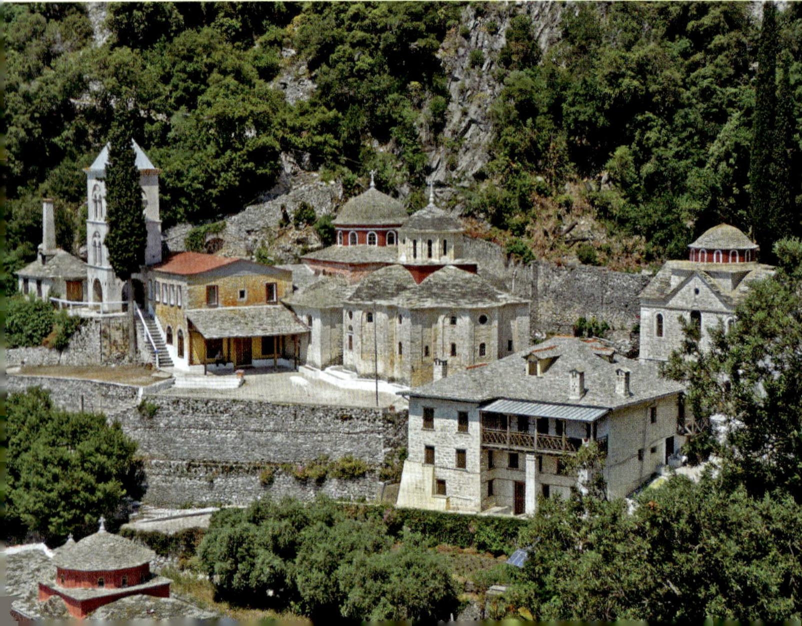

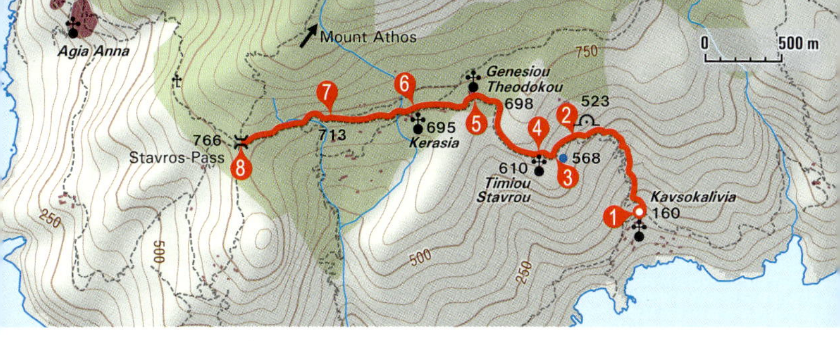

Ausgangspunkt: Kirche Agia Triada der Skite Kavsokalivia. Wer mit der Fähre anreist, geht vom Anleger, wo die Fähren aus Ouranoupoli enden, einen gut ausgebauten Fußweg in ca. 30 Minuten bis zur Kirche.
Endpunkt: Stavros-Pass. Von dort ist u. a. der Aufstieg auf den Berg Athos (Tour 37, 4–5 Std.) oder der Weiterweg zur Skite Agia Anna (Tour 34, ca. 1 Std.) möglich.
Höhenunterschied: Anstieg 675 m, Abstieg 70 m.
Anforderungen: Die meist schattige Strecke verläuft auf einem alten Verbindungsweg mit unterschiedlichem Untergrund: Felsen, Geröll und befestigte Abschnitte wechseln sich ab. Die Orientierung ist einfach, Schwindelfreiheit ist nicht erforderlich, stellenweise jedoch etwas Trittsicherheit.
Markierung: An vielen Verzweigungen Holzwegweiser mit Ortsangaben.
Einkehr: Keine.
Wichtiger Hinweis: Die Tour in der Mönchsrepublik Athos ist nur für männliche Wanderer ab 18 Jahren mit Visum (»Diamonitirion«) möglich. Näheres dazu siehe Infokasten S. 146.

An der **Skite Kavsokalivia (1)** führt von der Kirche Agia Triada ein alter Weg auf Stufen aufwärts. Der größtenteils sehr steile Weg ist über weite Strecken naturbelassen, verläuft auf festem Fels oder losem Gestein aller Größenordnungen. Stellenweise wandern wir auf altem Pflaster und auf Stufen, die in den Fels gehauen wurden. Zurück haben wir einen atemberaubenden Blick auf Kavsokalivia, die Südküste der Halbinsel und die Ägäis.
Nachdem wir eine größere Lichtung überquert haben, kommen wir in einer Höhe von gut 500 m an den Eingang einer **Höhle (2)**, der mit einer Trockensteinmauer eingefasst ist. Dies ist möglicherweise eine alte Grabstätte.

Der Anstieg von Kavsokalivia führt stellenweise über stufig angelegte Wege.

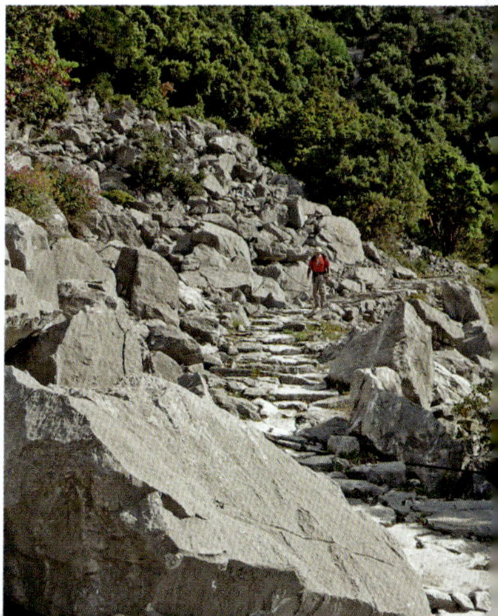

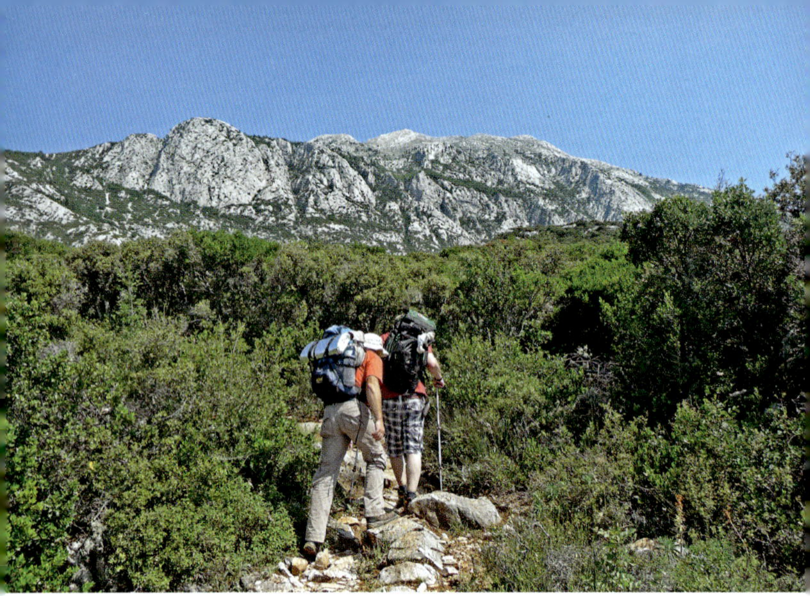

Über weite Strecken geht es steil hinauf Richtung Stavros-Pass.

Dahinter durchqueren wir ein weiteres Geröllfeld und gelangen wieder in den Wald, wo wir an einer **Wasserleitung (3)** einen Hahn finden. Hier können wir unsere Wasserflaschen füllen. Der steilste Aufstieg ist nun geschafft. Bald erreichen wir das **Kellion Timiou Stavrou (4)**. An der Kreuzung dahinter halten wir uns links. Rechts geht es zum etwas abseits des Weges liegenden **Kellion Genesiou Theodokou (5)**. Wir passieren weitere Zellen von **Kerasia (6)** und stoßen schließlich an einer **Gabelung (7)** auf den Weg, der von Agia Anna zum Kloster Megisti Lavra führt (Tour 34). Wir folgen diesem in westlicher Richtung, ignorieren die beiden links abzweigenden Wege und kommen zu einer **Wasserstelle**, wenige Meter vor dem **Stavros-Pass (8)**.
Wer vom Pass aus den Berg Athos besteigen will (Tour 37), sollte hier unbedingt seine Wasserflaschen füllen. Es ist möglicherweise die letzte Gelegenheit auf dem Weg zum Gipfel und zurück, denn der Brunnen mit Regenwasser in der Kapelle der Panagia auf 1500 m Höhe ist meist schon früh im Jahr ausgetrocknet.
Wer weiter zur Skite Agia Anna will (Tour 34), steigt vom Stavros zunehmend steiler nach Westen ab.

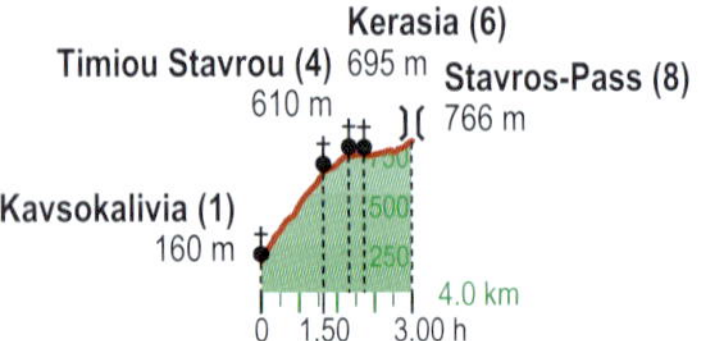

9.00 Std.

Auf den Berg Athos, 2033 m

37 TOP

Wanderung auf den höchsten Berg der Chalkidiki

Der Aufstieg auf den Gipfel des Athos gehört sicherlich zu den Höhepunkten einer Wanderreise auf die Chalkidiki. Der Weg ist anstrengend, bietet aber keine technischen Schwierigkeiten. Oberhalb der Baumgrenze bieten sich immer wieder atemberaubende Ausblicke. Einmalig ist der Blick vom Gipfel. Ein Abenteuer für sich ist die Übernachtung in der Panagia-Kapelle.

Ausgangspunkt: Am Stavros-Pass. Um dorthin zu kommen, hat man verschiedene Möglichkeiten. Die meisten Wanderer brechen von der Skite Agia Anna auf (zusätzlich 1.30 Std., Tour 34). Eine gute Möglichkeit bietet auch die Skite Kavsokalivia (zusätzlich 3.00 Std., Tour 36). Wer einen noch längeren Anmarschweg in Kauf nimmt, kann auch im Kloster Megisti Lavra starten (zusätzlich 4.00 Std., Tour 35).

Höhenunterschied: 1240 m.

Anforderungen: Die Tour verläuft durchgängig auf Bergpfaden. Sie ist ohne technische Schwierigkeiten. Die Orientierung ist einfach, Schwindelfreiheit ist nicht erforderlich, Trittsicherheit jedoch vor allem in der Gipfelregion. Der Weg erfordert gute Kondition. Er ist auf weiten Abschnitten schattenlos. Ab einer Höhe von knapp 1500 m bieten nur noch die Kapelle Panagia und die Gipfelkapelle Schatten.

Markierung: In der Gipfelregion Schilder.

Einkehr: Keine.

Wichtige Hinweise: 1) Bedenken Sie, dass die Tour in alpine Regionen führt, wo sich das Wetter sehr schnell ändern kann. 2) Die Tour in der Mönchsrepublik Athos ist nur für männliche Wanderer ab 18 Jahren mit Visum (»Diamonitirion«) möglich. Näheres dazu siehe Infokasten S. 146.

Auf aussichtsreichem Pfad an der Baumgrenze etwas unterhalb der Panagia-Kapelle.

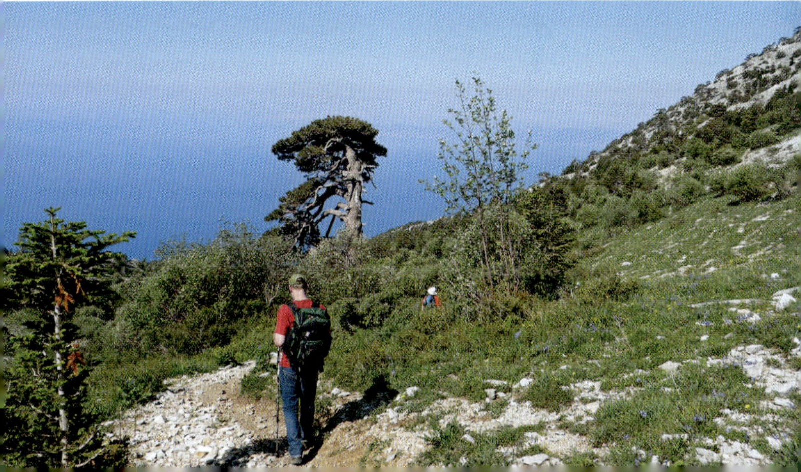

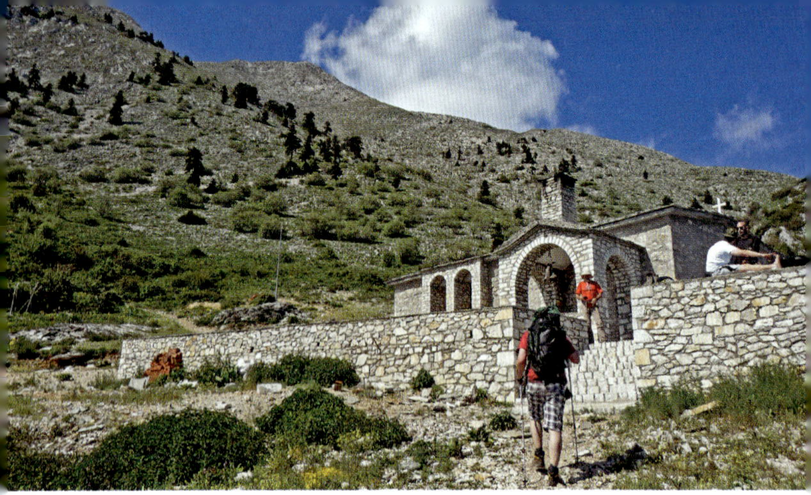

Die Panagia-Kapelle auf 1500 Meter Höhe ist erreicht.

Tipps: 1) Unbedingt am Stavros-Pass mit ausreichend Trinkwasser versorgen. Bis auf den Brunnen in der Panagia und eine Zisterne vor dem Gipfel (beides nur Regenwasser, oft leer und verschmutzt), gibt es keine weitere Möglichkeit. 2) Während früher eine Übernachtung in der Gipfelkapelle immer möglich war, ist dies nach dem Umbau in den letzten Jahren nicht mehr sicher, da die Kapelle oft verschlossen ist. Möglich ist die Übernachtung in der Panagia-Kapelle auf 1500 m (Gehzeit Stavros–Panagia etwa 3 Std.). Dort gibt es einen Schlafraum mit Stockbetten. Die Unterkunft ist sehr einfach, oft überfüllt (auch frühes Kommen sichert nicht unbedingt ein Bett) und macht – vorsichtig ausgedrückt – nicht den saubersten Eindruck. Bei gutem Wetter ist es angenehmer, im Freien unter einem wunderbaren Sternenhimmel beim Geheul der Goldschakale zu übernachten. 3) Wer in der Panagia übernachtet sollte gut 1.30 Std. vor Sonnenaufgang starten, um ihn auf dem Gipfel erleben zu können. Es ist ein beeindruckendes, einmaliges Erlebnis, wenn die Sonne über Samothraki aufgeht und der pyramidenförmige Berg seinen riesigen Schatten auf den Golf zwischen Sithonia und Athos wirft.

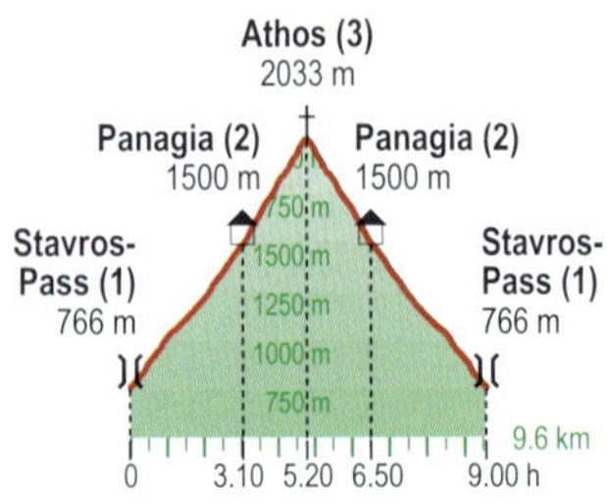

Der Aufstieg auf den Gipfel beginnt am **Stavros-Pass (1)**. Zunächst wandern wir auf einem stellenweise unebenen und holprigen Geröllweg durch Kastanienwald, der später in Eichenwald übergeht stetig aufwärts. In einer Höhe von gut 1000 m gesellt sich ein meist trockenes Bachbett dazu, an dem wir weiter entlang bergan steigen. Der Wald

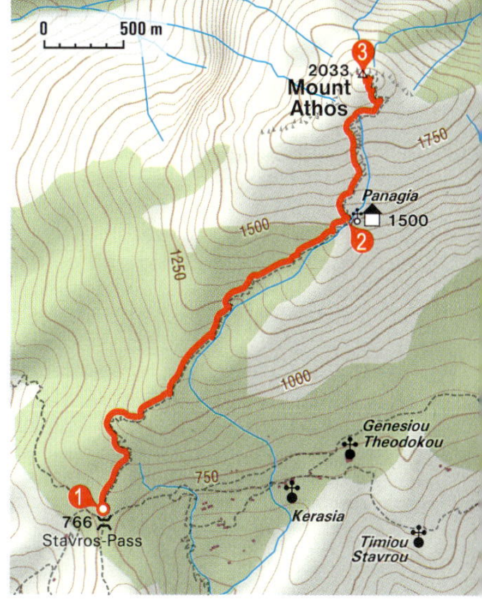

wird lichter und in einer Höhe von etwa 1450 m haben wir die Baumgrenze erreicht. Nun können wir schon bald die **Panagia-Kapelle (2)** voraus erblicken, von der wir einen wunderbaren Blick auf die Südküste der Halbinsel haben.

Der Bergpfad auf den Gipfel führt links an der Kapelle vorbei. Er ist gut sichtbar und nicht zu verfehlen. Für den Aufstieg benötigen wir etwa eineinhalb Stunden. Oben am Gipfel des **Athos (3)** angekommen, werden wir für unsere Mühen mit einem einmaligen 360°-Panoramablick belohnt, den es auf der Chalkidiki kein zweites Mal gibt. Es scheint, als läge uns die ganze Welt zu Füßen. Die Kapelle **Metamorphosis**, die in letzter Zeit leider meist verschlossen ist, liegt etwas unterhalb des Gipfels, den ein großes Metallkreuz ziert.

Den Rückweg zum **Stavros-Pass (1)** treten wir auf derselben Route an.

Vom Berg Athos, dem höchsten Gipfel der Chalkidiki, hat man eine fantastische Aussicht.

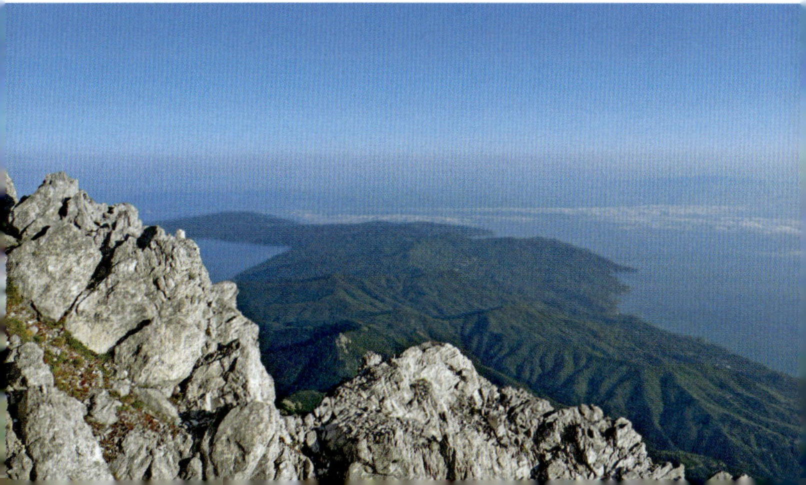

Thassos

Thassos ist die nördlichste aller griechischen Inseln. Schon in der Antike war sie wegen ihres Marmors und der ausgedehnten Wälder berühmt. Der Marmor ist geblieben, den größten Teil des Waldes haben mehrere verheerende Waldbrände in den letzten Jahrzehnten vernichtet, zuletzt im Sommer 2016. Ausgedehnte Waldgebiete gibt es praktisch nur noch im Nordosten von Thassos. Dennoch bietet die mehr oder weniger runde Insel dem Wanderer ein ideales Terrain. Neben weiten Sandstränden, kleinen Badebuchten, einsamer Gebirgslandschaft und traditionellen Dörfern mit urigen Tavernen findet man auch historische Zeugnisse.
Thassos wird von einer etwa 100 Kilometer langen Küstenstraße, die einmal um die Insel führt, erschlossen. Von ihr zweigen strahlenförmig ins Landesinnere Wege ab, die inzwischen überwiegend befestigt sind. Als letztes der Bergdörfer erhielt Kastro 2016 eine Teerstraße.
Im Inneren türmt sich ein mächtiges Zentralgebirge über 1200 Meter auf. Hier, in unzugänglichen Gegenden, hatten sich vor Jahrhunderten die Einwohner Schutzdörfer geschaffen, wo sie vor den häufigen Überfällen von Piraten in Sicherheit waren. Als die Zeiten dann ruhiger wurden, zog es die meisten Bewohner ans Meer. So gehört zu jedem der Bergdörfer ein Küstenort – das ist bis heute so: Zu Sotiros gehört Skala Sotiros, und Kallirachi hat Skala Kallirachi. Heute sind viele der Rückzugsdörfer, die vor einigen Jahren noch verlassen waren und dem Verfall preisgegeben, wieder »in«. Neben einigen wenigen Insulanern, die dauerhaft in den Dörfern wohnen, zieht es auch mehr und mehr wohlhabende Griechen und Ausländer in die historischen Orte. Allerdings nicht als Dauerwohnsitz, sondern als Feriendomizil.

Blick auf Kallirachi in der Abendsonne (Tour 40).

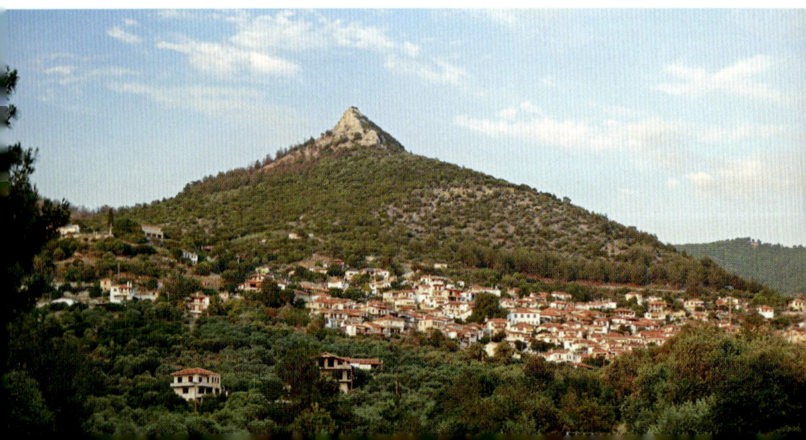

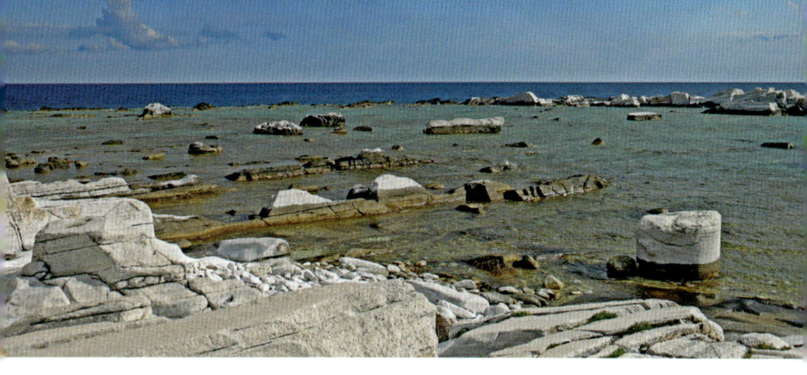

Antiker Steinbruch auf der Halbinsel Aliki, rechts ist der Rest einer Säule zu sehen (Tour 47).

Hauptstadt ist der Hafenort Thassos, der oft auch als Limenas bezeichnet wird. Im geschäftigen Ort mit seinen 3500 Einwohnern herrscht in der Saison reichlich Trubel. Neben dem Hafen und den engen Einkaufsgassen sind es insbesondere die vielen antiken Ruinen, die die Besucher anlocken. Die anderen Orte entlang der Küstenstraße werben vor allem mit ihren Stränden. Dabei sind die im Osten und Süden sicher attraktiver als die an der Westseite. Einen Besuch wert sind auf jeden Fall die im Landesinneren liegenden, ehemaligen Rückzugsdörfer. Besonders Theologos, während der arabischen Herrschaft Sitz des Vorstehers der ganzen Insel, hat sich inzwischen auf die Einnahmequelle Tourismus eingestellt. Etliche Tavernen locken den Besucher, der bequem mit Pkw oder Linienbus anreisen kann. Aber auch die anderen Bergdörfer haben den Tourismus entdeckt und verfügen zumindest in der Saison über Tavernen und/oder Kafenia.
Auch heute noch werden auf Thassos Marmorsteinbrüche ausgebeutet. Lastwagen, die riesige Marmorblöcke transportieren, begegnen uns auf der Ringstraße oder an den Fähren zum Festland. Ein weiterer Bodenschatz wird vor der Westküste gefördert: Erdöl. Bei der Überfahrt von Kavala aus kommt man nah an der Plattform vorbei. Auf den fruchtbaren Böden wird Wein, Oliven, Getreide und Obst angebaut. Ein besonderer Leckerbissen ist der Honig von Thassos, der besonders würzig schmeckt. Leider ist bei den Waldbränden auch ein Großteil der Bienenvölker zugrundegegangen, sodass der Honig inzwischen nicht mehr ganz billig ist. Man bekommt ihn pur oder z. B. mit eingelegten Walnüssen oder Feigen.
Und natürlich spielt auch auf Thassos Fisch und anderes Meeresgetier eine wichtige Rolle auf dem Speiseplan. Für viele gibt es kaum etwas Schöneres, als nach einer Wanderung in einer gemütlichen Taverne bei einem kühlen Glas Retsina oder Rotwein den vom Wirt selbst gefangenen und zubereiteten Fisch zu verspeisen.

38 Megalos Prinos

2.30 Std.

Rundwanderung zur Kapelle Agii Ioanni und zu einem Aussichtspunkt

Die Tour führt im Norden des Dorfes Megalos Prinos (auch Megalo Kazaviti genannt) zu einer kleinen Kirche mit wunderbarem Rastplatz unter einer riesigen Platane sowie zu einem schönen Aussichtspunkt. Das sehenswerte Bergdorf ist unbedingt einen Besuch wert. Größter Anziehungspunkt ist die schattige Platia mit der Taverne. Auch hier stehen mächtige Platanen. Sehenswert sind zudem die Kirche mit dem dahinter befindlichen Beinhaus und zahlreiche traditionelle, schön renovierte Steinhäuser.
Leider hat der verheerende Waldbrand 2016 auch um Megalos Prinos große Baumbestände vernichtet, dennoch gehört die Wanderung immer noch zu einer der schönsten auf Thassos.

Ausgangspunkt: Parkplatz unterhalb der Platia von Megalos Prinos. Während der Hauptsaison sichert frühes Kommen einen Stellplatz. Ansonsten kann man den Wagen auch unten an der Brücke abstellen und dann auf der gemauerten Treppe zur Platia aufsteigen.
Höhenunterschied: 340 m.
Anforderungen: Die stellenweise schattige Wanderung verläuft auf Pfaden, die zum Teil steinig oder mit losem Geröll bedeckt sind, sowie auf Erdstraßen. Schwindelfreiheit ist nicht erforderlich, an einigen Stellen jedoch Trittsicherheit. Auf einigen Abschnitten ist zudem guter Orientierungssinn gefragt. Deshalb wurde die Tour »schwarz« eingestuft.
Markierung: Stellenweise rote Farbpunkte und Pfeile auf Bäumen oder Steinen, die zum Teil schon sehr verblasst sind, im letzten Teil blaue Farbmarkierungen.
Einkehr: Unterwegs keine; mehrere Tavernen und Kafenia in Megalos Prinos.
Hinweis: Bei meinem letzten Besuch im Sommer 2021 war der Pfad ab WP 2 bis zur Kapelle Agii Ioanni stellenweise sehr zugewachsen. Vor Ort wurde mir aber versichert, dass er in absehbarer Zeit wieder gepflegt werden soll.

Blick über das Dach der Kirche von Megalos Prinos.

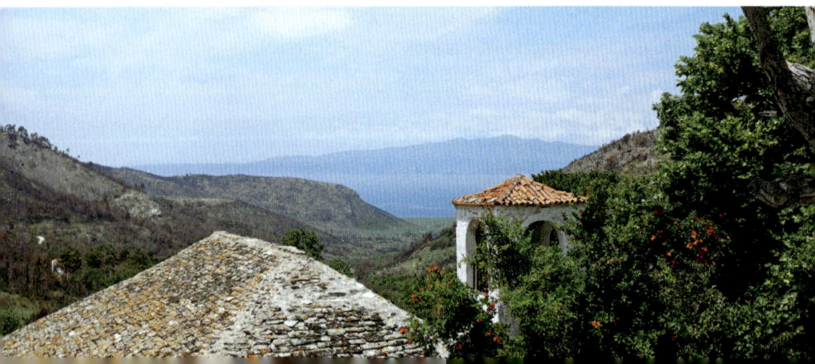

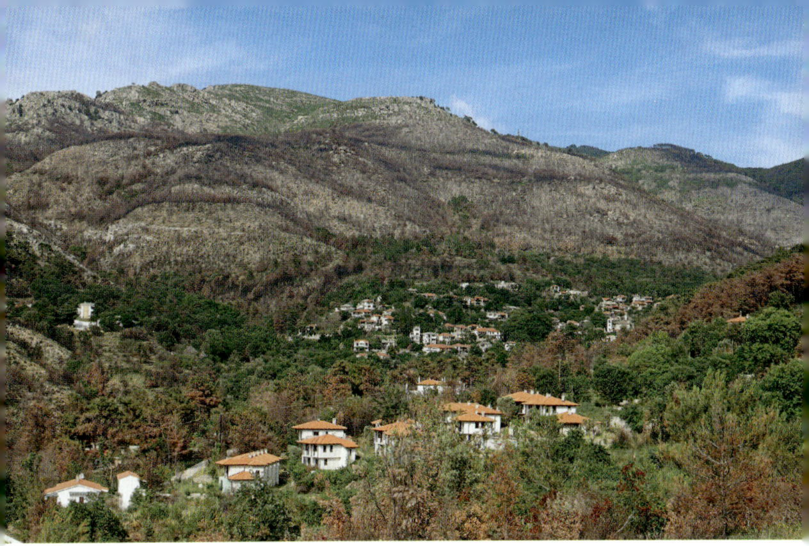

Deutlich sind die Brandschäden um die beiden Bergdörfer Megalos und Mikros Prinos zu erkennen.

Wir verlassen den **Parkplatz (1)** unterhalb der Platia von **Megalos Prinos** auf der Zufahrt Richtung Norden, überqueren die Dorfstraße und gehen dahinter in die schmale, aufwärtsführende Gasse. Die Platia lassen wir dabei rechter Hand liegen. Gut 50 m weiter zweigen wir in Höhe eines links stehenden weißen Hauses scharf rechts ab. Wir folgen der schmalen, gepflasterten Gasse zwischen den Häusern aufwärts, bis dann einige Meter hinter dem letzten Haus der gepflasterte Weg eine Rechtskurve beschreibt.
Eine Markierung weist rechts zur Kapelle Agii Ioanni. Wir gehen aber auf dem links abzweigenden **Pfad (2)** weiter, der nun stets aufwärtsführt. Er ist im Gelände nicht immer leicht zu verfolgen, von Zeit zu Zeit finden wir jedoch rote Markierungen. Unterhalb einer **Stromleitung** schwenkt der Pfad um 90 Grad nach rechts, um nach wenigen Metern noch vor einer Mauer wieder nach links zu verlaufen. Zurück haben wir einen schönen Blick auf unseren Ausgangsort und das kleinere, nur 500 m entfernt liegende Dorf Mikros Prinos, links unterhalb von uns liegt ein tiefes Tal.
Schließlich gelangen wir an ein von rechts kommendes Bachbett, dem wir wenige Schritte nach rechts folgen und dann an einer geeigneten

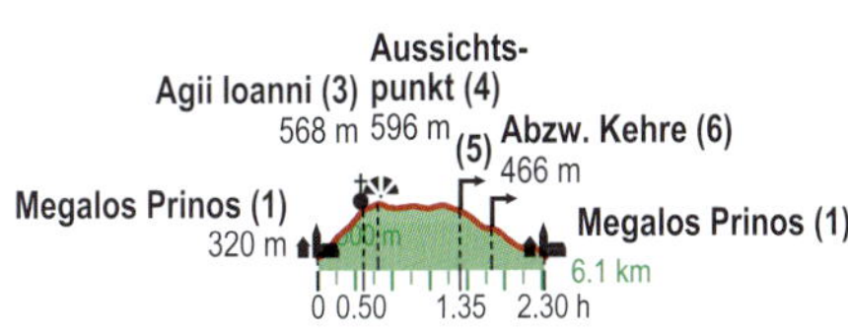

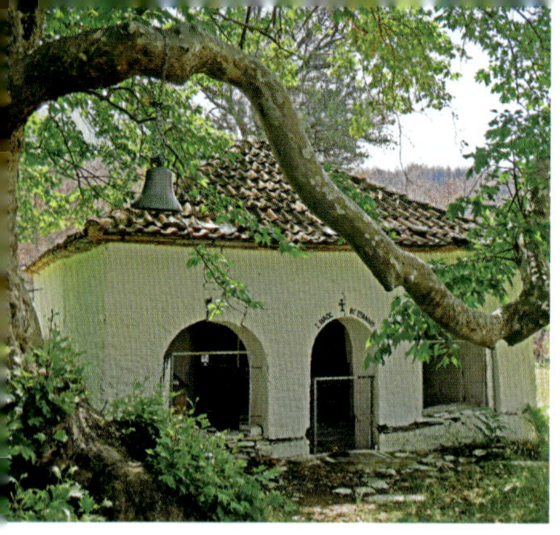

Die Kapelle Agii Ioanni wird von mächtigen Platanen beschattet.

Stelle überqueren. Wir passieren eine alte, hohle Platane und erreichen wenig später die Kapelle **Agii Ioanni (3)**. Ein schöner Rastplatz mit Bänken und Tischen im Schatten einer mächtigen, ausgehöhlten Platane, in deren Innerem man bequem auf einem Stuhl sitzen kann. Die Glocke der Johannes-Kapelle hängt malerisch an einem dicken Ast des urwüchsigen Baumes – eine kleine Oase inmitten verbrannter Natur.

Die Orientierung wird nun leichter. Wir verlassen die Kapelle auf der staubigen Zufahrtsstraße und erreichen nur wenige Meter weiter die von Megalos Prinos heraufführende Erdstraße, die wir überqueren. Dahinter wandern wir aufwärts auf den Hügel, auf dessen höchster Stelle auf einem Felsen eine Betonsäule steht. Ein fantastischer **Aussichtspunkt (4)** mit schönem Blick auf Kavala im Norden. Im Westen schauen wir auf die schroffen Felswände des knapp 1100 m hohen Tsetsiou Rachi.

Wieder zurück an der Erdstraße gehen wir wenige Meter nach links und biegen dann sofort rechts ab auf eine weitere Erdstraße, die oberhalb der Kapelle längsführt. Wir wandern nun durch abgebrannten Wald und können von Zeit zu Zeit durch die toten Bäume einen Blick auf das Meer und die beiden Bergdörfer erhaschen. Nach knapp 2 km, noch bevor die Erdstraße im Talschluss eine **Kehre** macht, zweigen wir scharf rechts auf eine stellenweise stark erodierte Erdpiste ab. Die **Abzweigung (5)** ist durch einen Hinweis Richtung Agii Ioanni gekennzeichnet. Wir wandern die Erdstraße abwärts am Rand eines links liegenden, tiefen Tales, in dem auch ein im Sommer meist Wasser führender Bach fließt. Etwa 800 m weiter in einer **Linkskehre (6)** der Erdstraße, können wir zahlreiche blaue Markierungen sehen. Hier verlassen wir die Straße, die weiter zu einer Kapelle führt, auf einen Pfad, der um das eingezäunte Gelände der Kapelle, die unten links zu sehen ist, verläuft.

Der Pfad wird im weiteren Verlauf felsig und ist abschnittsweise stark erodiert. Orientierung bietet auch die **Wasserleitung**, der wir auch dort folgen, wo sie sich etwas vom Zaun entfernt. Nach etwa 300 m müssen wir dann aber die Wasserleitung verlassen. Sie schwenkt nach Nordwesten und wir gehen in südwestlicher Richtung weiter, den blauen Markierungen folgend. Der Wald ist jetzt dicht und vom Feuer unberührt. Nach etwa 200 m gabelt sich der Weg. Nach rechts kämen wir auf kürzestem Weg ins Dorf.
Wir halten uns aber links und machen einen kurzen, lohnenden Umweg (rot markiert), der uns an den rauschenden **Bach** im Talgrund bringt. Dort halten wir uns rechts und folgen dem Pfad am Ufer entlang, bis wir an die Ruinen einer alten **Wassermühle (7)** stoßen. Mehrere große Mühlräder liegen zwischen den Mauerresten. Wer will, kann weiter bis zum Bachufer absteigen. Eine schöne Möglichkeit für eine Rast kurz vor dem Ende der Tour.
Von der Mühle folgen wir dem Pfad, der bald an den ersten Häusern von **Megalos Prinos** endet. Wir wandern auf der gepflasterten Gasse und gehen nach knapp 50 m vor dem Haus Rodea (mit Wasserhahn) links. An der **Apostelkirche** und einem Kafenion mit hübsch in die Mauer eingearbeiteten Tellern vorbei erreichen wir die **Platia**. Im Schatten der großen, alten Platanen können wir bei Speis und Trank die Wanderung ausklingen lassen – nur 100 m vom **Parkplatz (1)** entfernt.

Auf dem Felsplateau hinter der Kapelle Agii Ioanni wachsen einige bizarre Büsche.

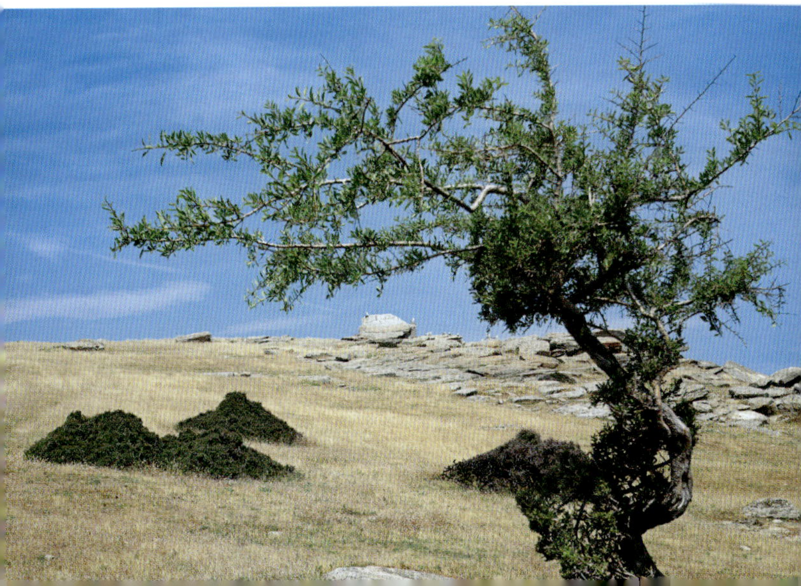

39 Von Sotiros zum Kloster Agios Panteleimonas

4.30 Std.

Wanderung zu einem einsam in den Bergen gelegenen Kloster

Das 1834 erbaute Nonnenkloster Agios Panteleimonas liegt in mehr als 700 Meter Höhe in aussichtsreicher Lage. Es wurde dem Heiligen Pantaleon oder Panteleimon, einem frühchristlichen Märtyrer, geweiht. Der Heilige gilt als Schutzpatron der Ärzte und Hebammen. Das Kloster, das lange Zeit leerstand ist heute wieder von einigen wenigen Nonnen bewohnt. Sehenswert ist vor allem die rechts neben der Kirche über einige Stufen zu erreichende kleine Höhlenkapelle mit Tropfsteinen und einer Quelle. Hier soll einem Hirten der heilige Panteleimon erschienen sein. Das Wasser der Quelle soll Wunder bewirken und von allerlei Leiden befreien, weshalb die Einheimischen es gern trinken. Dem durstigen Wanderer hilft es, seinen Wasserhaushalt auszugleichen.

Sotiros ist während der Piratenzeit als Schutzdorf entstanden. Besonderer Anziehungspunkt des an einem steilen Hang gelegenen Dorfes ist die Platia (Platana Square) mit der Taverne unter riesigen Platanen und dem Brunnen, aus dem das ganze Jahr über köstliches, kühles Wasser sprudelt. Unterhalb der Platia liegt die große Kirche und oberhalb die Ruinen des Verwaltungsgebäudes von Krupp/Seidel, die hier Eisenerz abbauten.

Unsere aussichtsreiche Wanderung führt durch eine schöne, hügelige Landschaft, die allerdings auch durch die Waldbrände der letzten Zeit gelitten hat.

Sotiros liegt an einem steilen Berghang mit schönem Blick auf das Meer.

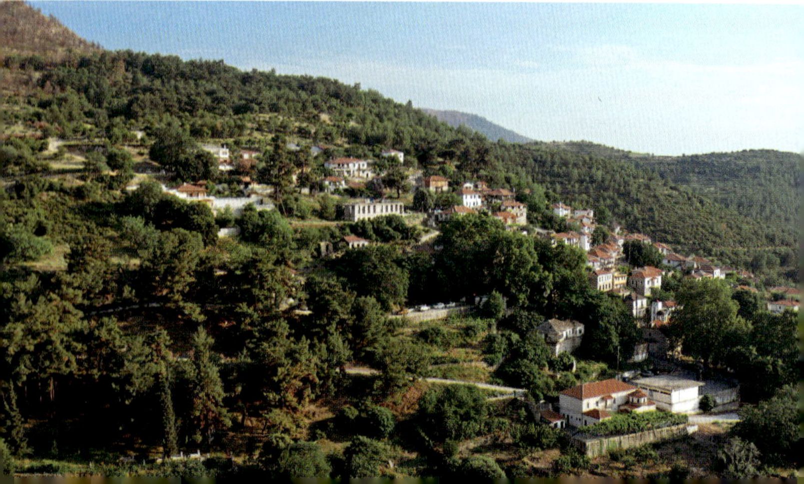

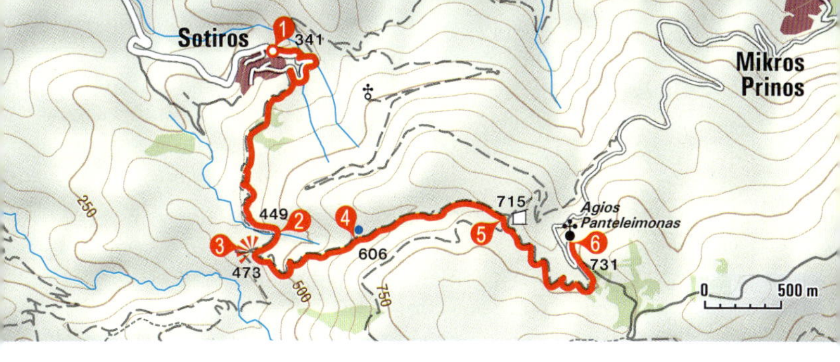

Ausgangspunkt: Platia (»Platana Square«) in Sotiros. Kleiner Parkplatz nur wenige Schritte vor der Platia. Mehr Parkmöglichkeiten findet man am Ortseingang etwas unterhalb der Kirche.
Höhenunterschied: 435 m.
Anforderungen: Die Tour bietet nur wenig Schatten. Sie verläuft ausschließlich auf praktisch Kfz-freien Erdstraßen. Die Orientierung ist einfach, Schwindelfreiheit und Trittsicherheit sind nicht erforderlich.
Markierung: Keine.
Einkehr: Unterwegs keine; Taverne in Sotiros.
Hinweis: Das Kloster ist im Sommer von 9 bis 13 und 17 bis 20 Uhr geöffnet, im Winter von 9 bis 15 Uhr. Handy, Foto, Video sowie Rauchen und Hunde sind verboten. Darüber hinaus wird angemessene Kleidung verlangt, d.h. für alle bedeckte Schultern, für Herren lange Hosen und für Frauen langer Rock (keine Hosen).

Wir verlassen die **Platia (1)** von **Sotiros** auf der Zufahrtsstraße zum Dorf. Nach knapp 150 m in der Linkskehre der befestigten Straße gehen wir rechts auf die Erdstraße (Hinweis zum Apartmenthaus »Smaragdi«). Erneut 150 m weiter müssen wir scharf rechts auf eine steil aufwärtsführende Erdstraße einschwenken. Unmittelbar vor dem Apartmenthaus biegen wir links auf eine Erdstraße ab, der wir aufwärts folgen. Links liegen einige eingezäunte Gärten. Für eine kurze Weile wandern wir durch schattigen Wald, der von den Feuern verschont wurde.

Auf der **Anhöhe** angekommen, sehen wir rechts unten ein Tal, das uns jetzt fast bis zum Ziel begleiten wird. Im Talgrund können wir an den hellen, blank geputzten Steinen das Bett eines Baches erkennen. Trockensteinmauern zeigen, dass die Gegend früher bewirtschaftet wurde. Bald kommt eine etwas oberhalb des Weges liegende **Schäferhütte** ins Blickfeld. Wir passieren sie und überqueren dahinter den **Bach (2)**.

Von nun an wandern wir auf der rechten Talseite. Zunächst steigen wir auf eine kahle **Kuppe (3)** mit einer Viehtränke, von wo wir einen wunderbaren Ausblick haben. Hier gabelt sich der

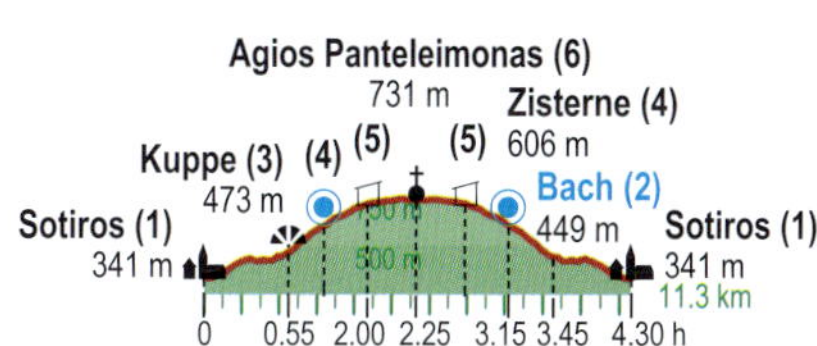

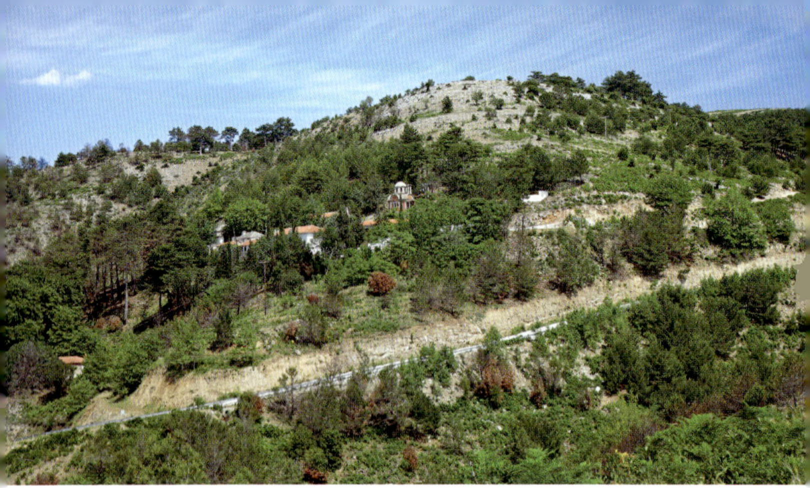

Blick auf das Kloster Agios Panteleimonas vom Wanderweg.

Weg. Nach rechts geht es nach Kallirachi, wir folgen der Erdstraße nach links. Knapp 100 m hinter der Spitzkehre gelangen wir an eine gute Rastmöglichkeit unter Pinien auf Felsen, die wie eine Bank geformt sind. Der Weg wird nun steiler. Links, meist tief unter uns, liegt die Talsohle mit dem Bach. Wir passieren ein Pumpenhäuschen und etwas weiter an einer **Zisterne (4)** sind wir für eine kurze Strecke auf gleicher Höhe mit dem Bachbett.
Die Steigung wird stetig geringer und schließlich stoßen wir unmittelbar vor einem **Ziegenstall (5)** auf eine quer verlaufende Erdstraße, die wir nach rechts gehen. An der Gabelung gut 50 m weiter halten wir uns links. Nun kommt das Kloster in Sicht, das eingebettet zwischen Bäumen am Hang liegt und ein schönes Bild abgibt.
Wir folgen weiter der Erdstraße, bis wir an die von Mikros Prinos zum Kloster führende Asphaltstraße gelangen, auf der wir nach rechts gehen. Bis zum Ziel sind es nun nur noch knapp 200 m. Links neben dem Eingangstor zum Kloster **Agios Panteleimonas (6)** finden wir Bank und Tisch. Eine schöne Rastmöglichkeit auch für die, die nicht während der Öffnungszeiten das Kloster erreichen.
Den Rückweg nach **Sotiros (1)** treten wir auf derselben Strecke an.

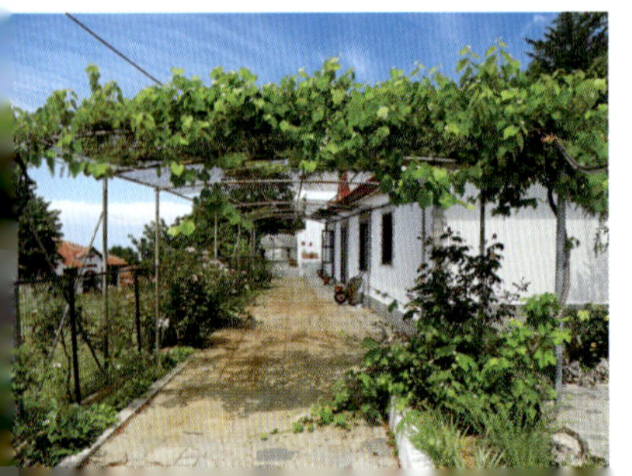

Im gepflegten Garten des Klosters Agios Panteleimonas.

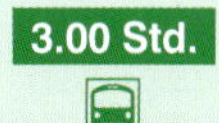

3.00 Std.

Kallirachi

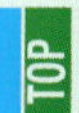

40 TOP

Wanderung zu einer Gipfelkapelle auf einem alles überragenden Berg

Kallirachi, zu dem der Küstenort Skala Kallirachi gehört, ist einer der ältesten und größten Orte der Insel. Er ist geprägt durch enge, verwinkelte Gassen und Häuser in traditioneller Architektur, die sich an die Westflanke eines spitzen, kegelförmigen Berges schmiegen. Auf dem Gipfel des Berges thront majestätisch die schlichte, weiße Kapelle Metamorphosis. Von ihr haben wir einen atemberaubenden Panoramablick.

Die aussichtsreiche Wanderung, die zu einer der schönsten auf Thassos gehört, führt zunächst auf guten Waldwegen in einem großen Bogen um ein Tal herum bis zum Fuß des Gipfels. Auf einem steilen, teils stufigen Weg steigen wir dann zur Kapelle auf. Den Rückweg treten wir auf einem markierten Pfad, dem sogenannten »Pfad der Poesie«, an. Hier finden wir in kurzen Abständen Marmortafeln mit Texten bekannter Dichter von der Antike bis zur Neuzeit.

Ausgangspunkt: Platia mit Bushaltestelle in Kallirachi. Parkmöglichkeiten direkt unterhalb der Platia.

Höhenunterschied: 460 m.

Anforderungen: Die leichte, größtenteils schattige Wanderung verlauft auf Erdstraßen und Pfaden, im Ortsgebiet von Kallirachi auf befestigten Wegen. Die Orientierung ist einfach, Schwindelfreiheit und Trittsicherheit sind nicht erforderlich.

Markierung: Beim Abstieg rote, oft verblasste Farbmarkierungen sowie Marmortafeln mit Texten.

Einkehr: Unterwegs keine; mehrere Tavernen und Kafenia in Kallirachi.

Der Gipfel mit der Kapelle Metamorphosis, die sich kaum vom Fels abhebt.

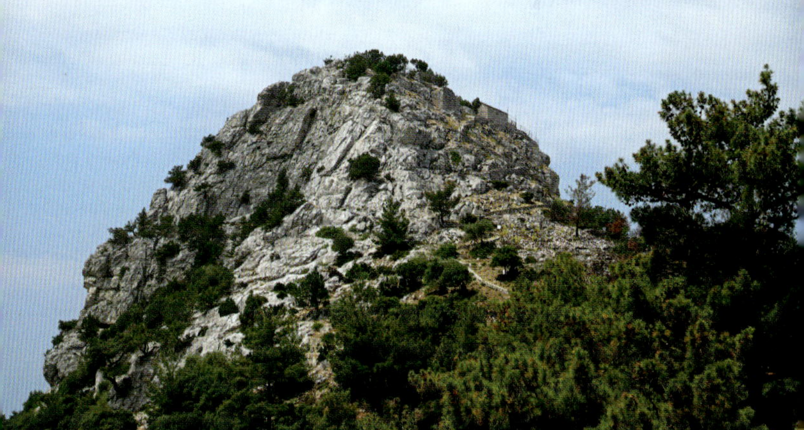

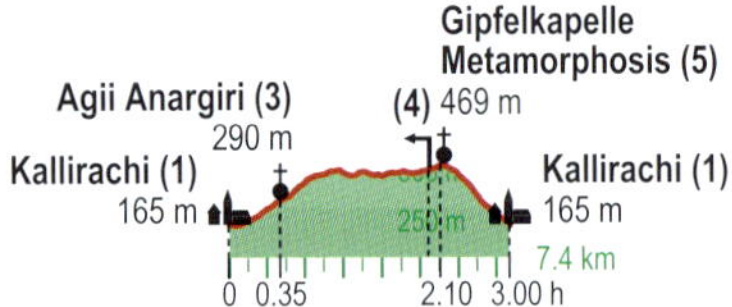

Wir verlassen die **Platia (1)** von **Kallirachi** in südöstlicher Richtung links vorbei an der Taverne, die unmittelbar an den Platz grenzt. Nach etwa 150 m gehen wir an der Gabelung (Wasserstelle mit Wasserhahn) weiter geradeaus, dem Holzwegweiser zur Kirche Agii Anargiri folgend. Links hoch oben auf dem Gipfel können wir unser Ziel sehen. Wir passieren eine **Kapelle (2)**, einige Bänke davor bieten eine Rastmöglichkeit im Schatten unter großen Bäumen. Wir folgen der befestigten Straße weiter aufwärts, bis wir an die 1844 erbaute Kirche **Agii Anargiri (3)** gelangen. Auch hier lässt sich gut eine Pause im Schatten einlegen mit schönem Blick auf unser Ziel.

An der Kirche endet die befestigte Straße und es ist nicht gleich ersichtlich, wo der Weg weiterführt. Bei genauem Hinsehen finden wir aber eine undeutliche Fahrspur links neben dem eingezäunten Kirchengelände, der wir aufwärts folgen. Der Weg wird schnell deutlicher, führt oberhalb um die Kirche herum und bietet einen wunderbaren Ausblick auf Kallirachi und seine Skala sowie das Meer. Nach kurzer Zeit gelangen wir an eine **Abzweigung**. Hier müssen wir uns scharf links halten und dürfen nicht geradeaus weitergehen. Der Erdweg führt stellenweise steil aufwärts. Von Zeit zu Zeit lohnt ein Blick zurück auf Kallirachi und den Küstenort. Im Frühsommer können wir am Wegrand zahlreiche blühende Orchideen entdecken.

Bald ist die steilste Passage geschafft und der Weg führt in dichten Pinienwald hinein. Dort folgen wir der Piste, ohne auf die rechts abzweigenden Wege zu achten. Schließlich verlassen wir den Wald und voraus ist wieder unser Ziel zu sehen, dem wir uns von Südosten annähern. Wir wandern in leichtem Auf und Ab an einem links steil abfallenden Hang entlang durch eine schöne Felslandschaft, die mit Buschwerk und einzelnen größeren Bäumen besetzt ist und gelangen an eine **Kreuzung (4)** im Nordosten des Gipfelbereichs.

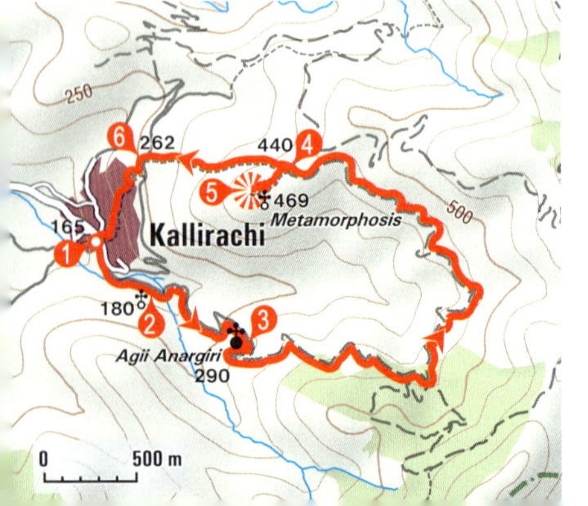

Rechts verläuft die Erdstraße weiter nach Sotiros und zurück nach Kallirachi. Geradeaus weiter führt etwas unscheinbar der Pfad der Poesie auf kürzestem Wege nach Kallirachi, links geht es in den eingezäunten Bereich um den Gipfel. Noch vor dem Zaun finden wir mehrere **Informationstafeln**, Marmortafeln mit Inschriften und eine Marmor-

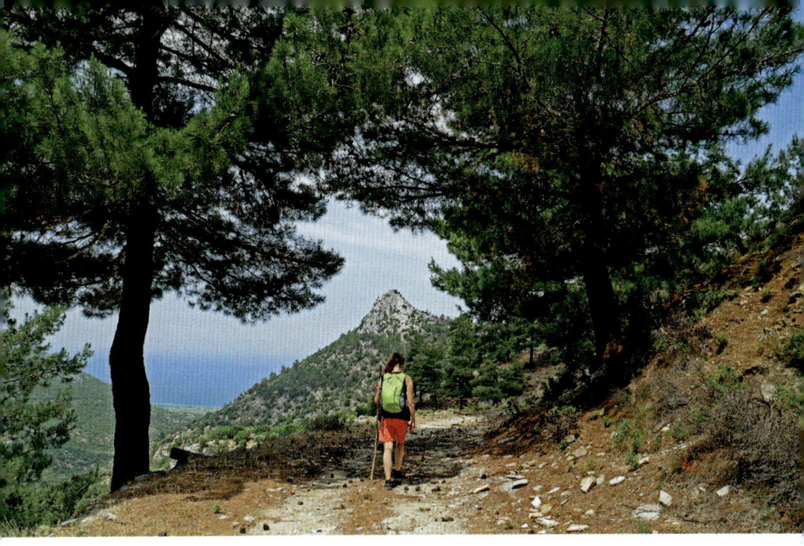

Die Wanderung führt auf Waldwegen, oft mit schöner Aussicht, um ein Tal herum.

skulptur. Hinter dem Zaun entdecken wir ein schattiges Ruheplätzchen neben einer **Wasserstelle**.
Von hier folgen wir dem Pfad, der teils stufig angelegt ist und steil aufwärts auf den Gipfel führt. Wer genau hinschaut, kann im Gelände zwischen dem Gestrüpp noch Reste der ehemaligen Besiedlung erkennen. Kurz vor dem Gipfel können wir links die mehrere Meter hohen Mauern eines ehemaligen Wachturmes erkennen. Auf dem kleinen Gipfelplateau, das nach allen Seiten hin steil abfällt, werden wir für die Mühen mit einem grandiosen Ausblick entschädigt. Die kleine, schlichte **Gipfelkapelle Metamorphosis (5)** ist offen, im Inneren können wir mehr als 100 Jahre alte Ikonen bewundern.
Wenn wir uns an dem wunderbaren Panorama sattgesehen haben, steigen wir wieder bis zur **Kreuzung (4)** ab und gehen dort links auf den kaum zu erkennenden Pfad der Poesie, der auf direktem Weg steil abwärts nach Kallirachi führt. Da sich der Pfad immer wieder im Gelände verliert, sollten wir sorgsam auf die roten Markierungen sowie die in kurzen Abständen angebrachten Marmortafeln achten, bis wir vor einem Haus mit der Aufschrift »Art« an die nach Kallirachi führende **Asphaltstraße (6)** stoßen.
In diese schwenken wir links ein, verlassen sie aber schon nach knapp 100 m wieder nach rechts auf eine abwärtsführende Asphaltstraße. Nach etwa 75 m gehen wir vor einem Haus scharf links auf eine schmale, befestigte Gasse, auf der wir nun abwärts im Zickzack zwischen den Häusern **Kallirachis** zu unserem Ausgangspunkt an der **Platia (1)** wandern.

41 Wasserfälle bei Maries

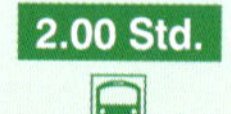

Von einem Bergdorf zum Lake Marion und zu zwei Wasserfällen

Maries ist eines der Bergdörfer, die am weitesten von der Küste entfernt liegen. Eine asphaltierte Stichstraße führt in 13 Kilometern zu dem kleinen Ort. Sehenswert ist das gesamte Ortsbild mit seinen schönen, traditionellen Häusern und die über 200 Jahre alte Kirche mit ihren Fresken und dem großen Kronleuchter aus Bronze, der ein Geschenk von einem Athoskloster ist. Gemütlich sitzen sowie essen und trinken kann man auf der Platia (Old Square). Besonders empfehlenswert ist auch die Taverna Bethel, wo man noch mit typisch griechischer Küche verwöhnt wird.

Die beiden Wasserfälle und der See sind an sich wenig spektakulär, aber in der ansonsten meist trockenen Landschaft doch seltene Kleinode. Das Ziel unserer Wanderung ist auch bei motorisierten Zeitgenossen beliebt, sodass uns ab und zu ein Kfz begegnen wird.

Ausgangspunkt: Parkmöglichkeit am Ende der Asphaltstraße am Ortsende von Maries, ca. 100 m hinter der Taverna Bethel.

Höhenunterschied: 240 m.

Anforderungen: Die größtenteils schattige Tour verläuft auf Erdstraßen, an den Wasserfällen auf Pfaden. Wer zum zweiten Wasserfall will, muss einige kurze, leichte Kletterstellen überwinden, wo Trittsicherheit und etwas Schwindelfreiheit nötig sind. Die Orientierung ist einfach.

Markierung: An den Wasserfällen rote Pfeile.

Einkehr: Unterwegs keine; mehrere Tavernen und Kafenia in Maries.

Am oberen Wasserfall endet der Weg, weiter geht es nicht mehr.

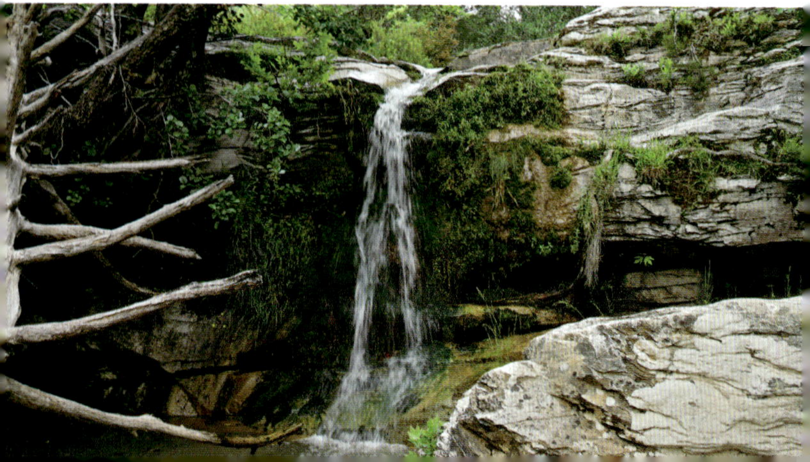

Vom Parkplatz am Ortsende von **Maries (1)** wandern wir auf der Erdstraße aufwärts. Rechts unter uns liegt das Tal des Flusses Marion und dahinter steil abfallende, bewaldete Hänge. Zu Beginn unseres Weges stehen links und rechts des Weges nur wenig Bäume. Aber schon bald wandern wir in schönem Pinienwald.

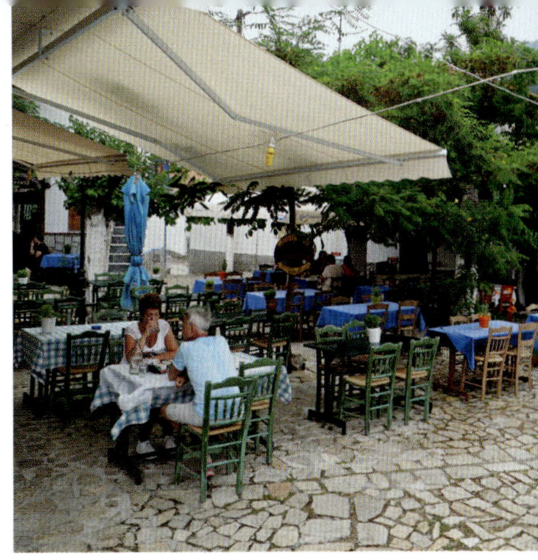

Taverne auf dem Old Square in Maries.

Das zunächst noch breite Tal wird immer enger und der Weg rückt näher an dessen Rand. Die Landschaft wird wieder offener, gibt den Blick auf die Umgebung frei und nur vereinzelt spenden Bäume Schatten. Schließlich erreichen wir einen schon mit mehreren Tafeln lange angekündigten **Verkaufsstand (2)**, wo vornehmlich Honig feilgeboten wird.

Kurz darauf führt rechts ein Weg abwärts zu dem kleinen Stausee **Lake Marion**, um den sich meist zahlreiche Ziegen tummeln. Wir können aber noch knapp 200 m entlang der Erdstraße weitergehen. Dann finden wir rechts einen groß angelegten **Rastplatz (3)** im Schatten hoher Pinien mit Bänken und Tischen, einem Pavillon und einer Wasserstelle.

Von hier gelangen wir in wenigen Metern an den Fluss, dem wir nach links bis zu einem kleinen **ersten Wasserfall** folgen. Der Weg zum etwas imposanteren **zweiten Wasserfall (3)** ist überdeutlich mit roten Pfeilen markiert. Er verlangt etwas leichte Kletterei, die sich aber lohnt. Am Wasserfall haben wir auch das Ende des Weges erreicht, weiter geht es nicht mehr.

Wir wandern nun entsprechend dem Hinweg zurück nach **Maries (1)**.

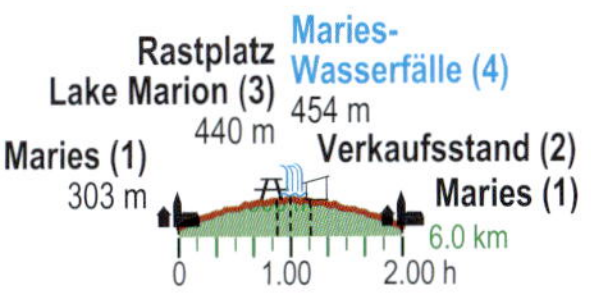

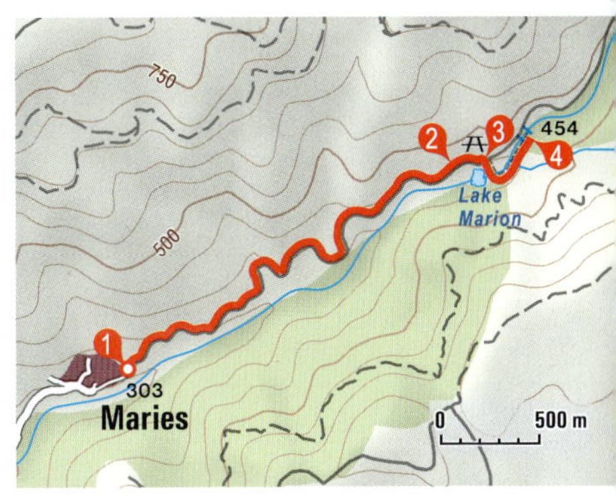

TOP **42**

Wasserfälle bei Kastro

3.15 Std.

Rundwanderung von Kastro zu spektakulären Wasserfällen des Baches Kastrinon

Kastro ist eines der abgelegensten Inseldörfer im Zentrum von Thassos, das lange Zeit nur über eine holprige Schotterpiste erreicht werden konnte. Erst 2016 erhielt Kastro als letztes Bergdorf eine neue, 13 Kilometer lange Asphaltstraße, auf der man es von der Küste aus erreichen kann. Der Ort selbst ist durchaus einen Besuch wert. Außerhalb der Saison nahezu ausgestorben, liegt Kastro auf einem schmalen, steilen Bergrücken und bietet zahlreiche sehenswerte Steinhäuser in traditioneller Architektur, zwei Kirchen, ein Beinhaus und urige Tavernen.

Die Wanderung zu den Wasserfällen am Bach Kastrinon im Norden des Ortes gehört mit Sicherheit zu den schönsten Touren, die man auf Thassos unternehmen kann. Auch wenn die Kaskaden nicht sehr hoch sind und meist nur wenig Wasser fließt, ist ihr Besuch überaus lohnend. Zumal die Wanderung auch im Sommer nicht zur Qual wird, da sie größtenteils im schattigen Wald verläuft. Beim Aufstieg nach Kastro wandern wir auf einem historischen Pfad, dem alten Verbindungsweg zwischen den beiden Bergdörfern, der heute nur noch von Touristen genutzt wird.

An den Wasserfällen imponieren vor allem die knorrigen, alten Bäume.

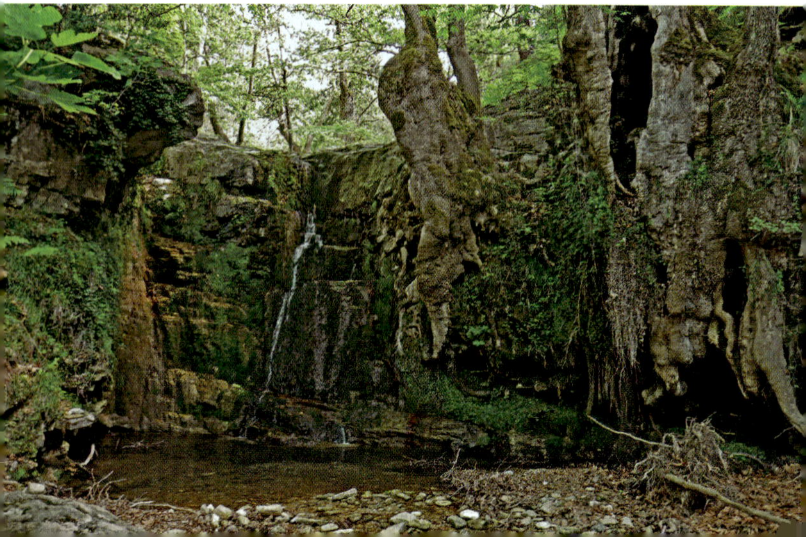

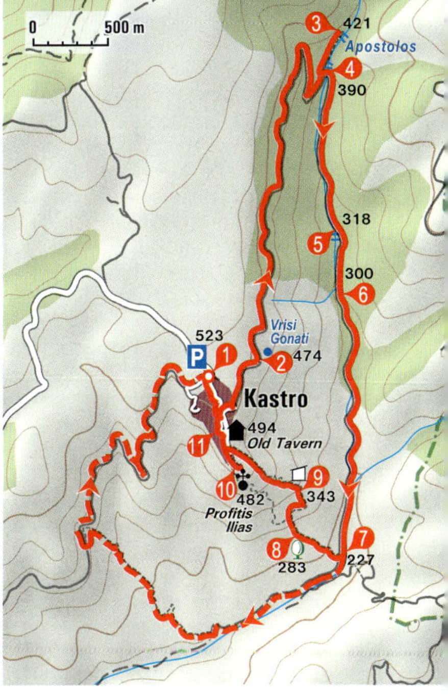

Ausgangspunkt: Parkplatz am Ende der Asphaltstraße am Ortseingang von Kastro. Hier begrüßt uns ein großes »Welcome«-Schild.
Höhenunterschied: 450 m.
Anforderungen: Die überwiegend schattige Tour verläuft zum größten Teil auf Erdstraßen, beim recht steilen Anstieg nach Kastro auf einem Bergpfad. Hier ist etwas Orientierungssinn von Vorteil, um den Pfad nicht zu verlieren. Schwindelfreiheit und Trittsicherheit sind nicht erforderlich.
Markierung: Nur beim Aufstieg nach Kastro rote Farbpunkte und Pfeile sowie Steinmännchen.
Einkehr: Unterwegs keine; Tavernen und Kafenion in Kastro.
Tipp: Die Wanderung kann mit Tour 44 nach Theologos kombiniert werden.

Vom **Parkplatz (1)** gehen wir auf der Schotterpiste Richtung **Kastro**. Nach etwa 250 m, noch vor dem eigentlichen Ortskern in Sichtweite der **Taverna Kastrini**, zweigen wir an einem Wegweiser (»Vrisi Gonati«) von der »Hauptstraße« links ab und verlassen das Dorf in nordöstlicher Richtung. Die Betonstraße geht schnell in eine Erdstraße über, von der wir einen wunderbaren Blick auf die am südlichen Ende des Dorfes auf einem Felssporn liegende Kapelle Profitis Ilias haben, die wir auf dem Rückweg besuchen werden. Unser erstes Zwischenziel ist die gemauerte Quelle **Vrisi Gonati (2)**, die schattig vor einigen Felsen unter hohen Platanen liegt. Ein sehr schöner Rastplatz mit einzigartiger Aussicht.

Wir folgen dem Erdweg, der kurz hinter der Quelle in einen dichten Pinienwald führt, dessen Boden dicht mit Farn besetzt ist. Gut 2 km hinter der Quelle können wir rechts unter uns einen Weg, der parallel verläuft, erkennen und etwas später gelangen wir in einer Spitzkehre an eine T-Kreuzung. Wir setzen unseren Weg nach rechts fort, gehen um die nächste Linkskurve und kommen gut 100 m dahinter an eine Gabelung.

Hier haben wir schon fast unser Ziel erreicht. Nach rechts kommen wir in etwa 100 m an den unteren Wasserfall, nach links geht es zum oberen, eindrucksvolleren Wasserfall. Diesen Weg, der malerisch am Bach **Kastrinon** entlangführt, schlagen wir zunächst ein. Ein wunderbarer, leider nur kurzer

Weg, der am **oberen Apostolos-Wasserfall (3)** endet, wo wir ein wildromantisches Plätzchen vorfinden, das man nur ungern wieder verlässt. Zurück an der Verzweigung gehen wir nun nach links zum **unteren Wasserfall (4)**. Auch hier finden wir gute Rastmöglichkeiten, einige bemerkenswerte, teilweise hohle Platanen spenden Schatten.

Um nach Kastro zurückzukommen, wandern wir auf dem Waldweg, der parallel zum Bach verläuft, abwärts. Begleitet werden wir auf der gesamten Strecke von mächtigen Platanen, die am Rand des Bachbettes stehen. Wir queren zweimal kurz hintereinander den Bach, passieren eine kleinere Kaskade und gelangen nochmals an einen **kleinen Wasserfall (5)**, wo man auf Felsen erneut eine gute Rastmöglichkeit findet.

Nach gut 300 m queren wir den Bach, der im Sommer hier meist schon kein Wasser mehr führt, erneut und 200 m weiter erreichen wir vor einer riesigen Platane eine **Gabelung (6)**, an der wir in gerader Richtung weitergehen. Wir passieren die **Ruine** eines Steinhauses und bleiben weiter auf unserem Waldweg. Dabei ignorieren wir die links und rechts abzweigenden Wege, bis wir etwa 1,8 km hinter der Abzweigung einen mit einem Steinmännchen sowie rotem Punkt und Pfeil markierten **Pfad (7)** erkennen können, der rechts den Hang hinaufführt. Da Markierung und Pfad leicht zu übersehen sind, sollten wir uns der Stelle mit größter Aufmerksamkeit nähern. Hier beginnt der historische Weg von Theologos nach Kastro, der heute nur noch von Wanderern begangen wird.

Variante: Wer den steilen, etwas unübersichtlichen Aufstieg nach Kastro auf dem alten Pfad scheut, kann auch über die Erdstraßen (wie in Tour 44, nur in umgekehrter Richtung) nach Kastro wandern. Die Strecke verlängert sich dadurch um etwa 3 km.

Alle anderen schwenken rechts auf den Pfad ein, der stellenweise im Gelände verschwindet. Wir orientieren uns an den Steinmännchen und roten Markierungen, die in dichtem Abstand folgen. Voraus ist der markante Felsen, auf dem die Kirche von Kastro steht, zu sehen. Wir halten auf den Felsen zu und gelangen auf einen leicht geneigten Hang, auf dem alte Olivenbäume stehen. Dahinter sehen wir einen Pinienwald, auf den wir zugehen. Dabei halten wir uns etwas links in Richtung einer markanten **Zwillingspinie (8)**, an der wir links vorbei in den Wald wandern. Gleich rechts liegt auf einem eingezäunten Grundstück ein Ziegenstall, den wir passieren. Kurz dahinter treffen wir auf eine **Schotterpiste**, die wir nach rechts gehen müssen. (Auch der Schotterweg geradeaus führt zum Ziegenstall (9) weiter oben.) Schon 100 m weiter verlassen wir die Piste wieder nach links

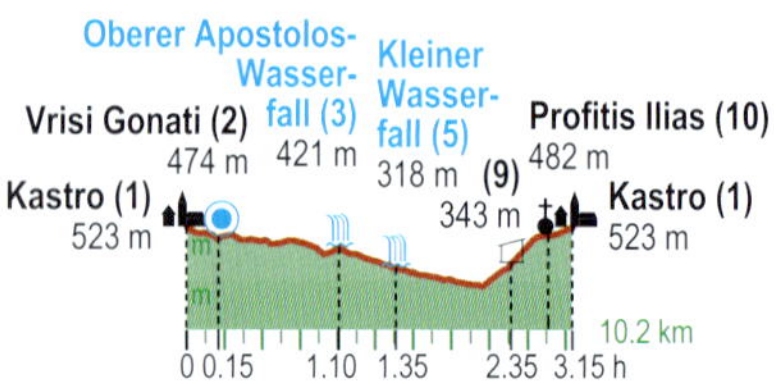

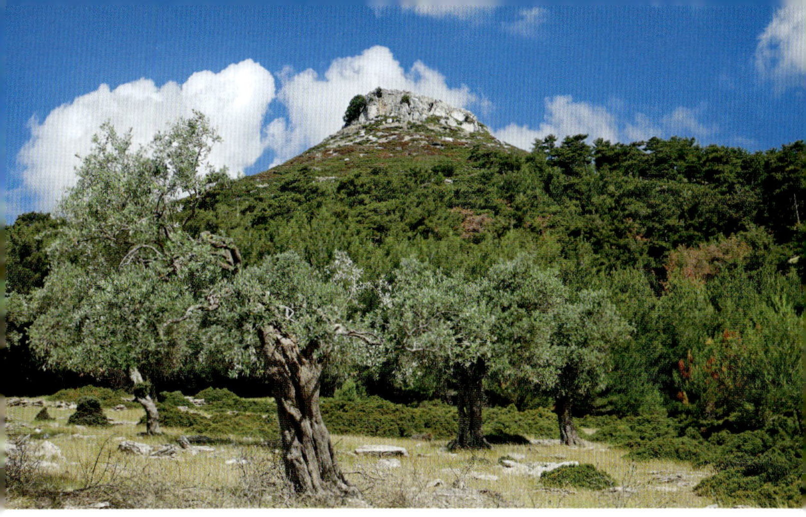

Auf diesem Felsvorsprung stehen Kirche und Beinhaus von Kastro.

auf einen Pfad. Der Abzweig ist deutlich mit einem Steinmännchen und roter Markierung gekennzeichnet. Wir gelangen erneut an ein eingezäuntes Gelände mit **Ziegenstall (9)**, das wir in einem Bogen umgehen.

Oberhalb des Geländes suchen wir uns wieder den Pfad und folgen aufmerksam den Markierungen, bis wir direkt unterhalb des Felsens in offenem Gelände auf einen Schotterweg stoßen, auf dem wir rechts in das Dorf wandern, wo wir auf eine schmale Schotterstraße gelangen. Hier gehen wir zunächst links zur Kirche **Profitis Ilias (10)** mit dem dahinterstehenden **Beinhaus**. Zarte Gemüter sollten den Blick in das offene Beinhaus meiden, liegen hier doch wild durcheinander und teils in Kartons verpackt die Knochen und Schädel der verstorbenen Einwohner Kastros. Einzigartig ist der Ausblick von dem kleinen Plateau auf dem Felssporn, der weit über die Insel auf die Ägäis bis zum Heiligen Berg Athos reicht. Etwas unterhalb der Kirche können wir noch eine kleine Kapelle besichtigen, die über Stufen zu erreichen ist.

Von der Kirche gehen wir vorbei an einer Bank mit Tisch neben einer Wasserstelle zurück ins Dorf **Kastro**. Hinter der Wasserstelle biegen wir links von der Ortsstraße ab, um zur **Old Tavern (11)** von Kosta zu kommen. An der urigen Taverne, der ehemaligen Schule des Ortes, kann man im Schatten großer Bäume gut rasten. Rechts daneben liegt die große Kirche **Agios Athanasios**. An ihr vorbei gelangen wir wieder an die Ortsstraße, wo wir uns ebenso links halten wie an der nächsten Gabelung. Von dort ist es bis zu unserem Ausgangspunkt am **Parkplatz (1)** nur noch ein Katzensprung.

43 Plateau Kastri

1.30 Std.

Wanderung auf ein markantes, geschichtsträchtiges Felsplateau

Die kurze, aussichtsreiche Tour führt auf das Felsplateau Kastri, das zu allen Seiten steil abfällt. Wegen seiner strategisch günstigen Lage war der Felsen schon in prähistorischen Zeiten besiedelt. Die ältesten Spuren stammen aus dem Mittelpaläolithikum (Mittelsteinzeit) und sind um die 100.000 Jahre alt, was Ausgrabungen auf dem Berg vor einigen Jahren ergeben haben.
Auch in diesem Teil Thassos hat der Waldbrand 2016 zugeschlagen, sodass wir im unteren Teil durch abgebranntes Gelände wandern müssen. Wegen des Hochplateaus mit seinen hervorragenden Aussichtspunkten und Rastmöglichkeiten lohnt sich die Wanderung dennoch.

Ausgangspunkt: Abzweig an der Straße zwischen Potos und Theologos, 4,7 km hinter der Abzweigung in Potos von der Inselrundstraße. Rechts führt eine Erdstraße zum Flussbett des Dipotamos, links führt die Erdstraße zum Kastri.
Höhenunterschied: 200 m.
Anforderungen: Die meist schattenlose Wanderung verläuft auf Kfz-freien Erdstraßen und Pfaden. Etwas Schwindelfreiheit, Trittsicherheit sowie Orientierungssinn sind beim felsigen Endaufstieg auf das Plateau erforderlich.
Markierung: Rote Punkte, teilweise auf weißen, quadratischen Blechschildern sowie rote Pfeile.
Einkehr: Keine Möglichkeit; zahlreiche Tavernen und Kafenia im jeweils ca. 5 km entfernten Potos und Theologos.

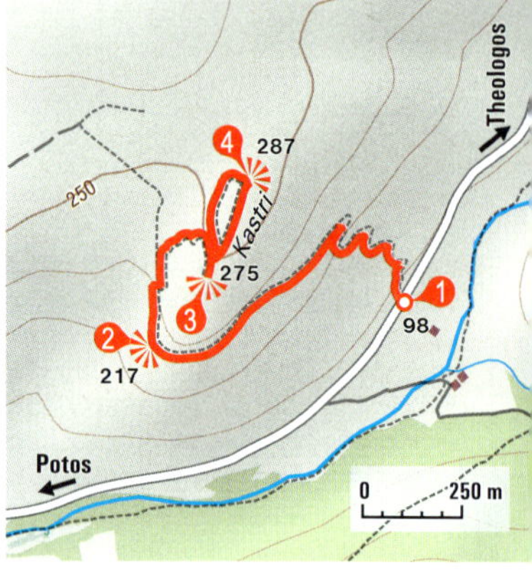

An der **Abzweigung (1)** an der **Straße Potos–Theologos** folgen wir der Erdstraße in westlicher Richtung, die in mehreren Serpentinen aufwärts durch den abgebrannten Wald führt. In einer Höhe von knapp 200 m gelangen wir in eine Region, die der Waldbrand verschont hat, und unter Pinien bieten sich erste Rastmöglichkeiten auf Felsen an.
Kurz darauf stoßen wir an die **Einfahrt** eines eingezäunten Grundstücks. Die Erdstraße endet hier und wir gehen links entlang der Mauer auf einem gut markierten Pfad durch offene, schattenlose Landschaft weiter. Nach links haben wir einen schönen Blick hinunter in das Tal, voraus sehen wir auf die Küste und rechts erscheint bald der markante, wie ein Schiffsbug aussehende Felsen, den wir ersteigen wollen.

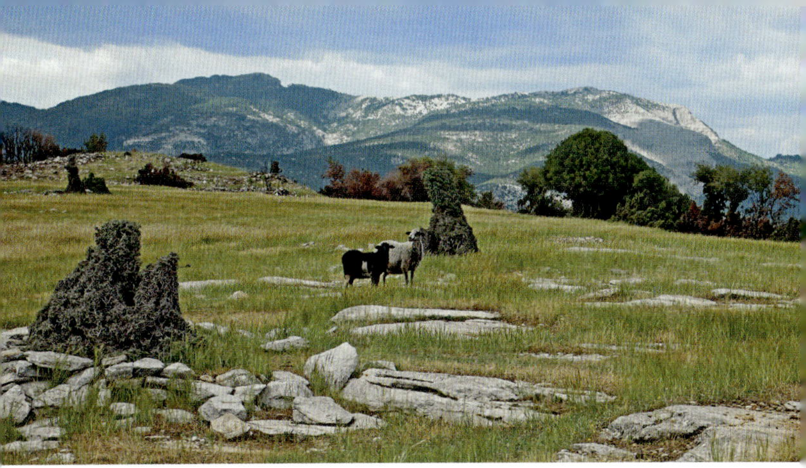

Auf dem geschichtsträchtigen Plateau grasen heute Schafe.

Der Pfad schwenkt dann in nördliche Richtung und wir passieren eine etwa 50 cm hohe **Betonpyramide (2)**. Von hier können wir nun auch die Athoshalbinsel mit dem Heiligen Berg sehen. Knapp 100 m hinter der Betonpyramide stoßen wir auf eine Erdstraße, die gerade so eben im Gelände zu erkennen ist. Rote Markierungen zeigen uns aber, dass wir auf dem richtigen Weg sind.

Knapp 50 m weiter zweigen wir rechts auf einen Pfad ab, der zunächst parallel zum Weg verläuft und dann rechts aufwärts auf das Felsplateau führt. Der Pfad ist steil und felsig und führt kurz unterhalb des Plateaus an einen **Zaun**, den wir durch eine Öffnung passieren können. Hinter dem Zaun halten wir uns rechts und gehen zunächst an die **Südspitze (3)** des Plateaus **Kastri**, wo wir eine weitere, kleine Betonpyramide sehen. Hier finden wir eine wunderbare Rastmöglichkeit auf Felsen mit einmaliger Aussicht.

Von hier können wir über die grasige, mit wenigen, einzelnen Sträuchern bewachsene Ebene auf eine kleine Erhebung an der **Nordspitze (4)** des Plateaus gelangen. Auch hier haben wir eine grandiose Aussicht. Besonders beeindruckend ist der Blick Richtung Nordosten auf Theologos. Auch ein genauerer Blick auf die vereinzelten Büsche lohnt sich, haben sie doch durch Verbiss teilweise bizarre Wuchsformen angenommen, die schon an Kunstwerke erinnern.

Wenn wir uns sattgesehen und genug gerastet haben, treten wir den Rückweg zum **Ausgangspunkt (1)** auf derselben Route an.

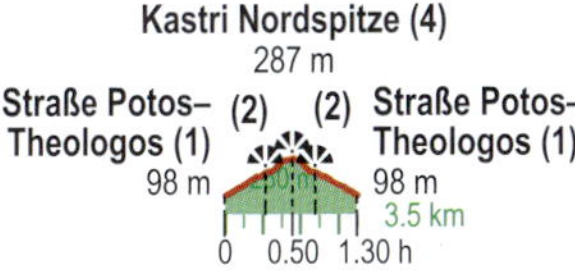

44 Von Theologos nach Kastro

4.45 Std.

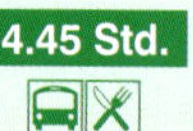

Rundwanderung zwischen zwei Bergdörfern im Zentrum von Thassos

Die Tour zwischen Theologos und Kastro verläuft zum Teil auf dem alten Verbindungsweg zwischen den beiden Bergdörfern. Der Pfad wird heute nur noch von Touristen genutzt und droht mehr und mehr im Gelände zu verschwinden. Beide Bergdörfer liegen abgeschieden sehr weit im Inselinneren. Während Kastro (siehe Tour 42) erst seit Kurzem über eine Asphaltstraße angebunden ist, ist dies bei Theologos (siehe Tour 45) schon länger der Fall. Die Rundwanderung bietet uns auf den meisten Abschnitten eindrucksvolle Aussichten. Darüber hinaus sind die beiden Bergdörfer unbedingt einen Besuch wert.

Ausgangspunkt: Abzweig kurz hinter dem Ortseingang von Theologos, an der nördlich um das Dorf führenden Asphaltstraße gleich hinter dem letzten, auf der linken Seite stehenden Haus. An der Straße einige Parkmöglichkeiten.
Höhenunterschied: 540 m.
Anforderungen: Die vielfach schattige Tour verläuft zum größten Teil auf Erdstraßen, beim Anstieg nach Kastro auf einem Bergpfad. Hier ist etwas Orientierungssinn von Vorteil, um den Pfad nicht zu verlieren. Schwindelfreiheit und Trittsicherheit sind nicht erforderlich.
Markierung: Stellenweise rote Farbpunkte und Pfeile, beim Aufstieg nach Kastro auch Steinmännchen.
Einkehr: Mehrere Tavernen und Kafenia in Theologos und Kastro.
Tipp: Die Wanderung kann mit der zu den Wasserfällen nördlich von Kastro (Tour 42) kombiniert werden.

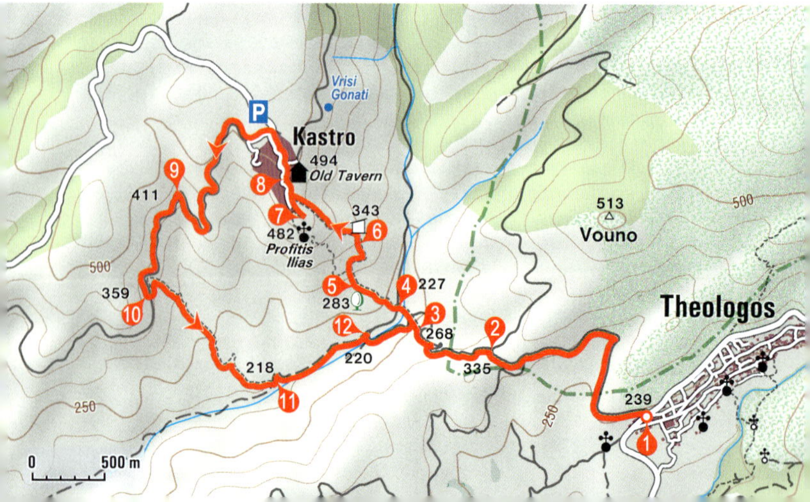

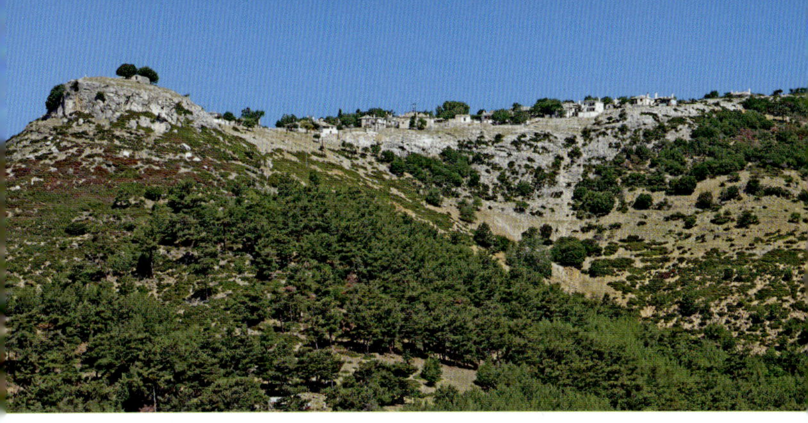

Kastro liegt malerisch auf einem Bergkamm.

Am südwestlichen Ortsrand von **Theologos** gehen wir an der **Abzweigung (1)** auf den unbefestigten Fahrweg zwischen dem Wohnhaus links und einer Ruine rechts. An der Gabelung nach gut 300 m wandern wir geradeaus weiter. In einer Linkskurve passieren wir ein größeres eingezäuntes Grundstück und kurz darauf ein weiteres. Gut 50 m hinter dem zweiten Grundstück erreichen wir eine Gabelung. Der linke Zweig führt hinunter an die Küste.

Wir halten uns rechts und kommen auf einer kleinen **Anhöhe** an eine **Wegkreuzung (2)**. Rechts steht etwas erhöht ein weißer **Bildstock**, daneben die Grundmauern einer Steinhütte. Nach Nordwesten haben wir einen schönen Blick auf unseren Zielort, der sich hoch oben auf einem steilen, schmalen Bergrücken befindet. Wir wählen an der Mehrfachkreuzung den zweiten Weg, der links in etwa 90 Grad abzweigt. Bei genauem Hinschauen sehen wir am Wegrand einen großen, aus Steinen gelegten Wegweiser Richtung Kastro. Der Waldweg führt durch dichten Pinienwald abwärts und bietet immer wieder gute Ausblicke auf das Bergdorf.

Etwa 800 m hinter der Anhöhe in einer lang gezogenen **Rechtskurve (3)** – rechts ein kleiner frei geschobener Platz, links mehrere rote Markierungen auf Felsen und Pinien – zweigt nach links ein unscheinbarer Pfad ab, der die Schleife des Weges abkürzt. Der Pfad führt an der Ruine eines Steingebäudes vorbei und trifft dahinter wieder auf die Erdstraße, die wir etwas links versetzt überqueren. Wir folgen dem Pfad abwärts in ein **Tal**, wo wir ein breites, steiniges Bachbett überqueren, das in der Regel trocken ist. Dahinter steigen wir die Böschung zu einem Waldweg auf, der rechts zu den Wasserfällen von Kastro führt.

Hier beginnt der Aufstieg auf dem **historischen Pfad (4)** nach Kastro. Den Einstieg kennzeichnen ein Steinmännchen sowie ein roter Punkt und Pfeil. Wir folgen dem Pfad, der stellenweise im Gelände verschwindet, und orientieren uns an den Steinmännchen und roten Markierungen, die in dichtem Abstand folgen. Voraus ist der markante Felsen zu sehen, auf dem die Kirche von Kastro steht, auf den wir zuhalten.

Wir gelangen auf einen leicht geneigten Hang, auf dem alte Olivenbäume stehen und wandern auf den Pinienwald zu. Dabei halten wir uns etwas links in Richtung einer markanten **Zwillingspinie (5)**, an der wir links vorbei in den Wald gehen. Gleich rechts liegt auf einem eingezäunten Grundstück ein Ziegenstall, den wir passieren. Kurz dahinter treffen wir auf eine **Schotterpiste**, die wir nach rechts gehen müssen. (Auch der Schotterweg geradeaus führt zum Ziegenstall weiter oben.)

Schon 100 m weiter verlassen wir sie wieder nach links auf einen Pfad. Der Abzweig ist deutlich mit einem Steinmännchen und roter Markierung gekennzeichnet. Wir gelangen erneut an ein eingezäuntes Gelände mit **Ziegenstall (6)**, das wir in einem Bogen umgehen. Oberhalb des Geländes suchen wir uns wieder den Pfad und folgen aufmerksam den Markierungen, bis wir direkt unterhalb des Felsens in offenem Gelände auf einen Schotterweg stoßen, auf dem wir rechts in das Dorf wandern, wo wir auf eine schmale Schotterstraße gelangen. Dort geht es links zur Kirche **Profitis Ilias (7)** mit dem dahinterstehenden Beinhaus sowie einem kleinen Aussichstplateau auf dem nahen Felssporn, wo der Blick weit über die Insel auf die Ägäis bis zum Heiligen Berg Athos reicht.

Wieder zurück von der Kirche führt unser Weg geradeaus ins Dorf **Kastro**, vorbei an einer Bank mit Tisch neben einer Wasserstelle. Dahinter biegen wir links von der »Hauptstraße« ab, um zu **Kosta's Old Tavern (8)** zu kommen. An der urigen Taverne, der ehemaligen Schule des Ortes, kann man im Schatten großer Bäume gut rasten. Rechts daneben liegt die große Kirche **Agios Athanasios**. An ihr vorbei gelangen wir wieder an die »Hauptstraße«, wo wir uns an der nächsten Gabelung links halten müssen. Rechts geht es zu den Wasserfällen im Norden des Ortes (Tour 42). Wir folgen der Straße aus dem Ort hinaus bis an die 2016 neu erbaute Asphaltstraße.

Hier wandern wir an einem ummauerten Stumpf eines mächtigen Olivenbaumes vorbei links auf die Erdpiste (nicht auf die vor dem Stumpf abzweigende

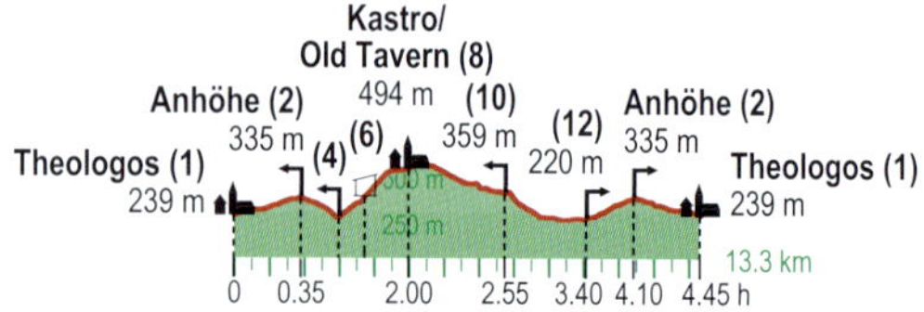

Erdstraße gehen!) Gut 150 m weiter halten wir uns an der nächsten Gabelung, wo es links wieder in den Ort geht, rechts. Schatten gibt es auf diesem Abschnitt kaum, dafür werden wir mit einem schönen Blick auf Kastro entschädigt. Auch an der nächsten Abzweigung, die scharf links abwärts in ein Tal führt, bleiben wir auf unserem Weg, der danach dicht an beeindruckenden, steilen Felswänden entlangführt.

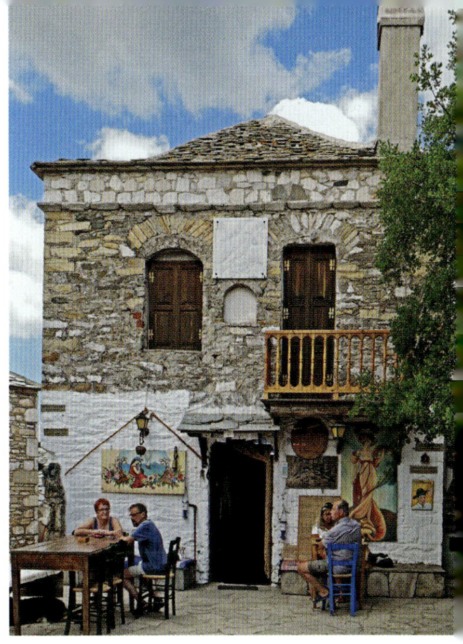

Kosta's Old Tavern ist eine beliebte Einkehr in Kastro.

In einer **Kehre (9)** überqueren wir einen meist trockenen Bach. Die Betonplatte ist durch einen vorangegangenen Sturzbach zur Seite gespült worden, sodass diese Stelle auch kein Geländewagen mehr passieren kann. Etwa 900 m nach dieser Kehre zweigt an einer **Gabelung (10)** scharf links ein Weg ab, dem wir hinunter in ein Tal folgen, wo wir ein **Einzelhaus** mit einem eingezäunten Garten passieren. Beides sieht aus, als wenn es verlassen worden wäre. Wir folgen dem jetzt nicht mehr so steilen Erdweg weiter abwärts, passieren in einiger Entfernung einen Wellblechziegenstall und stoßen schließlich auf eine breite **Erdstraße (11)**, die rechts nach Limenaria führt.

Wir halten uns links und gehen gut 100 m weiter an der nächsten Abzweigung geradeaus. Rechts von uns liegt das Tal des Baches Kastrinon, der von den nördlich von Kastro gelegenen Wasserfällen kommt, hier unten aber in der Regel kein Wasser mehr führt. Wenig weiter kommen wir an einer dicht mit Platanen bestandenen Stelle an eine **Abzweigung (12)** nach rechts. Wenn wir hier weiter geradeaus gehen, kreuzen wir nach knapp 300 m den vom Hinweg bekannten historischen Pfad, der links nach Kastro führt und rechts zurück nach Theologos.

Wir können aber gleich hier rechts gehen und der Erdstraße folgen. An der Abzweigung nach etwa 50 m halten wir uns links Richtung Theologos (Wegweiser). Nach 400 m kreuzen wir erneut den alten Pfad, auf den wir nach rechts einschwenken. Auf dem nun bekannten Weg gelangen wir zurück zu unserem **Ausgangspunkt (1)** am Ortsrand von **Theologos**.

Von Theologos zur Kirche Profitis Ilias

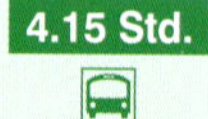

Rundwanderung im Osten von Theologos zu einer Kirche mit einzigartiger Aussicht

Die Wanderung östlich von Theologos bietet verschiedene, herausragende Aussichtspunkte, die weit über die Insel hinausreichen. Sie führt durch das Tal des Dipotamos zu einer schlichten Kapelle, von der wir einen wunderbaren Blick auf die Küste bei Potamia haben. Ausgangspunkt ist das lang gezogene Bergdorf Theologos, das weit ab von der Küste im Landesinneren liegt und schon für sich einen Besuch wert ist. Die alten Gassen mit den inseltypischen Häusern, mehrere Kirchen und Kapellen, ein kleines Museum und zahlreiche Tavernen und Kafenia locken nicht nur in der Hauptsaison zahlreiche Besucher an.

Ausgangspunkt: Beim Friedhof und der Kirche Agios Ioannis am östlichen Ortsende von Theologos. Hier finden wir neben ausreichend Parkraum auch einen Spielplatz. Parken können Autofahrer auch an der Wassermühle (WP 2).
Höhenunterschied: 450 m.
Anforderungen: Die stellenweise schattige Tour verläuft hauptsächlich auf Erdstraßen, auf einem kurzen Abschnitt auch auf einem Pfad. Die Orientierung ist einfach, Schwindelfreiheit und Trittsicherheit sind nicht erforderlich.
Markierung: Stellenweise rote Farbpunkte und Pfeile.
Einkehr: Unterwegs keine; nur 500 m nach Tourstart an der Wassermühle sowie mehrere Tavernen und Kafenia in Theologos.
Tipp: Von der Kirche Profitis Ilias kann man weiter bis nach Lefki (Tour 48) etwas südlich von Potamia wandern.

Am nordöstlichen Ortsrand von **Theologos** wandern wir an **Friedhof und Kirche (1)** vorbei auf dem unbefestigten Fahrweg neben dem Bach **Dipotamos** in östlicher Richtung und erreichen nach gut 500 m an der **Wassermühle (2)**, in der sich heute eine kleine, empfehlenswerte Taverne befindet, die Quellen des heiligen Vasiliki. Zu sehen sind neben der Wassermühle noch Reste einer Mauer aus dem 13. Jh., die zu einem Kloster gehörten.

Gleich hinter dem **Parkplatz** gehen wir am Ende der Mauer links auf den steil aufwärtsführenden Weg, passieren einen Zaun und stoßen schließlich an einer großen **Marmorbank** auf eine Erdstraße, auf der wir nach rechts einschwenken. An der

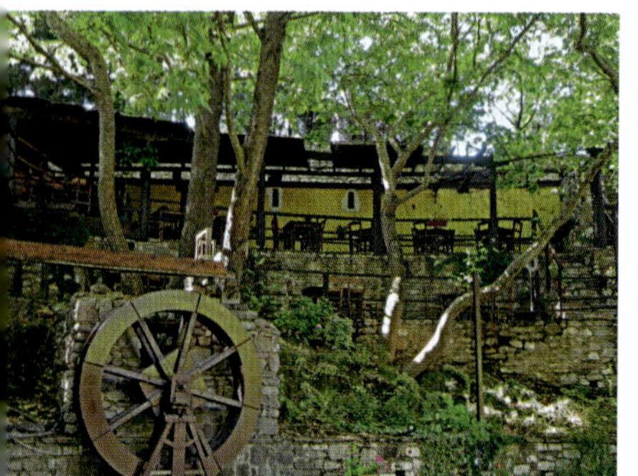

Die empfehlenswerte Taverne an der Wassermühle bietet schattige Plätze.

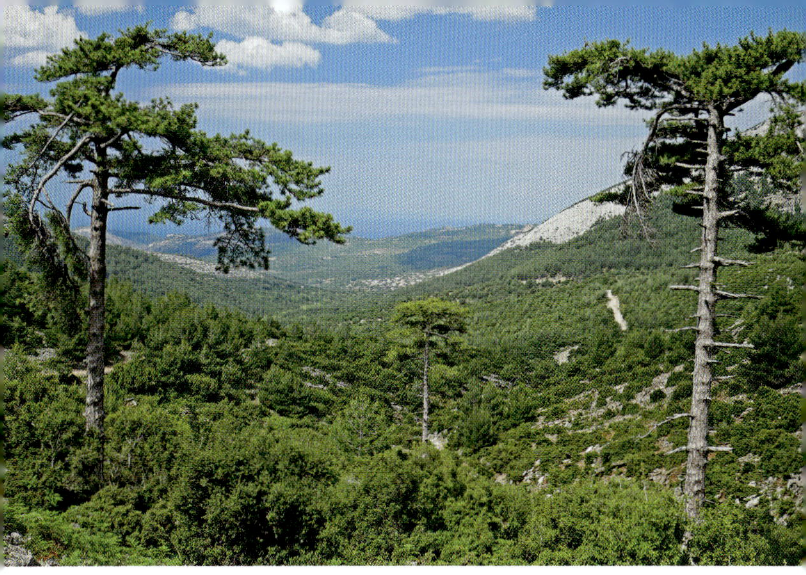

Beim Aufstieg haben wir wunderbare Blicke über Theologos bis zum Meer.

nächsten Gabelung nach gut 100 m halten wir uns rechts leicht abwärts, wo wir wieder an den **Dipotamos** gelangen.
Wir folgen der Erdstraße und ignorieren alle links und rechts abzweigenden Wege, mehrmals überqueren wir meist trockene Bäche, die in den Dipotamos fließen. Nach links haben wir einen faszinierenden Blick auf die schroffen, bis zu 1000 m hohen Felswände, die unser Tal nach Norden abschließen. Wir passieren einen alten, links des Weges liegenden **Steinbruch**, halten uns an der nächsten **Gabelung (3)** rechts, überqueren das Bachbett des Dipotamos und gelangen an einen **Ziegenstall (4)**. Von hier können wir voraus eine bewaldete Kuppe sehen, den 744 m hohen Fanos. Links davon, für uns unsichtbar, liegt unser Ziel.
Wir folgen weiter der Erdstraße, von der nun in kurzen Abständen links und rechts Wege abzweigen. Etwas mehr als 1 km hinter dem Ziegenstall überqueren wir in einer Linkskehre erneut das Bachbett des Dipotamos. Nur 100 m weiter müssen wir unseren Weg nach rechts auf eine Erdstraße verlassen. Der Abzweig ist deutlich markiert und nicht zu verfehlen. Ein letztes Mal überqueren wir den **Dipotamos**. Hier finden wir eine schöne Rastmöglichkeit auf Felsen unter einer **Platane (5)**. Etwa 150 m weiter zweigt unser Weg scharf links auf eine weitere, teils steinige Erdstraße ab, die steil aufwärtsführt. Zurück haben wir einen wunderbaren Blick durch das Tal nach Theologos und weiter über das Meer bis zum Athos.

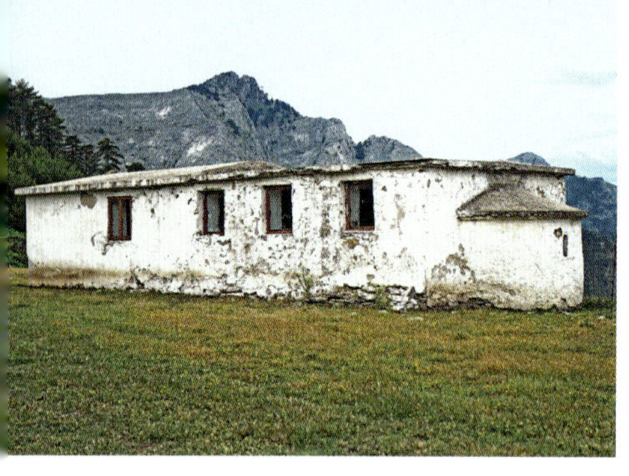

Die schlichte Kirche Profitis Ilias macht einen renovierungsbedürftigen Eindruck.

Der Erdweg stößt auf einem **Sattel (6)** in etwa 600 m Höhe an eine Trockensteinmauer, wo sich mehrere Wege und rot markierte Pfade kreuzen. Beeindruckend ist der Blick nach unten, wo wir aus der Vogelperspektive auf Kinira und die vorgelagerte gleichnamige Insel schauen. Weiter im Osten erkennen wir Samothraki und – bei guter Sicht – dahinter die Küste der Türkei.

Wir setzen unseren Weg fort und gehen an der Wegkreuzung nach links, wo sofort ein rot markierter Pfad rechts aufwärts abzweigt. Der Pfad bringt uns nach ca. 350 m an eine Erdstraße, der wir nach rechts folgen. 500 m weiter haben wir unser Ziel, die schlichte Kirche **Profitis Ilias (7)** erreicht, die auf einem kleinen Plateau steht. Von hier haben wir einen einzigartigen Blick auf Potamia und die zugehörige Bucht, den sogenannten Golden Beach. In einem eingezäunten Areal finden wir eine schattige Rastmöglichkeit mit Bänken und Tischen.

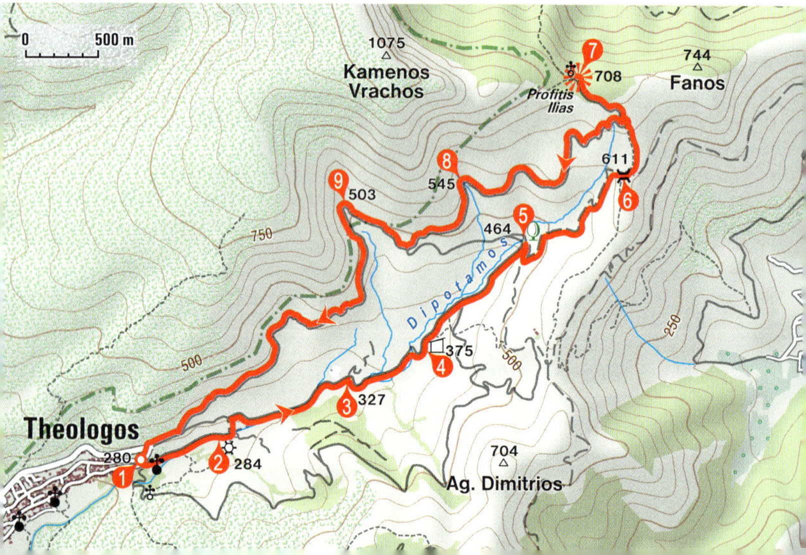

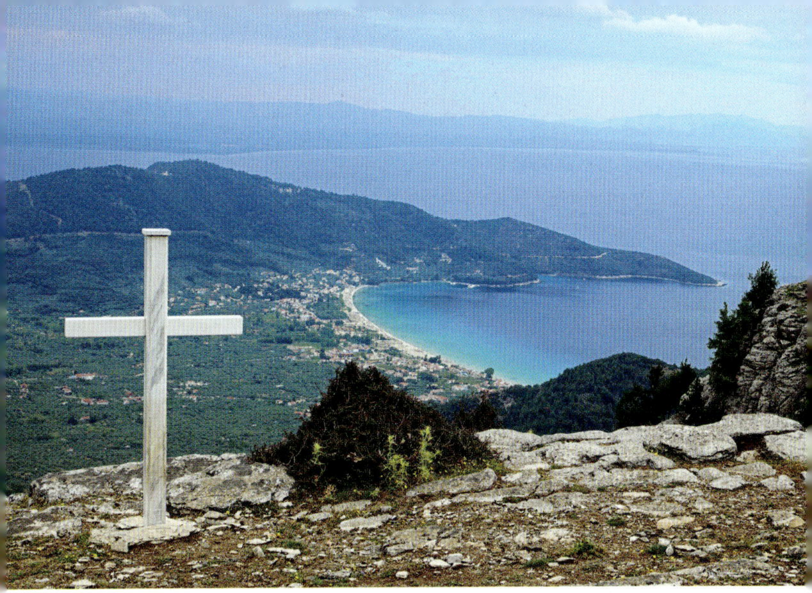

Von der Kirche Profitis Ilias haben wir einen atemberaubenden Blick auf Potamia und die dazugehörige Bucht.

Zurück gehen wir zunächst auf demselben Weg. An der Stelle, an der nach 500 m der Pfad einmündet, bleiben wir nun aber auf der Erdstraße. In einer **Linkskehre (8)** kommen wir der schroffen, steil aufragenden Felswand relativ nahe. An der Wegkreuzung 750 m weiter halten wir uns rechts. Nach kurzem Anstieg kommen wir erneut an eine **Linkskehre (9)**, mehrere **Platanen** spenden hier Schatten. Unser Weg führt weiter abwärts, wobei wir sämtliche Abzweigungen ignorieren. Auch an der nach etwas mehr als 1 km bleiben wir, trotz der nach links weisenden Markierungen, auf unserem Weg.
Etwa 1,5 km weiter erreichen wir die nördlich um **Theologos** führende Asphaltstraße. Hier gehen wir links abwärts und sind nach wenigen Schritten zurück am Ausgangspunkt bei der Kirche **Agios Ioannis (1)**.

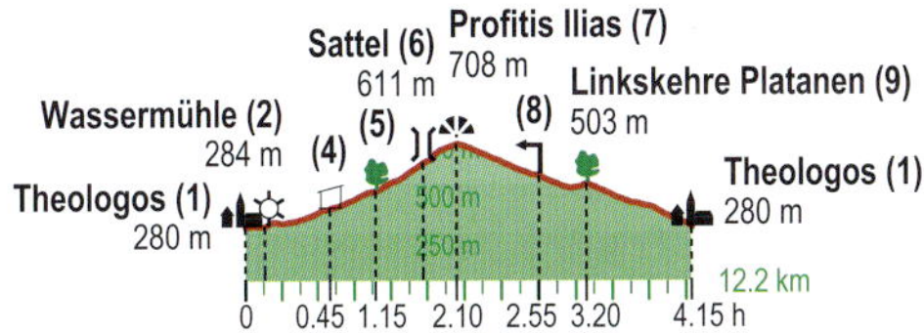

46 *Giola*

1.45 Std.

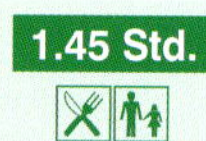

Wanderung zu einem Naturschwimmbecken unmittelbar am Meer

Die kurze Tour führt zu einem natürlichen Felsbecken direkt am Meer, das nur durch einen schmalen, flachen Felsen davon getrennt ist. Das knapp 20 Meter breite und bis zu 4 Meter tiefe Becken wird durch die Brandung gespeist, kann aber zusätzlich über eine Pumpe mit Meerwasser versorgt werden. Wer mutig ist, springt von den bis zu 8 Meter hohen Felsenrand ins Wasser.
Auf dem Weg können wir noch einen kurzen Abstecher zu einer kleinen Sandbucht machen.

Ausgangspunkt: Vom Astris Beach (knapp 5 km östlich von Potos) erreichen wir Start und Ziel entlang der Inselrundstraße Richtung Osten nach 2,5 km, etwa 300 m hinter einer Linkskurve. Hier weist ein Schild auf eine Erdstraße Richtung »Giola«. Neben der Hauptstraße gibt es einen kleinen Parkplatz.
Höhenunterschied: 240 m.

Giola (5)
Kalami Beach (2) 9 m Kalami Beach (2)
Hauptstraße (1) 5 m 5 m Hauptstraße (1)
62 m 62 m
4.8 km
0 0.50 1.45 h

Anforderungen: Die schattenlose Tour verläuft hauptsächlich auf Erdstraßen, im letzten Teil auf einem Pfad. Die Orientierung ist einfach, Schwindelfreiheit und Trittsicherheit sind nicht erforderlich.
Markierung: Auf dem Pfad blaue Pfeile und Farbpunkte.
Einkehr: Oberhalb des Beckens eine Taverne, Strandbar in der Sandbucht.
Tipp: Da das Naturschwimmbecken ein viel besuchtes Touristenziel ist, sollte man die Wanderung möglichst nicht in der Hauptsaison unternehmen. In dieser Zeit wird es im und um das Becken sehr eng und auch auf der Erdpiste sind viele Kfz unterwegs.

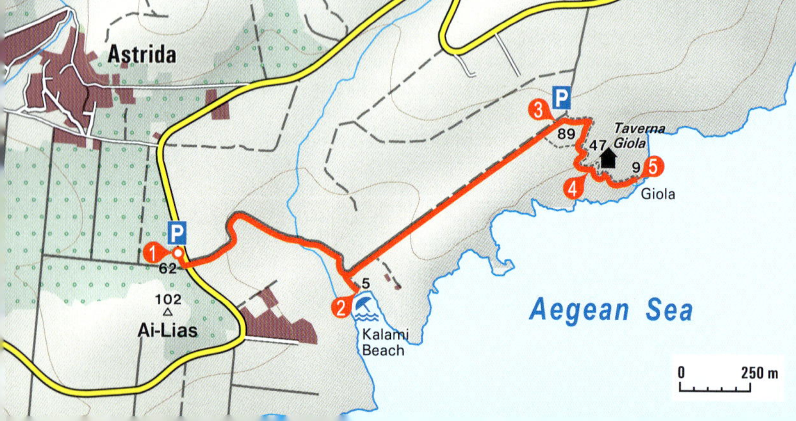

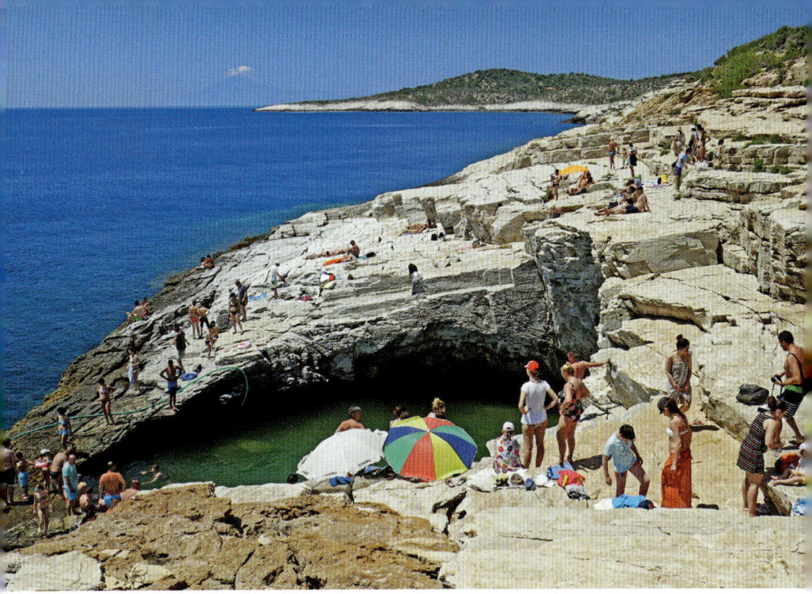

Das Naturschwimmbecken bei Giola, im Hintergrund ist der Berg Athos zu sehen.

Vom **Parkplatz (1)** gehen wir in wenigen Schritten zur Einmündung der Erdstraße, der wir stellenweise steil abwärts folgen. Unten angekommen, treffen wir auf eine Abzweigung. Geradeaus kommen wir nach wenigen Metern zur Sandbucht **Kalami Beach (2)**. Hier finden wir im Sommer eine Strandbar. Nach Giola gehen wir an der Abzweigung nach links auf der Erdstraße steil aufwärts, bis wir an einen **Parkplatz (3)** gelangen. Von hier führt eine Erdstraße abwärts zur **Taverne (4)**, von der ein gut markierter Pfad bis an die Felsküste mit dem **Giola-Naturbecken (5)** verläuft.
Den Rückweg zum **Parkplatz (1)** treten wir auf derselben Route an.

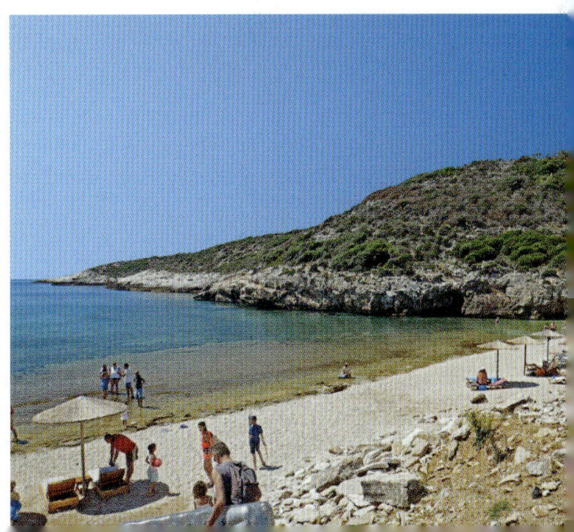

Kalami Beach, kurz nach Beginn der Wanderung, ist bei jungen Leuten sehr beliebt.

47 Aliki

0.45 Std.

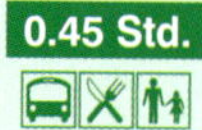

Rundwanderung über eine einzigartige Halbinsel mit antiken Stätten und schönen Stränden

Eigentlich weniger eine Wanderung als ein ausgedehnter Spaziergang, soll diese kurze Tour über die Halbinsel Aliki mit ihren beiden gegenüberliegenden Stränden dennoch in diesem Wanderführer Erwähnung finden. Denn es handelt sich doch um eine Runde, die zu einem der Höhepunkte einer Thassosreise gehört – nicht nur wegen der zahlreichen antiken Ruinen, der Marmorbrüche und der beiden schönen Sandstrände, sondern vor allem wegen ihrer landschaftlichen Schönheit. Das Grün der Pinien, das Weiß der Ruinen und Marmorbrüche und das türkisblaue Wasser der Ägäis geben ein besonders schönes Bild ab. Darüber hinaus haben wir bei guter Sicht noch einen prächtigen Blick auf den Heiligen Berg Athos im Südwesten und die markante Silhouette von Samothraki im Osten.

Einen Haken hat die Sache allerdings: In der Hochsaison ist der Strand (vor allem der westliche) völlig überlaufen, und auch das Ausgrabungsgelände müssen wir mit vielen anderen Besuchern teilen.

Ausgangspunkt: Abzweig von der Inselrundstraße zur Halbinsel Aliki. Ein braunes Schild weist auf die »archaeological site« hin. Wer früh kommt, kann noch einen Parkplatz nahe des Zugangs zur Bucht bekommen, ansonsten an der Straße parken und evt. einen längeren Anmarschweg in Kauf nehmen.

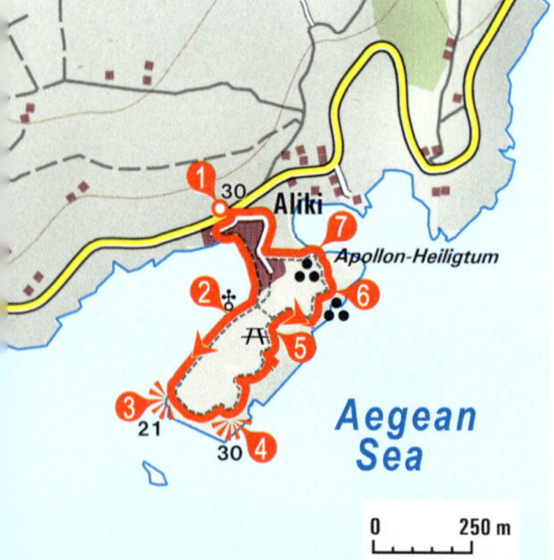

Höhenunterschied: 40 m.

Anforderungen: Die kurze, schattige Tour verläuft zum größten Teil auf guten Pfaden und breiten Wegen. Die Orientierung ist einfach, Schwindelfreiheit und Trittsicherheit sind nicht erforderlich.

Markierung: Im Ausgrabungsgelände sehr gut mit Wegweisern markiert.

Einkehr: Zahlreiche Tavernen und Kafenia am Weststrand.

Tipps: 1) Das Ausgrabungsgelände ist eingezäunt, durch mehrere Pforten aber frei und kostenlos zugängig. An den wichtigsten archäologischen Stätten stehen Infotafeln. Zahlreiche Bänke an den schönsten Plätzen laden zum Verweilen ein. 2) Für die Tour sollte man deutlich mehr Zeit einplanen, weil es eine Menge zu sehen und zu erkunden gibt.

Höhlenkapelle (2) 20 m
Frühchristliche Basiliken (6) 26 m
Aliki Zufahrt (1) 30 m
Aliki Zufahrt (1)
1.8 km
0 0.45 h

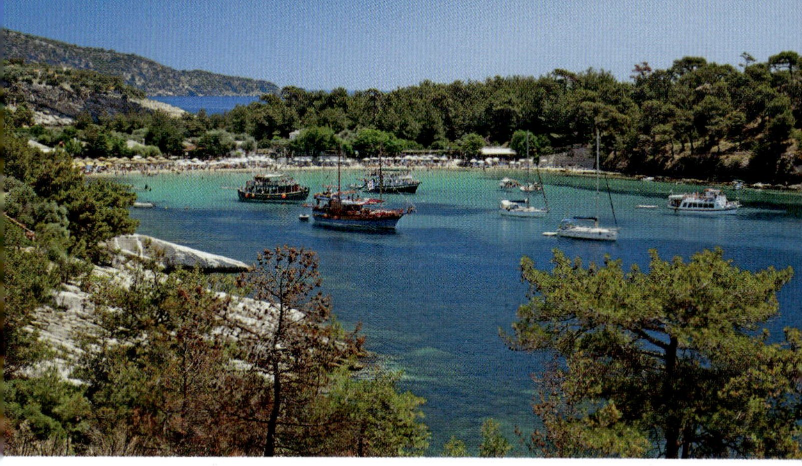

Die Halbinsel Aliki mit ihrer kleinen Badebucht gehört zu Thassos' Touristenmagneten.

Wir gehen an der schmalen **Zufahrt (1)** zur Halbinsel **Aliki** auf der gepflasterten Straße abwärts. Nach wenigen Metern, an einer Abzweigung nach rechts, lockt uns ein Hinweisschild einer Taverne zum Strand. Wir gelangen hier über das Gelände der **Taverne** direkt an die **Sandbucht**. Vorbei an zahlreichen, dicht nebeneinanderstehenden Tavernen und Kafenia wandern wir bis zum Südende der Bucht. (Alternativ können wir auf dem Weg bis zum Ende der Bucht weitergehen.)

Dort betreten wir durch eine Pforte den Wanderweg um die Halbinsel, der zunächst dicht an der felsigen Küste verläuft. Als Erstes stoßen wir auf eine rechts vom Weg liegende **Höhlenkapelle (2)**, zu der einige Stufen hinabführen und die vor allem durch ihre Lage beeindruckt. Etwas weiter kommen wir an einen Durchlass im Holzgeländer, durch den wir bis ans Wasser klettern können.

Dahinter erreichen wir die Südseite der schuhförmigen Halbinsel und gleich einen **Aussichtspunkt (3)** mit einer **Infotafel**. Von hier haben wir einen guten Überblick über das antike Steinbruchgelände und können ermessen, um wieviel kleiner die Halbinsel durch den Marmorabbau geworden ist. Gleich dahinter können wir rechts vom Weg abweichen und uns das Abbruchareal aus der Nähe ansehen.

Nur wenig weiter kommen wir an den nächsten **Aussichtspunkt** mit schönem Blick auf den Berg Athos. Danach verlassen wir die Südküste und wandern in nördlicher Richtung an der Ostküste entlang, an der wir zahlreiche antike Marmorbrüche finden. Bei genauem Hinschauen entdecken wir noch einige Stücke, wie z. B. Säulenreste, die nicht mehr verschifft wurden. Auch Spuren von Werkzeuggebrauch sind zu erkennen.

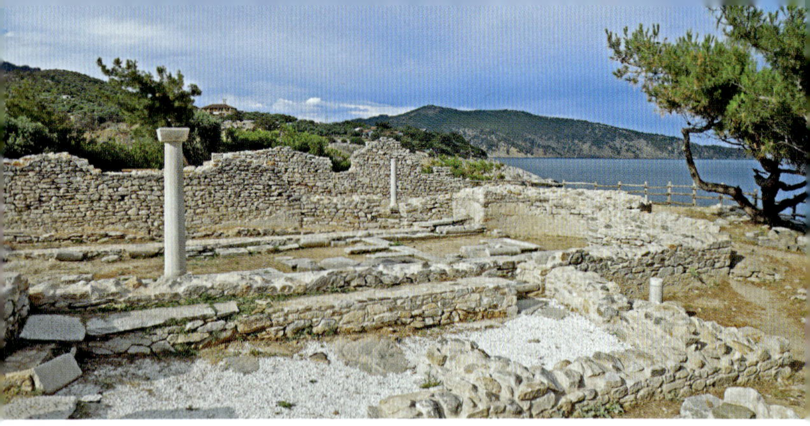

Ruinen der frühchristlichen Basiliken.

Als erstes kommen wir an einen weiteren erstklassigen **Aussichtspunkt (4)** oberhalb einer kleinen Felsbucht. Von hier können wir bei guter Sicht im Osten die Insel Samothraki sehen. An der nächsten Gabelung halten wir uns rechts und gelangen an einen weiteren **Aussichtspunkt**. Hier haben wir einen guten Überblick über die antiken Steinbrüche. In weiter Ferne sehen wir ganz rechts Athos und links fällt der Blick auf Samothraki.

Etwas weiter gelangen wir in das eingezäunte archäologische Gelände, wo wir unter Pinien auf einer Bank einen schattigen Platz vor einem **antiken Steinbruch (5)** finden. Wir folgen weiter dem Weg und können links durch die Bäume die Südbucht der Halbinsel sehen. Als nächstes kommen wir an einen weiteren **Aussichtspunkt**, der an der Basis einer gewaltigen Säule eingerichtet wurde. Von hier geht es weiter zu den Ruinen zweier **frühchristlicher Basiliken (6)**, die wohl aus dem 5. Jahrhundert stammen. Kurz dahinter finden wir eine eingezäunte Erdspalte, die noch bis in die Zeit der Römer als Kultstätte diente.

Der Weg führt nun abwärts an die Westbucht, wo wir auf die Ruinen eines **antiken Heiligtums (7)** aus dem 7. Jahrhundert vor Christus stoßen. Die beiden quadratischen Gebäude waren bis in die Römerzeit als Kultstätte in Gebrauch. Im Felsen neben dem südlicheren Gebäude finden wir eine weitere Kulthöhle, die möglicherweise Apollon gewidmet war.

Als letztes passieren wir auf dem Weg zum Ausgang einen imposanten **Sarkophag** aus der Römerzeit. Dann verlassen wir das Ausgrabungsgelände durch eine Pforte und können rechts zurück zu unserem **Ausgangspunkt (1)** wandern.

Wer Lust hat, kann sich auch noch in das erfrischende Wasser einer der beiden Buchten stürzen, ein Sonnenbad nehmen oder sich in einer der zahlreichen Tavernen stärken.

3.15 Std.

Von Potamia zur Kirche Profitis Ilias 48

Wanderung im Süden von Potamia zu einer Kirche mit atemberaubender Aussicht

Unsere aussichtsreiche Wanderung zur Kirche Profitis Ilias verläuft am Osthang des Ipsarion (1204 m) und seinem südlichen Ausläufer, dem Kamenos Vrachos (1075 m), auf einem uralten Eselspfad, auf dem man stellenweise noch das alte Pflaster erkennen kann. Im ersten Teil führt er durch wunderbaren, stellenweise nahezu unberührten Wald, der erst in den höheren Regionen einer Felslandschaft weicht.

Von der Kirche können wir unter der schroffen Felswand des Kamenos Vrachos einen einmaligen, atemberaubenden Ausblick auf Potamia und die zugehörige Bucht genießen.

Ausgangspunkt: Freier Platz am Ferienlager in Lefki, im Süden von Potamia gleich hinter der Kapelle Agios Dimitrios. Von Potamia führt eine Asphaltstraße (Hinweis zum »Summer Camp«) bis zum Ausgangspunkt, wo genügend Parkmöglichkeiten zur Verfügung stehen.
Höhenunterschied: 580 m.
Anforderungen: Die überwiegend schattige Tour verläuft fast durchgängig auf einem schmalen, z.T. steilen Pfad, auf dem etwas Schwindelfreiheit und Trittsicherheit erforderlich sind. Wegen der guten Markierung ist die Orientierung leicht.
Markierung: Rote Farbpunkte, teils auf weißen, quadratischen Schildern sowie rote Pfeile.
Einkehr: Unterwegs keine; mehrere Tavernen und Kafenia in Potamia.
Tipp: Von der Kirche Profitis Ilias kann man weiter bis nach Theologos (Tour 45) wandern.

Herrliche Aussicht auf die Bucht von Potamia.

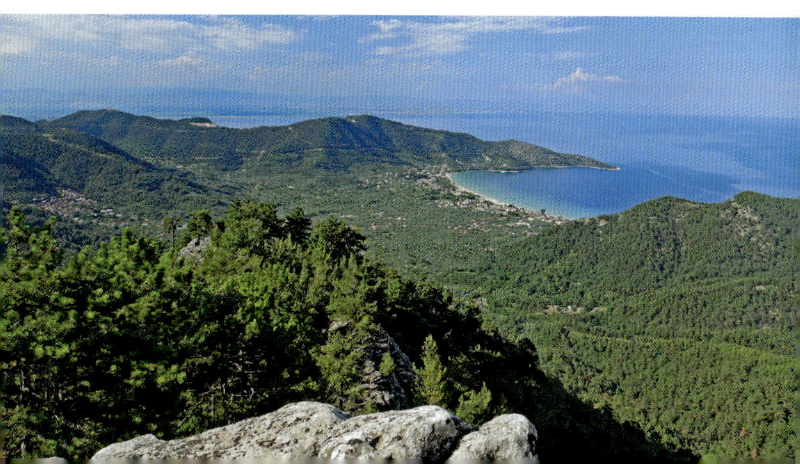

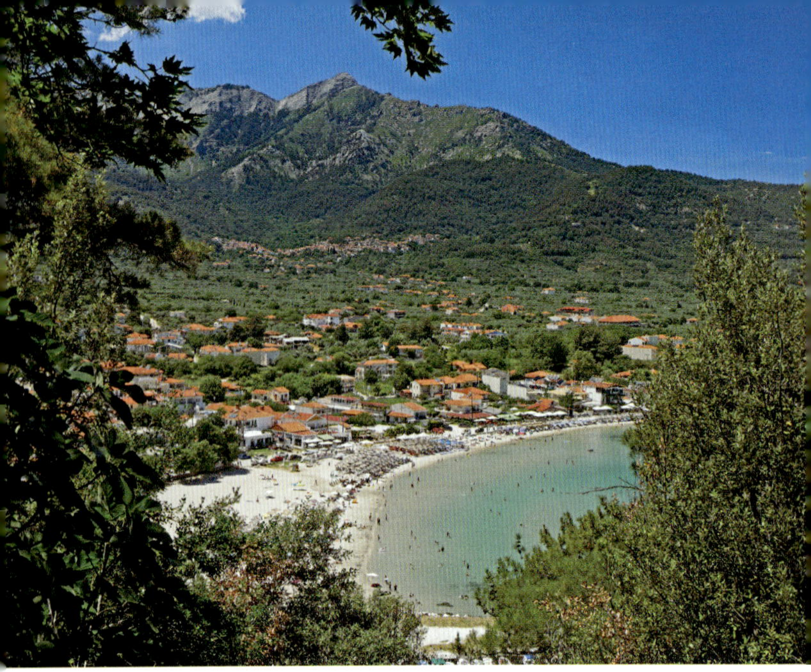

Blick auf den Strandort Skala Potamia und das Bergdorf Potamia oberhalb.

Vom Platz am Eingang zum **Ferienlager Lefki (1)** folgen wir der Erdstraße durch eine Olivenpflanzung aufwärts. An der ersten Kreuzung halten wir uns links. Wir passieren auf dem stellenweise stark erodierten Weg eine **Zisterne**, gehen an der Gabelung gut 50 m weiter rechts und an der nächsten, wenige Schritte weiter, ebenfalls.

Auch an der dann folgenden Gabelung halten wir uns rechts. Der Weg geht jetzt in einen Pfad über und stößt hinter einer Kreuzung wieder auf eine Erdstraße, der wir weiter geradeaus folgen, bis wir an einen **Bach (2)** stoßen, den wir überqueren. Mehrere mächtige Platanen kennzeichnen den schönen Ort.

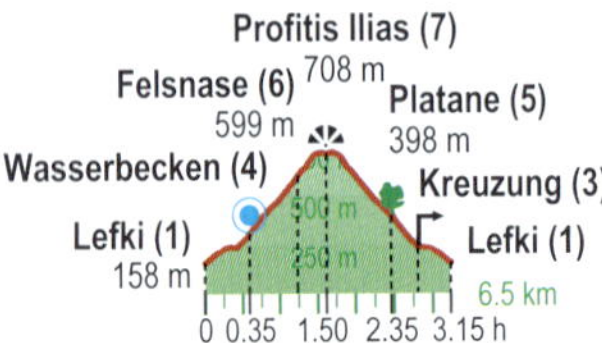

Der Weg schwenkt nach links und an der Gabelung hinter dem Bachbett gehen wir auf der Erdstraße geradeaus weiter, bis wir an eine **Kreuzung (3)** gelangen. Ein Steinmännchen und ein Pfeil weisen uns nach rechts, wo wir wenig später an einen **Bach** stoßen, der in einem betonierten, kleinen Kanal fließt, der wie eine Levada aussieht. Die anschließende Strecke verläuft entlang des kanalisierten Baches. Wir passieren ein **Wasserbecken (4)** und stoßen nach einem kurzen, sehr steilen Anstieg auf einen Waldweg, auf dem wir nach links weitergehen.

Wir entfernen uns jetzt vom Bach, der Weg geht in einen schmalen Pfad über und führt in einiger Entfernung an einer riesigen **Platane (5)** vorbei. Wir sind nun auf dem alten Eselspfad, dem wir steil aufwärts durch viele enge Kehren folgen. Der Blick zurück in den Talkessel ist atemberaubend, und bald öffnen sich auch wundervolle Ausblicke auf Potamia und die große, sichelförmige Sandbucht. Besonders schön ist der Blick von einer **Felsnase (6)**, auf der wir auch eine gute Rastmöglichkeit finden.

Etwas weiter kommt dann auch unser Ziel in Sicht, und bald haben wir den steilen Anstieg geschafft. Kurz vor dem Ziel trifft der Pfad auf einen Erdweg, dem wir nach links bis zur schlichten Kirche **Profitis Ilias (7)** folgen, die auf einem kleinen Plateau thront. Von hier haben wir einen großartigen Blick auf Potamia und die zugehörige Bucht. Hinter der Kirche finden wir eine schattige Rastmöglichkeit mit Bänken und Tischen, durch einen Zaun vor Ziegen geschützt.

Den Rückweg nach **Lefki (1)** treten wir auf derselben Route an.

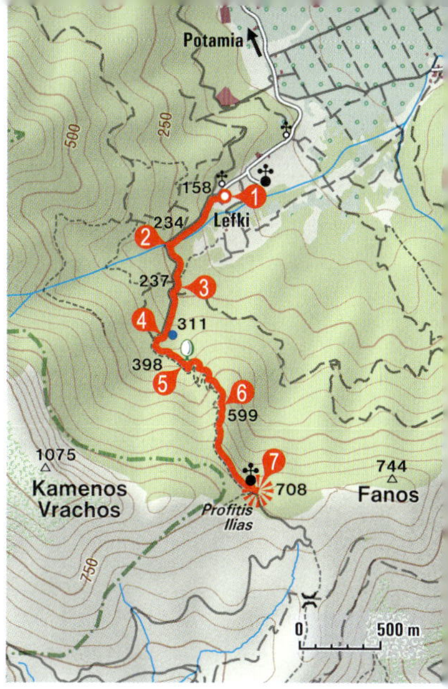

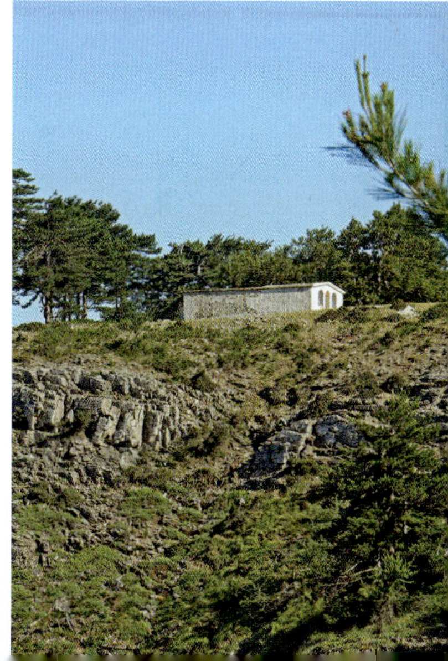

Kurz vor dem Schlussaufstieg kommt die Kirche Profitis Ilias in Sicht.

TOP 49

Von Potamia auf den Ipsarion, 1204 m

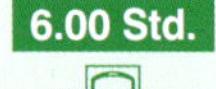

Wanderung auf den höchsten Berg von Thassos

Die aussichtsreiche Wanderung auf den Ipsarion gilt zu Recht als Königstour auf der Insel Thassos, auch wenn der Gipfelbereich heute einfacher mit einem Pkw auf einer guten Schotterpiste von Maries aus erreicht werden kann. Die anstrengende Tour, auf der mehr als 1000 Höhenmeter überwunden werden müssen, bietet an vielen Stellen einzigartige Ausblicke und verläuft zu großen Teilen im schattigen Wald.

Ausgangspunkt: Parkplatz oberhalb des Zentrums von Potamia mit der Taverna Platanos und Bushaltestelle.
Höhenunterschied: 1050 m.
Anforderungen: Die in weiten Teilen schattige Tour verläuft auf unbefestigten Waldwegen und einem schmalen, z. T. steilen Pfad, auf dem etwas Schwindelfreiheit und Trittsicherheit erforderlich sind. Die Orientierung ist dank der guten Wegmarkierungen einfach.
Markierung: Rote Punkte und Pfeile, Steinmännchen und Holzhinweisschilder.
Einkehr: Unterwegs keine; in Potamia mehrere Tavernen und Kafenia in der Nähe des Ausgangspunktes.

Hier zweigt der Pfad auf den Ipsarion nach links von der Erdpiste ab.

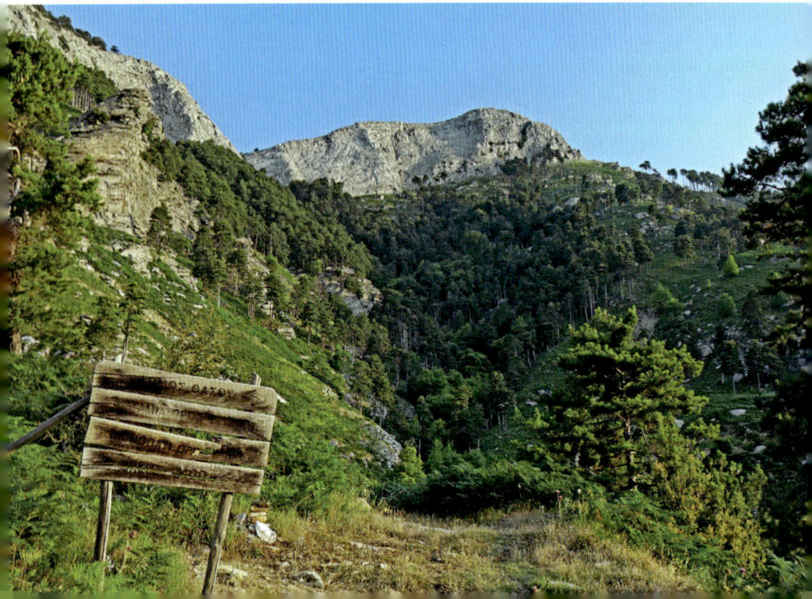

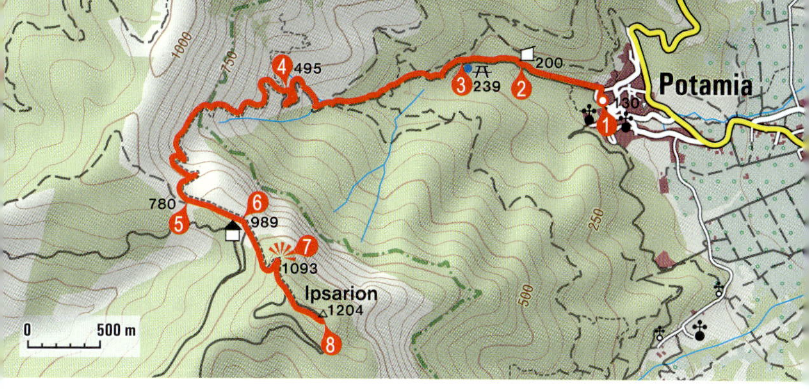

Vom **Parkplatz (1)** oberhalb des Zentrums von **Potamia** gehen wir die Asphaltstraße aufwärts, bis nach wenigen Metern links eine schmale, befestigte Straße abzweigt, an der ein großes Schild (»mountain walk way to Ipsario«) den Weg zum Gipfel kennzeichnet. Rechts liegt die Kapelle **Agios Ioannis**, die nicht sofort als solche zu erkennen ist.

Der Weg führt zwischen Gärten aufwärts. Wir passieren einen **Verkaufsstand (2)**, an dem verschiedene selbst gemachte Produkte, u. a. Honig, angeboten werden, und erreichen an einer großen Platane einen schönen **Rastplatz (3)** mit Bank und Tisch. Durch den Stamm der Platane wurde eine Wasserleitung gelegt. Hier können wir unsere Wasserflaschen auffüllen, die letzte Möglichkeit dazu auf dem Weg.

Etwa 100 m weiter zweigt nach rechts der Weg nach Panagia ab. Wir gehen geradeaus weiter und folgen der Erdstraße durch schattigen Wald stetig aufwärts, ohne auf die links und rechts abzweigenden Wege zu achten. Vor uns öffnet sich eine grandiose Bergkulisse. Etwa 1,8 km hinter dem Rastplatz erreichen wir in einer Höhe von knapp 500 m eine mit hölzernen Hinweisschildern deutlich markierte **Abzweigung (4)**. Die Erdpiste führt weiter geradeaus Richtung Profitis Ilias, mit 1108 m der zweithöchste Berg der Insel. Wir zweigen aber links auf den deutlich zu erkennenden Pfad ab, der sich steil bergauf windet und stellenweise felsig oder mit losem Geröll belegt ist.

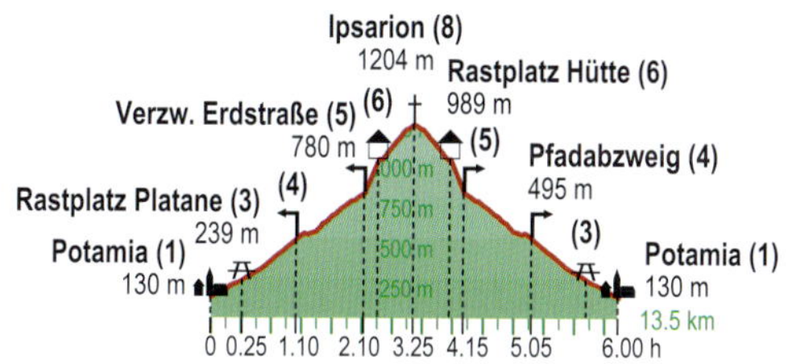

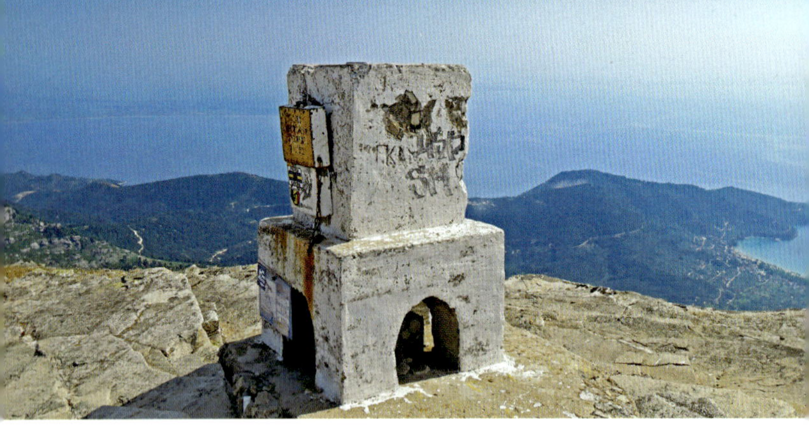

Die Ipsarion-Gipfelsäule, im gelben Behälter befindet sich das Gipfelbuch.

Von nun haben wir einen wunderbaren Blick hinunter in die breite Bucht von Potamia. Wir passieren einige marode Holzbänke, die sich nicht mehr zum Sitzen eignen, bis wir in einer Höhe von knapp 800 m an einen Müllbehälter stoßen. Auch hier war die danebenstehende Bank bei meinem letzten Besuch im Sommer 2017 unbrauchbar. Wir passieren ein weiteres Ensemble aus Müllbehälter und maroder Bank und erreichen nach einem letzten steilen Anstieg eine **Verzweigung (5)** mit einer Erdstraße.

Dieser folgen wir nach links bis zu einer **Holzhütte**, an der wir einen größeren **Rastplatz (6)**, einen Pavillon und eine Feuerbeobachtungshütte finden. Hier zweigt nach rechts eine Schotterstraße ab. Wer Wasser benötigt, findet an dieser nach 350 m eine Quelle.

Der Weg auf den Gipfel führt direkt an den großen Holzschildern vorbei und dann zunächst stufig steil aufwärts. Wir kommen wieder in einen lichten Wald und der Pfad wird felsig. In einer Rechtskurve gelangen wir an einer großen **Steinpyramide** an einen schönen **Aussichtspunkt (7)**, von dem wir u. a. den Profitis Ilias sehen können. Leider ist die ehemals hier stehende Bank inzwischen auch unbrauchbar.

Wir folgen dem Pfad und stoßen schließlich auf die von Maries heraufführende Schotterstraße, auf der wir nach wenigen Metern vorbei an einigen Betonfundamenten auf die beiden dicht nebeneinanderliegenden **Ipsarion-Gipfel (8)** gelangen. Der höchste ist mit 1204 m der westliche, der von einer Betonsäule geziert wird. An ihr finden wir auch gut verpackt in einer Blechschatulle das Gipfelbuch.

Wenn wir uns an der einzigartigen Aussicht sattgesehen haben, können wir uns auf den Rückweg nach **Potamia (1)** machen, der auf derselben Strecke erfolgt.

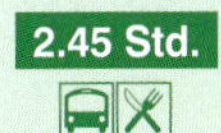

Von Potamia nach Panagia 50

Rundwanderung am Fuß des Profitis Ilias

Die beiden Bergdörfer Potamia und Panagia, die auf dem östlichen Ausläufer des Profitis Ilias (1108 m) liegen, sind durch einen Bergrücken voneinander getrennt. Beide Orte lohnen einen Besuch. Während Potamia mit seinen roten Ziegeldächern einen schönen Kontrast zum Grün der Landschaft und dem Blau des Meeres bietet, fügt sich Panagia mit den grauen Schieferdächern harmonisch in die Umgebung ein. Beide Dörfer sind bei Touristen sehr beliebt und entsprechend frequentiert, haben aber dennoch viel von ihrer Ursprünglichkeit bewahren können.

Während der Tour haben wir auf der einen Seite einzigartige Aussichten auf das wie ein Alpenpanorama wirkende Gebirge und auf der anderen schauen wir über die Bucht von Potamia und Panagia weit über die Ägäis bis zur Insel Samothraki. Faszinierend sind auch die Blicke auf die beiden so unterschiedlichen Dörfer.

Auf dem Rückweg schauen wir auf eine imposante Bergkulisse mit dem Profitis Ilias.

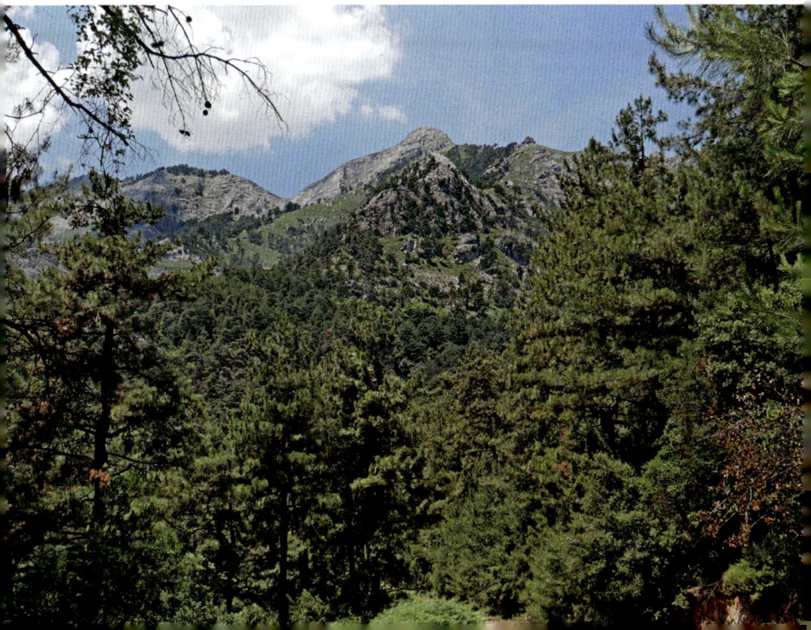

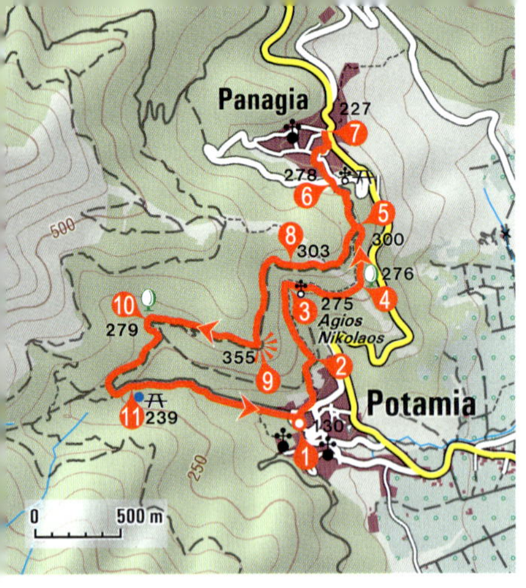

Ausgangspunkt: Parkplatz oberhalb des Zentrums von Potamia mit der Taverna Platanos und Bushaltestelle.
Höhenunterschied: 340 m.
Anforderungen: Die Tour verläuft auf unbefestigten Waldwegen und Pfaden, in Panagia auf befestigten Straßen. Schwindelfreiheit und Trittsicherheit sind nicht erforderlich. Wegen der stellenweise fehlenden Markierung ist ein wenig Orientierungssinn hilfreich. Schatten ist über weite Strecken vorhanden.
Markierung: Stellenweise rote Punkte und Pfeile.
Einkehr: Mehrere Tavernen und Kafenia in den Ortszentren von Panagia und Potamia.

Vom **Parkplatz (1)** oberhalb des Zentrums von **Potamia** gehen wir die Asphaltstraße aufwärts, bis links der Weg auf den Ipsarion abzweigt. Wir wenden uns nach rechts und passieren die an der Ecke liegende Kapelle **Agios Ioannis**, die nicht sofort als solche zu erkennen ist. Gut 100 m hinter der Kapelle gelangen wir an eine Gabelung, an der links ein Betonweg steil aufwärts abzweigt, dem wir zwischen Wohnhäusern hindurch folgen. Einige wenige Markierungen helfen uns bei der Orientierung. Schließlich endet der Betonweg und geht in einen Pfad über, der weiter aufwärts nach etwa 150 m auf einen breiteren Weg stößt, dem wir folgen.

Nur knapp 100 m weiter gelangen wir an eine quer verlaufende **Erdstraße (2)**. Wir überqueren sie und wandern dahinter auf dem Pfad weiter, der stetig aufwärtsführt und uns zu einem guten **Aussichtspunkt** bringt, von dem wir einen wunderbaren Blick auf die Bucht von Potamia haben.

Dahinter haben wir bald den höchsten Punkt erreicht und in einer Rechtskurve des Pfades stoßen wir auf die Kapelle **Agios Nikolaos (3)**, an der wir im Schatten großer Platanen Bänke und Tische vorfinden, wo wir eine Rast einlegen können. Der Weg führt in östlicher Richtung durch dichten Wald weiter. Nach knapp 400 m gelangen wir direkt unter einer **Stromleitung** an eine Lichtung. Hier ist etwas Aufmerksamkeit erforderlich, da der Weg im Gelände kaum zu erkennen ist.

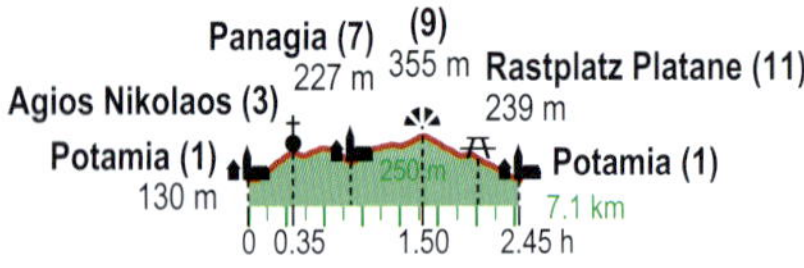

Wir gehen links an dem Strommasten vorbei und halten schräg links auf einen großen **Olivenbaum (4)** zu, neben dem eine Viehtränke steht. Dahinter ist der Pfad, der jetzt in nördlicher Richtung verläuft und wieder in den Wald hineinführt, gut zu erkennen. Wir passieren erneut einen guten **Aussichtspunkt** mit freiem Blick auf die Bucht. Bei klarer Sicht ist im Hintergrund Samothraki zu sehen. Knapp 150 m weiter treffen wir auf eine **Erdstraße (5)**, die links nach Potamia zurückführt. Auf dieser werden wir am Rückweg weiterwandern.

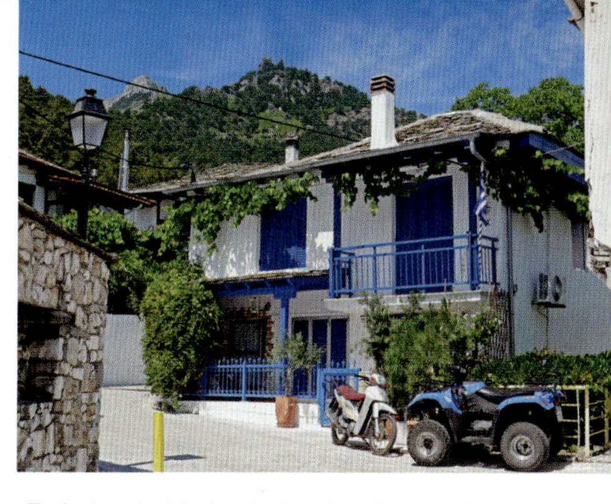

»Typisch griechisch«: in leuchtendem Weiß und strahlendem Blau gestrichenes Haus in Panagia.

Zunächst gehen wir aber rechts und erreichen an einer **Kapelle (6)** und einem großen **Rast- und Spielplatz** eine Asphaltstraße. Wir gehen rechts und gleich wieder links die befestigte Straße abwärts, die zwischen Häusern zur **Platia (7)** von **Panagia** führt, wo wir uns in einem der Kafenia oder in einer Taverne erfrischen und stärken können. Wer Lust hat, kann noch einen kleinen Bummel durch die Gassen des sehenswerten Dorfes machen.

Dann machen wir uns auf den Rückweg, der bis zum **Abzweig des Pfades (5)** auf derselben Route verläuft. Dort gehen wir nicht auf dem Pfad weiter, sondern bleiben auf der Erdpiste, von der wir immer wieder schöne Blicke auf die Bucht werfen können. Im Westen schauen wir auf die beeindruckende Bergkulisse des Profitis Ilias. Wir passieren marode Ziegenställe und wandern bis zu einer **Gabelung (8)** abwärts. Die linke Möglichkeit führt zur Kapelle Agios Nikolaos, an der wir auf dem Hinweg vorbeigekommen sind. Wir halten uns rechts, nun wieder aufwärts, bis wir in einer Rechtskurve mit 355 m den **höchsten Punkt (9)** der Wanderung erreicht haben.

Wir wandern abwärts und haben nun voraus die faszinierende Berglandschaft im Blick. Nach einer S-Kurve gelangen wir an eine Linkskehre. Hier sollten wir auf die mächtige **Platane (10)** achten, in deren hohlem Stamm ein ausgewachsener Mensch Platz findet. Gut 100 m weiter halten wir uns an der Weggabelung rechts und bleiben auf der Piste, bis wir auf den zum Ipsarion führenden Weg stoßen, wo wir uns links halten.

Wenig weiter erreichen wir an einer großen Platane einen schönen **Rastplatz (11)** mit Bank und Tisch. Durch den Stamm der Platane wurde eine Wasserleitung gelegt. Der Weg führt zwischen Gärten abwärts. Wir passieren einen Verkaufsstand mit allerlei Produkten aus eigener Herstellung und erreichen schließlich wieder **Potamia**, wo wir vor der Kapelle **Agios Ioannis** rechts zum **Parkplatz (1)** zurückgehen.

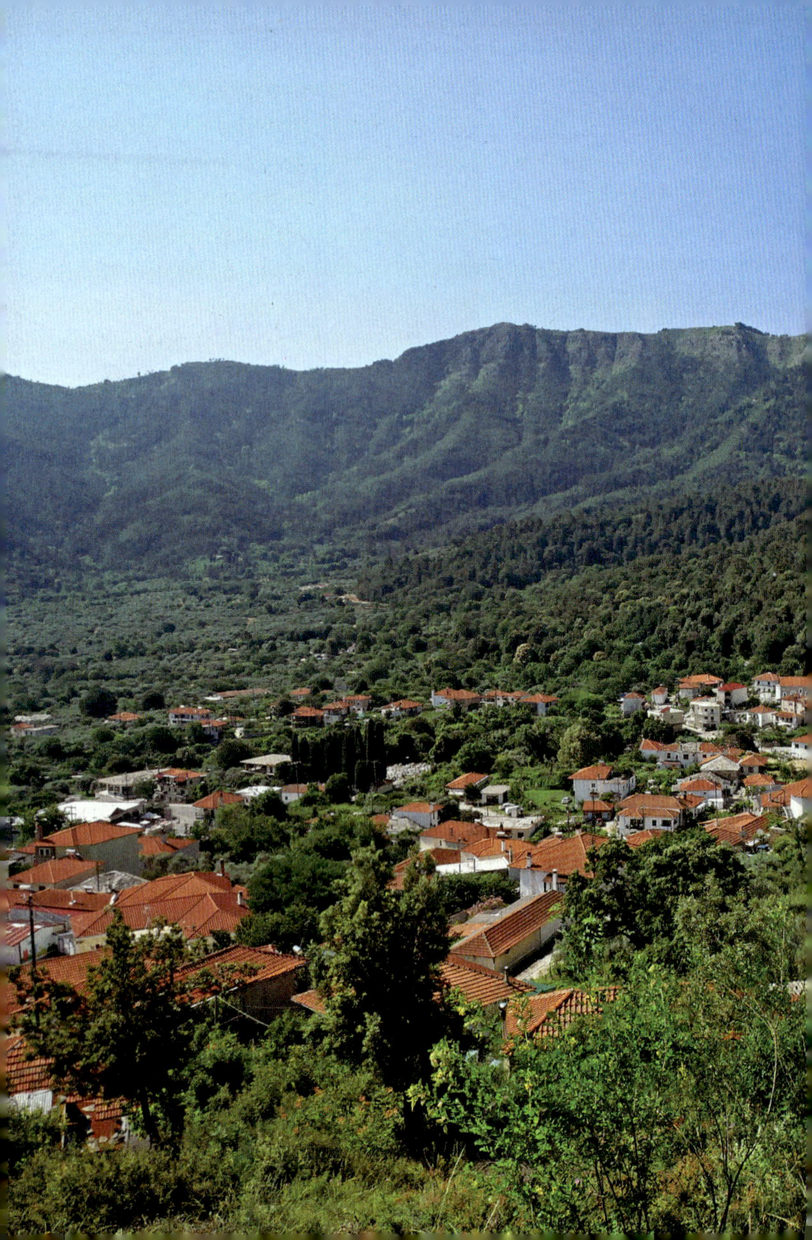

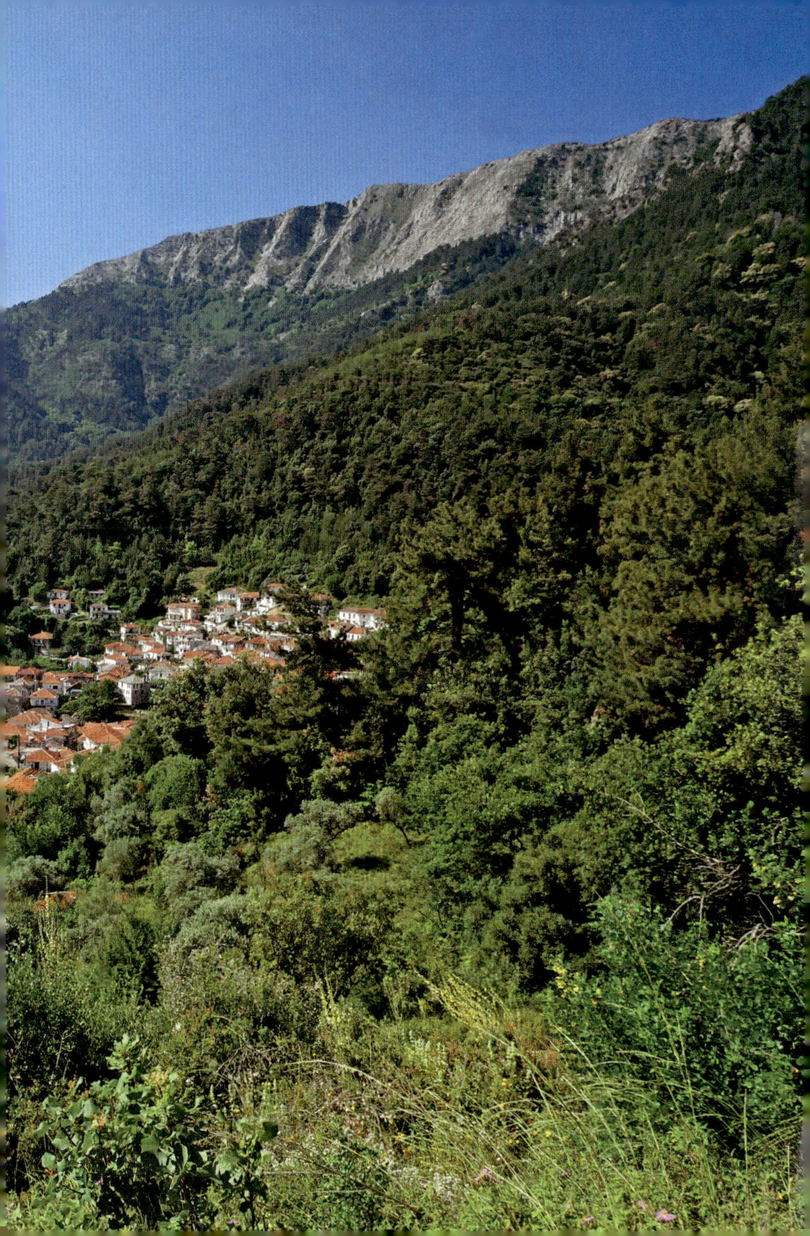

Stichwortverzeichnis

Umschlagbild: Die Buchten am Kap Ksipharas bei Vouvourou bieten kristallklares Wasser (Tour 26).

Bild im Innentitel: Unterwegs an den Hängen des Berges Athos eröffnen sich herrliche Ausblicke (Tour 34).

Bild S. 28/29: Oberhalb von Ierissos reicht der Blick über Ouranoupoli bis zum Berg Athos (Tour 28).

Bild S. 204/205: Das Bergdorf Potamia ist malerisch am Hang eingebettet, überragt von einer imposanten Bergkulisse (Tour 50).

Alle Fotos stammen vom Autor.

Kartografie:
44 Wanderkarten im Maßstab 1:50.000, zwei im Maßstab 1:75.000 und vier im Maßstab 1:25.000
Geodaten © OpenStreetMap und Mitwirkende,
Kartografisches Design: Freytag & Berndt Prag, www.freytagberndt.cz;
zwei Übersichtskarten im Maßstab 1:800.000 und 1:1.700.000
© Freytag & Berndt Wien

3., aktualisierte Auflage 2022

ISBN 978-3-7633-4533-5

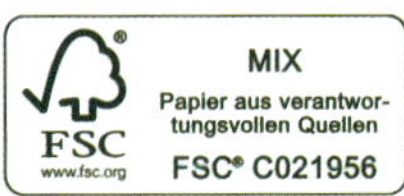

Wir freuen uns über jeden Korrekturhinweis zu diesem Wanderführer!
Bitte per E-Mail an: leserzuschrift@rother.de

ROTHER BERGVERLAG · München
D-82041 Oberhaching · Keltenring 17 · Tel. +49 89 608669-0 · www.rother.de